GOLDMANN
RATGEBER

Buch

Intelligenztests – und damit die Frage nach dem Intelligenzquotienten – gehören schon längst zur Routine bei jedem Einstellungsgespräch. Nicht wenige Bewerber fühlen sich durch diesen Modus der Arbeitgeber, das Potential ihrer Kandidaten zu durchleuchten, abgeschreckt und in ihrer Leistungsfähigkeit ungünstig beeinträchtigt. Albert Langs Buch lüftet den Schleier, der über dem IQ und den mit ihm verbundenen Tests liegt, indem er informativ und zugleich unterhaltsam den Fragen nachgeht, was Intelligenz eigentlich ist und welche Rolle sie im Leben des Menschen spielt. Den nie geklärten Streit in der Frage, ob für Intelligenz die Gene oder das Milieu von entscheidender Bedeutung sind, bereichert der Autor um einige scharfsinnige Argumente. Sein vorrangiges Ziel ist es jedoch, dem Arbeitsuchenden durch Fallbeispiele, Motivation und entsprechende Übungen die Angst vor Prüfungssituationen zu nehmen und sein Denkvermögen zu steigern. Wer sich diesem Buch stellt, muß nicht mehr befürchten, sich beim nächsten Vorstellungsgespräch aus Aufregung und Angst unter seinem tatsächlichen Wert zu verkaufen.

Autor

1918 in Lindenberg im Allgäu geboren, studierte Dr. phil. Albert Lang Psychologie in Bonn und Graz. Er ist verheiratet, hat einen Sohn und lebt heute in Augsburg. In seiner selbständigen Praxis befaßt er sich hauptsächlich mit klinischer Psychologie und Schulpsychologie.

ALBERT LANG

DER INTELLIGENZ QUOTIENT

So knacken Sie jeden Test

GOLDMANN VERLAG

Der Original-Untertitel lautet »So werden Sie besser als Ihr IQ«

Der Goldmann Verlag
ist ein Unternehmen der Verlagsgruppe Bertelsmann

Made in Germany · 6/90 · 1. Auflage
Genehmigte Taschenbuchausgabe

Umschlaggestaltung: Design Team München
Druck: Elsnerdruck, Berlin
Verlagsnummer: 10494
Lektorat: Diane von Weltzien
Herstellung: Heidrun Nawrot
ISBN 3-442-10494-7

Inhaltsverzeichnis

Vorwort

Am 8. Dezember 1975 konnte man in der *Welt* unter der Rubrik »Zu guter Letzt« folgende Notiz lesen:

»Der englische Arzt THOMAS FIELDING hat eine Expertise zum Thema Intelligenz ausgearbeitet. Darin heißt es unter anderem: ›Bis zum achtzehnten Lebensjahr ist der Mensch in der Lage, Wissen aufzunehmen. Bis zum achtundzwanzigsten Lebensjahr kann es ihm gelingen, sein Wissen zu bewahren. Ab dem fünfzigsten Lebensjahr wird die Dummheit offenbar.‹ Der Experte selbst ist vierundsiebzig Jahre alt.«

Eine seltsame Ansicht, die nicht der Komik entbehrt; sicher auch ein Beispiel dafür, welche unklaren Vorstellungen mit dem Begriff Intelligenz verbunden werden. So mancher hat Angst vor der »Schicksalhaftigkeit« des sogenannten IQ.

Es gibt kaum jemanden, der sich nicht gelegentlich die Frage stellt: »Bin ich eigentlich intelligent?« oder: »Wird dieser Vortrag nicht zu hoch für mich sein?« oder: »Wieso bin ich nicht so schlagfertig wie mein Kollege Meier?«

Ein anderer fühlt sich als Versager, weil er das Abitur nicht geschafft hat, und ein dritter sieht sich zur Mittelmäßigkeit, ja zur Erfolglosigkeit verurteilt, weil sein Intelligenzquotient kaum über hundert liegt. Dieses Buch will mit diesem Aberglauben gründlich aufräumen, der Intelligenz – jedenfalls der meßbaren – den Platz zuweisen, der ihr zukommt, und dem Leser klarmachen, daß er *seinen* Intelligenzquotienten keinesfalls wie ein endgültiges Urteil hinnehmen muß. Ich vertrete den Standpunkt, daß die geheimniskrämerische Handhabung eines Intelligenztests mit der Menschenwürde nicht zu vereinbaren ist. Daher zeigt mein Buch, was ein solches Verfahren messen und was es nicht messen kann. Es führt Ihnen vor, wie Antriebe und Funktionen zusammenwirken: Wie etwa arbeiten die seelischen Kräfte, zum Beispiel der Wunsch, mit dem Geistwerkzeug, etwa der Merkfähigkeit, der Zahlenvorstellung oder des Kombinationsgeschicks zusammen. Es weist nach, daß das Werkzeug keineswegs alles ist, daß es sich außerdem in Grenzen verbessern läßt und keineswegs nur vom Erbgut abhängt.

Über Selbstverwirklichung und Lebenserfolg entscheidet nur zu einem geringen Teil die Höhe des Intelligenzquotienten. Wichtiger sind die Antriebe, die Interessen, die Zielstrebigkeit – die Werte also, die aus der Persönlichkeit kommen.

Sie brauchen sich die Informationen dieses Buches nicht mühsam zu erarbeiten. Nach dem didaktischen Grundsatz »Was erregt, wird besser behalten« durchzieht eine Begleithandlung den ersten Teil der Lektüre: Am Beispiel des arbeitslosen Otto Krause, der sich um einen Posten bewirbt, finden Sie jede Wegstrecke bis zu einer neuen Stellung so situationsgetreu beschrieben, daß Sie sich schließlich mit dem Helden der Geschichte identifizieren können.

Die in der Praxis verwendeten Tests werden nach Art und Schwierigkeitsgrad in Form von Fragen und Aufgaben so aufbereitet, daß Sie zuverlässige Anhaltspunkte erhalten, was Sie erwartet. Dabei habe ich jedoch selbstverständlich das spezifische Testgeheimnis gewahrt.

Zwei Nebengestalten der Handlung, Gerd und Rudi, wurden zu Demonstrationszwecken in die Geschichte aufgenommen: Gerd besitzt noch Aufzeichnungen über einen vor Jahren durchlaufenen Intelligenztest. Nach diesen Notizen bereitet er sich gemeinsam mit seinem Freund Rudi auf den Test vor, und beiden verschlägt es die Sprache, denn es werden ihnen nun ganz andere Fragen und Aufgaben gestellt.

Albert Lang

1. Eine kleine Geschichte vorweg

»Wieder nichts dabei?« ruft Frau Krause ihrem Mann entgegen, der soeben vom Hausbriefkasten zurückkommt.

Otto Krause ist schon seit einigen Monaten arbeitslos. Peineke senior, sein ehemaliger Chef, geht schon auf die Siebzig zu. Als ihn im vergangenen Frühjahr der zweite Schlaganfall gestreift hatte, schien es ihm an der Zeit, sich vom Geschäft zurückzuziehen. Er verkaufte kurzentschlossen, und die Firma, in der Krause als Einkaufsleiter tätig gewesen war, bekam einen neuen Inhaber und dessen Neffe Krausens Posten.

»Eine Etatzusammenlegung im Rahmen der Rationalisierung«, hieß es, »zwingt uns leider dazu, in Zukunft auf Ihre bewährte Mitarbeit zu verzichten. Gewiß wird es Ihnen rasch gelingen . . .« Und so weiter. Otto Krause ist nicht der Mann, der sich selbst bedauert. Ohne einen Tag zu versäumen, meldete er sich beim Arbeitsamt, füllte Fragebogen aus und stellte sich an das Ende der Schlange der Unterstützungsempfänger.

»Ämter und Behörden, gut und schön«, meinte er, »aber dabei kann ich alt und grau werden.« Er begann die Stelleninserate in den Zeitungen zu studieren und schrieb Bewerbungen, eine nach der andern, an den Wochenenden mitunter fünf, sechs und mehr.

Wenn die Antworten nach und nach eintrafen, wenn er sie erwartungsvoll und ungeduldig las, erlöschten die kurz aufflakkernden Hoffnungen jäh. Die stereotypen Antworten glichen einander wie ein Ei dem andern: »Zu unserem Bedauern müssen wir Ihnen mitteilen, daß . . .«

Überformatige Sendungen legte er schon von vornherein zur

Seite: es kann sich nur um zurückgesandte Zeugnisse handeln.

»Wieder nichts!« ruft er zurück zu seiner Frau, die gerade die Haushaltskasse überprüft, »nichts wie Drucksachen und Drucksachen und eine Ansichtskarte von Tante Erna, diesmal aus Hindelang.«

Gleichgültig fingert er die Umschläge auf: Räumungsverkauf des Teppichhändlers auf der Goethestraße, Werbung des Lotterieeinnehmers aus Bamberg, das Angebot, »Malys sensationelle Schlankheitsdiät« unverbindlich zu testen, die Postwurfsendung des Zentralkaufhauses, das eine Sonderaktion für Kinderfotos startet, und – das muß ihm eben entgangen sein – da ist doch noch ein Brief, ein dünner, unauffälliger Brief! »westhoff & kastner kg – lacke und farben en gros« steht in modischen Kleinbuchstaben unter dem schlichten Firmenzeichen. »Meine Branche!« durchzuckt es Krause, und seine Hände zittern ein wenig beim Öffnen des Umschlags:

Sehr geehrter Herr Krause,
wir bestätigen den Eingang Ihrer Bewerbung vom 8. ds. Mts. um den Posten des Einkaufsleiters in unserer Firma und teilen Ihnen mit, daß sie von uns in die engere Wahl gezogen wird.
Herr Kastner jun. erwartet Sie am kommenden Freitag, dem 15. Juni, um 11.15 Uhr im Büro unserer Niederlassung, Bahnhofstraße 23/25, zu einem kurzen Kontaktgespräch. Bis dahin reichen Sie uns bitte Ihren handgeschriebenen Lebenslauf nach.
Wir setzen voraus, daß Sie ggf. damit einverstanden sind, sich von einem von uns beauftragten Psychologen testen zu lassen.

Hochachtungsvoll
westhoff & kastner kg
personalabteilung

Kronstadt, 12. 6. 1984

Krause liest das Schreiben ... zweimal, dreimal, viermal. Dann schwenkt er es wie eine Trophäe in der Hand. Strahlend geht er auf seine Frau zu und legt es zunächst wortlos neben das aufgeschlagene Haushaltsbuch, entschließt sich dann aber doch dazu, es selbst vorzulesen. Er liest sie nicht einfach, die wenigen Zeilen, er deklamiert sie – und nochmals und wieder – mit wechselnder Betonung der einzelnen Absätze.

Frau Krause langt nach ihrem Taschentuch, als wäre ihr etwas ins Auge gekommen – kurze Ergriffenheit, die gleich darauf nüchternen Überlegungen weicht: »Warum eigentlich ein Lebenslauf, ein handgeschriebener? Und testen wollen sie dich auch noch. Genügen denen deine guten Zeugnisse und deine Referenzen nicht! Hast du das nötig, du als leitender Angestellter? Lebenslauf von eigener Hand geschrieben. Mir gefällt das gar nicht, dieses Herumschnüffeln bis in die persönlichen Bezirke hinein, und dann wirst du richtiggehend auseinandergenommen, dein Verstand, deine Fähigkeiten kommen auf den Seziertisch, und von dir bleibt schließlich nicht mehr übrig, als eine fragwürdige Zahl, so eine Art Schlüsselzahl, IQ oder – so richtig fachmännisch in gutem Englisch – ›Aikiu‹.«

»Meinst du denn, *mir* paßt das?« kommt es etwas gequält von Otto Krause. »Bisher hab' ich gewußt, was ich wert bin, aber neuerdings muß anscheinend alles getestet werden, ob Hautcremes, Haarwuchsmittel oder Staubsauger ... und nun auch Menschen aus Fleisch und Blut, und wenn du gewogen und zu leicht befunden wirst, sortieren sie dich aus. Du bist nicht mehr gefragt.«

Und so diskutieren die Krauses bis weit in den Tag hinein. Handgeschriebener Lebenslauf, Intelligenz- und Persönlichkeitstests ... *muß das sein?*

2. Der Sinn der Testverfahren

Das war schon immer so: Weil ein Unternehmer nicht alles selbst machen kann, stellt er Leute an, die ihm Arbeiten abnehmen.

Der Spediteur, der einen Fahrer braucht, das Straßenreinigungsdezernat oder das Bauamt, denen ein paar Männer fehlen, die Drogerie, die eine fachkundige Verkäuferin sucht, das Werbestudio, das einen Texter einstellen möchte, und der Konzern, der den Posten eines Subdirektors ausschreibt: keiner dieser Arbeitgeber kann sich eine Fehlbesetzung leisten, keiner wird bereit sein, die Katze im Sack zu kaufen.

Während in einigen Fällen bereits das Gesundheitszeugnis und der Eindruck, daß die Kerle zupacken können und nicht vorbestraft sind, genügen, muß die Drogistin schon mehr vorweisen, vom Werbetexter gar nicht zu reden, der ohne Erfolgsnachweise und Empfehlungen nicht bis ins Chefzimmer vordringt.

Wer Führungspositionen besetzen will, ist natürlich besonders vorsichtig. Je anspruchsvoller die Aufgabe ist, der sich jemand gewachsen glaubt, um so intensiver wird er auf Herz und Nieren geprüft.

Wer kann etwas dagegen haben, daß sich die verantwortlichen Betriebsleiter den Kopf zerbrechen und Fachleute verpflichten, die mittels wissenschaftlicher Verfahren das Risiko kleinhalten! Denn den Personalchef mit dem untrüglichen Blick, den gibt es nicht, und wenn es ihn gäbe, verzichtete er gewiß nicht auf die Möglichkeiten des objektiven Leistungstests.

Keine Angst vor Fachausdrücken! An praktischen Beispielen erklärt, verlieren sie rasch ihre Schrecken. Lassen Sie es uns gleich probieren:

Wenn der Psychologe etwas über Ihren Charakter ermitteln möchte, zum Beispiel, ob Sie Kritik ertragen können oder ob Sie ausdauernd sind, dann bedient er sich sogenannter *projektiver Testverfahren.* Er läßt Sie möglicherweise etwas Bestimmtes zeichnen, etwa einen Obstbaum, oder zu einem Bild eine Geschichte erfinden oder zu einer knapp skizzierten Situation Stellung nehmen oder Kleckse deuten. Vielleicht gibt er Ihnen als Aufgabe auch auf, verschiedene Farben zu ordnen, etwa von den Ihnen sympathischsten bis zu denen, die Sie gar nicht leiden können. Diese wenigen Beispiele mögen eine erste Ahnung davon vermitteln, worauf ein projektiver Test basieren kann.

Daß diese Verfahren jahrelang an Tausenden von Versuchspersonen erprobt wurden, bis sie schließlich dank mathematischer Kontrollverfahren zu wertvollen Instrumenten des wissenschaftlich geschulten Diagnostikers wurden, ist das Verdienst der psychologischen Forschung, die mit den selbstgebastelten Tests in Unterhaltungsblättern nichts zu tun hat.

Am Beispiel der Handschriftendeutung, der Graphologie, läßt sich vereinfachend erklären, was mit einem projektiven Test gemeint ist.

Das aus dem Lateinischen kommende Zeitwort projektieren bedeutet in freier Übersetzung soviel wie eine Sache, eine Idee auf einer Fläche vorführen. Das winzige Zelluloidbildchen auf der Filmspule wird mit Hilfe des Projektors groß auf die Kinoleinwand geworfen, projiziert, und ist dort besser sichtbar und leichter zu analysieren.

Gibt ein Mensch etwas mit eigener Hand Geschriebenes weiter, also aus der Hand, stellt er sich – ob absichtlich oder ungewollt – einem projektiven Test.

Auch der Laie zieht seine Schlüsse aus der Handschrift, und nicht nur aus der Schrift allein. Es fängt schon mit dem Papier an: Ob jemand für seine Privatbriefe handgeschöpftes Bütten benutzt oder ob ihm das Blatt aus einem Schulheft gut genug ist, der Empfänger wird es registrieren.

Ob jemand seine Buchstaben schwungvoll formt, unbeholfen schmiert oder so kritzelt, als wäre eine Krähe übers Papier gelaufen, wie jemand den linken Rand gestaltet oder den rechten, ob sich die Zeilen ineinander verstricken oder wohlbemessene Abstände einhalten, ob jemand sich häufig verschreibt, angefangene Wörter durchstreicht – all das wird der Leser intuitiv deuten, gefühlsmäßig, vom ersten Eindruck her, ohne Einschaltung des Verstandes.

Für den Graphologen ist jedoch die Intuition nur *eine* Möglichkeit, die Handschrift ins Visier zu bekommen.

Dieses Beispiel erhellt, daß der Proband – so nennt man den, der getestet wird – etwas von innen, von seiner Persönlichkeit nach außen projiziert, in diesem Falle auf ein Blatt Papier. Da man sich nur selten bewußt preisgibt, entzieht sich der Vorgang weitgehend der Manipulation; mit anderen Worten: Der Proband wird es schwer haben, dem kundigen Tester ein X für ein U vorzumachen. Im Gegenteil: Der nachlässige Schreiber dünkt sich nicht selten großzügig, ja genial; der Mann mit der gekünstelten Unterschrift macht sich vor, eine bedeutende Persönlichkeit zu sein, und will andere entsprechend beeindrucken; und der, der seinen Brief fettbefleckt in den Umschlag steckt, ahnt kaum, daß man von seiner Unterwäsche ein Gleiches annimmt.

Mit den Leistungstests hingegen ist es etwas ganz anderes. Sie wollen nicht das Subjektive der Persönlichkeit, den Charakter, zum Vorschein bringen, sondern ganz sachlich Leistungen, Funktionen, Können messen. Das objektive Messen steht hier im Vordergrund; deshalb spricht man von *objektiven Leistungstests.* Der komplexen Tätigkeit eines Wirtschaftsmanagers würde man mit einem objektiven Leistungstest nicht gerecht werden, schon eher dem Gewichtheber unter den

Schwerathleten, dessen Leistungen von der Rekordliste abzulesen und deshalb leicht vergleichbar sind.

Eine dritte Gattung psychologischer Verfahren sind die *Fragebogentests,* die nur in eingeschränktem Umfang berechtigt sind, und dies aus guten Gründen: Wo steht sie denn, die Wiege des Fragebogentests? Sie steht nicht im Vorzimmer des Personalbüros. Sie steht – unumwunden gesagt – in der Ordination des Irrenarztes, der mit geistig kranken Menschen zu tun hat, nicht mit gesunden, schon gar nicht mit Menschen, die ihre Erfahrung und ihre Arbeitskraft verkaufen wollen.

Wie das komme? Auf diese empörte, aber berechtigte Frage gibt es eine naheliegende Erklärung: Die Übergänge zwischen gesund und krank, zwischen normal und unnormal sind fließend. Richtig deutlich wird das Ungesunde, das Unnormale erst im Extrem. Deshalb werden wichtige Entdeckungen oft von Außenseitern gemacht.

Der deutsche Psychiater Ernst Kretschmer (1888 bis 1964) entdeckte seine berühmten *Körperbautypen,* indem er seine Patienten beobachtete: Zwischen dem Körperbau eines Menschen und dessen Charakter gibt es auffallende Zusammenhänge. Dann übertrug Kretschmer die leib-seelischen Zusammenhänge, die er bei Geisteskranken entdeckt hatte, auf den gesunden Menschen, nachdem er sich in jahrelanger systematischer Beobachtung vergewissert hatte, daß sie auch bei diesem gegeben sind, wenngleich weitgehend verborgen und graduell abgeschwächt. Mit anderen Worten: Was beim Kranken ausgeprägt erscheint, ist beim Gesunden nur als Anlage, als Tendenz zu verstehen.

E. Kretschmer fand zum Beispiel bei seinen manisch-depressiven Geistesgestörten, bei solchen, deren Gemütslage ständig zwischen »himmelhoch jauchzend« und »zu Tode betrübt« wechselt, den Körperbau des Pyknikers besonders häufig vertreten. In der Statistik nennt man das »signifikant vom bloßen Zufall abweichend.«

Der Pykniker hat eine gedrungene Figur und neigt zum Fettansatz, hat jedoch meist zartgliedrige Arme und Beine. Kretschmers Haupttypen – Leptosomer, Athletiker und Pykniker – entsprechen bestimmte körperliche Anfälligkeiten und körperlich-seelische Krankheitsneigungen, vor allem gewisse Temperamentsmerkmale. Von Manisch-Depressiven ausgehend fand er bei den Pyknikern auffällig oft ein starkes Ausdrucksbedürfnis, große Beweglichkeit und labile Gefühle vor.

So wie von Kretschmer Beobachtungen im klinischen Bereich auf den Normalmenschen ausgedehnt und angewandt wurden und sich dadurch die diagnostischen Möglichkeiten des Arztes und des Psychologen erweiterten, so stammt auch manch anderer Test aus der Medizin. Solche und auch eigenständige Verfahren der Psychologie werden heute nicht selten von Praktikern beider Fakultäten benutzt.

Psychologe, Psychiater – der Laie wirft oft beide in einen Topf. Zu Unrecht. Der folgende Wortwechsel zwischen zwei Wiener Fiakern – im letzten Urlaub aufgeschnappt – macht den Unterschied deutlich:

»Se kenna hier ned schdeng bleim!«

»Na herens, do werd i grod Se frong.«

In dieser Tonart geht es eine Weile hin und her. Der Dialog spitzt sich zu, und schließlich kommt es vernichtend von einer Seite: »Se soitn sech amoi psychiatriern lossn!«

Der Psychiater ist der Facharzt für Geisteskranke. Natürlich befaßt er sich auch mit alltäglichen seelischen Störungen wie Nervosität oder Schlaflosigkeit. Der Psychologe hingegen ist kein Arzt; er verschreibt auch keine Medikamente. Sein Studium ist allgemeiner den Tatbeständen und Gesetzen des seelischen Lebens gewidmet. Daraus ergeben sich vielfältige Berührungspunkte etwa mit der Pädagogik, der Didaktik, der Verkehrserziehung, dem Strafvollzug, der Werbung oder der Personalauslese, um nur einige von ihnen zu nennen.

Zurück zu den *Fragebogentests.* Wie steht es nun mit ihnen? Ursprünglich – wie schon erwähnt – für Abnorme und Geisteskranke konzipiert, dienen sie der Erforschung, wie sich der Patient in gewöhnlichen oder außergewöhnlichen Situationen verhält, wie er sie sieht und erlebt, wie er über sich und seine Umgebung denkt. Mittels dieses Netzes der Selbstauskünfte, in dem sich der Kranke meist ahnungslos verfängt, gewinnt der Psychiater diejenigen Informationen, die für seine Diagnose und Therapie wichtig sind, jedenfalls zu einem großen Teil.

Praktikable Methoden reizen zur Nachahmung und zur Übertragung auf andere Sachgebiete. Was Wunder, daß sie auch in die Praxis der Personalauslese Eingang fanden. Grundsätzlich wäre nichts dagegen zu sagen, wenn es sich viele Autoren nicht zu leicht gemacht hätten. Man kann sich des Eindrucks nicht erwehren, daß sich manche in hemmungsloser Fragewut über alle Grenzen von Takt und Menschenwürde hinwegsetzen.

Es ist wohl etwas anderes, ob die Frage »Halten Sie sich für eine bedeutende Persönlichkeit?« einem Schizophrenen vorgelegt wird oder dem Bewerber für den Posten des Chefbuchhalters. Fragen wie »Sprechen Sie regelmäßig Ihre täglichen Gebete?«, »Lieben Sie Ihre Frau?«, »Geben Sie Gefundenes immer zurück?«, »Haben Sie öfters Durchfall?« finden sich nicht selten auf derartigen Formularen, die übrigens längst nicht immer von Psychologen konzipiert sind, sondern oft von machtlüsternen, organisationsbesessenen Laien.

Was soll der Bewerber ankreuzen, wenn im Fragebogen steht: »Bekommen Sie gelegentlich feuchte Hände, wenn Sie sehr aufgeregt sind? – Ja oder nein«? Antwortet der Bewerber arglos mit Ja, muß er gewärtig sein, daß der Auswerter seelische Labilität oder geringe Belastbarkeit vermutet. SUSANNE VON PACZENSKY empfiehlt in ihrem Buch *Wie man Karrieretests erfolgreich besteht,* derartige Fragen zurückzuweisen oder zu unterlaufen, indem man sie nicht wahrheitsgemäß beantwortet.

Manche Unternehmen gehen sogar soweit, durch scheinbar unverfängliche Fragen, Weltanschauung und Parteizugehörigkeit der Bewerber herauszubringen. Auch hier ist Manipulation erlaubt: ein Akt der Notwehr.

Mißbräuche und Grenzüberschreitungen kommen bei seriösen Arbeitgebern nur selten vor. Somit können auch Krauses Bedenken entfallen, daß die Firma Westhoff & Kastner KG Unzumutbares verlange.

Halt! Da ist noch der *handgeschriebene Lebenslauf.* Mit der Maschine ginge es doch viel leichter!

Gewiß. Aber dieses Hilfsmittel bietet sich dem Personalchef geradezu an, weil es so wenig Umstände macht. Der Auswerter braucht nicht dabeizusitzen, wenn der Bewerber seinen Lebenslauf mit der Hand schreibt. Das Handschriftgutachten ist ökonomisch: deshalb wird nicht gerne darauf verzichtet.

Doch wem ist es schon wohl dabei, seine Handschrift preiszugeben, die nachher von einem Jünger der »Geheimkunst Graphologie« schonungslos durchleuchtet wird, so daß der Schreiber schließlich wie im Hemd dasteht, das seine Mängel und Schwächen nicht mehr bedeckt!

3. Der handgeschriebene Lebenslauf

Das ist von Anfang an klar: Der handgeschriebene Lebenslauf dient der Vorauslese. Wer diese Klippe passiert hat, kann davon ausgehen, daß das graphologische Gutachten nicht alleinentscheidend ist.

Die Handschrift liefert das Material für einen Test unter anderen, für einen projektiven Test. Die Ergebnisse dieser Tests werden miteinander verglichen und gegeneinander abgewogen. Die Psychologie spricht vom *Peilverfahren*. Der persönliche Eindruck, den der Personalchef vom Bewerber gewinnt, bleibt trotzdem nach wie vor von großer Bedeutung. Daß die Beurteilung nach der Handschrift auch von der Qualifikation des graphologischen Sachverständigen abhängt, ist eine Tatsache, die an dieser Stelle nicht verschwiegen werden soll. Solche Gutachten erfordern ein reiches Maß an Wissen und Erfahrung, man könnte fast sagen, an künstlerischem Einfühlungsvermögen.

Im allgemeinen darf der Bewerber davon ausgehen, daß sein handgeschriebener Lebenslauf von Fachleuten beurteilt wird. Was soll man ihm raten?

Eine Anleitung zu geben, die den Graphologen hinters Licht führt, wäre weder sinnvoll noch fair und erfahrungsgemäß nicht möglich. Andererseits: Wer möchte schon über die Enthüllung durch die Handschrift stolpern?

Diese Enthüllung braucht der Tüchtige nicht zu fürchten. Im Gegenteil: Er sollte eher besorgt sein, so zu erscheinen, wie es seinem Wesen entspricht. Denn wenn zum Beispiel der Zartbesaitete seine Natur verleugnete und Durchsetzungsvermögen demonstrierte, so daß er einen optimalen Eindruck erzielte, diente er weder den Interessen des Unternehmers noch seinen eigenen.

Dessenungeachtet können *einige Grundsätze* bestimmt nichts schaden:

- Gestalten Sie Ihre Schriftzeichen wie gewohnt, fügen Sie also nachträglich keine Verschönerungen an. Ändern Sie nichts an den Oberzeichen, damit sie womöglich markanter aussehen.
- Bemühen Sie sich um ein sauberes Schriftbild, ohne das Schreibtempo wesentlich zu verlangsamen.
- Der linke Rand sollte gleichmäßig gut fünf Zentimeter breit sein, und auf der rechten Seite sollte nicht bis an den Rand geschrieben werden. Ein schmaler Rand genügt, vor dem sich die Buchstaben nicht zusammendrängen, damit das Wort bestimmt noch hingeht. Trennungen schon im voraus berechnen!
- Die Größe der Schriftzeichen als Ausdruck der persönlichen Eigenart sollte beibehalten werden. Wichtig ist eine gewisse Gleichmäßigkeit des Mittelbandes – das sind die kleinen Kleinbuchstaben wie zum Beispiel a, c, i, m, n, o usw. – außerdem der Ober- und Unterlängen. Sogenannte »Kümmerformen« sollten nicht vorkommen. Gleichbleibend sollte auch der Neigungswinkel der Buchstaben zur vorhandenen oder gedachten Zeile sein.
- Der Zeilenabstand sollte so groß sein, daß sich Unterlängen und Oberlängen nicht berühren oder gar ineinander verhakeln.
- Sorgen Sie für eine harmonische Platzverteilung: rechter Rand – linker Rand – oberer und unterer Rand! Absätze machen!
  Abgezirkelt wie ein Druckerzeugnis muß das Ganze nicht aussehen, aber ästhetisch – geschmackvoll – angenehm zu lesen!
- Die Unterschrift sollte natürlich sein. Schon mancher

Bewerber hat sich alles verpatzt, weil er meinte, wie ein Supermanager unterschreiben zu müssen, äußerst prägnant, schwungvoll, außerordentlich!
Verständlich, wenn jemand seine Unterschrift so gestaltet, daß sie nicht jedes Kind nachmachen kann. Aber jede verrückte Unterschrift – unleserlich, von der sonstigen Formgebung des Schreibers abweichend – gibt dem Graphologen zu denken!

Daß der Lebenslauf mit Tinte geschrieben werden sollte, nicht etwa mit Bleistift oder Kuli, ist selbstverständlich. Der Handschriftenexperte fordert das, um den Druck beurteilen zu können.

Wie steht es nun mit der Benutzung eines Linienblattes? Ideal ist das nicht für den Beurteiler, er muß aber damit rechnen.

Lassen Sie sich's nicht verdrießen, den Lebenslauf zweimal, wenn nötig, dreimal zu schreiben, bevor Sie ihn aus der Hand geben!

4. Die persönliche Vorstellung

Der handgeschriebene Lebenslauf ist längst weg. Trotzdem bleibt ein Rest von Unbehagen bei dieser Preisgabe des eigenen Ich – einmal wegen der lückenlosen Offenbarung, und zwar auch dessen, was man vielleicht gerne umgangen hätte, zum andern wegen der enthüllenden Handschrift. So genau weiß man es nie . . . Und nun auch das noch: der Gang in die Höhle des Löwen!

Krause mustert seinen Kleiderschrank und wird sich, soweit er wählen kann, für den zweitbesten Anzug entscheiden – nein, nicht für den dunklen, feierlichen, als gälte es, den Nobelpreis in Empfang zu nehmen. Schlicht, aber korrekt: blanke Schuhe – die mit den schiefgetretenen Absätzen kommen nicht in Frage –, frisches, lässig gefaltetes Taschentuch, tadellose Fingernägel und was sonst noch im *Knigge* empfohlen wird. Pünktlich findet er sich bei Westhoff & Kastner ein, fünf Minuten vor der genannten Zeit, aber auch nicht früher! Im Vorzimmer muß er nicht lange warten. Fräulein Ruf, die Sekretärin, führt ihn gleich ins Allerheiligste.

Der Juniorchef legt den Telefonhörer auf die Gabel, erhebt sich hinter dem Mahagonischreibtisch und sagt kurz und forsch, als er Krause die Hand reicht: »Kastner.« »Angenehm« will Krause erwidern, doch da sieht er sich im Geiste blitzartig um Jahre zurückversetzt. Er steht Peineke, der damals noch alle Fäden in der Hand hielt, gegenüber. »Angenehm« stammelte er, noch ein schlaksiger Jüngling, und als er zum Sitzen aufgefordert wurde, tat er's mit einem verlegenen »Ich bin so frei« – kaum weniger lächerlich! Und dann saß er auf der äußersten Kante des Stuhles, zaghaft und verschüchtert.

»Jawoll, jawoll, Herr Peineke!« – vielmehr brachte er nicht heraus.

Nun, Krause hat seitdem dazugelernt, und statt des fatalen »Angenehm« artikuliert er jetzt ein selbstbewußtes »Krause«. Der einladenden Handbewegung folgend nimmt er auf dem Sessel Platz.

Kastner junior sagt zunächst gar nichts. Umständlich blättert er in den Papieren, die vor ihm auf dem Schreibtisch liegen. Da ist er schon, der Lebenslauf, der handgeschriebene. Seine saubere Ausführung, die geschmackvolle Anordnung, die wohlgeformten, disziplinierten Schriftzeichen, Stil und Rechtschreibung mögen ihre Wirkung getan haben. Doch jetzt scheint das alles bedeutungslos, jetzt interessieren nur noch Fakten.

Der Juniorchef macht sich ein paar Notizen, Ausgangspunkt für ein längeres Gespräch. Krause weiß, wie wichtig es ist, sich nicht nur interessiert, sondern auch gut informiert zu zeigen. Als schließlich nur noch von Westhoff & Kastner die Rede ist, überrascht Krause durch allerhand Einzelheiten: Über die Vorteile des neuen Spritzlacks, den sich der Hersteller hatte patentieren lassen, weiß Krause ebenso Bescheid wie über die letzten Zollbestimmungen für die Kunstharzeinfuhr aus Japan. So etwas macht immer Eindruck. Ein bißchen recherchieren, die Mühe zahlt sich aus!

»Wir werden von uns hören lassen« – mit diesen Worten beendet der junge Kastner das Gespräch.

Otto Krause hat ein gutes Gefühl.

5. Was ist Intelligenz überhaupt?

Wie »vielstrahlig« dieser Begriff ist, zeigt eine kleine inoffizielle *Straßenbefragung*, durchgeführt im Jahre 1980 an belebten Plätzen in Nürnberg, München und Stuttgart. Gewiß keine repräsentative Untersuchung im strengen Sinne, aber recht aufschlußreich für das, was der Laie mit dem Begriff »Intelligenz« verbindet.

In fast allen Stellungnahmen – nur etwa zwei Drittel der Befragten waren dazu bereit – wird die Intelligenz in irgendeiner Form mit Lebenserfolg gleichgesetzt.

Für die dem Sinne nach häufigsten Äußerungen steht im folgenden je eine:

- Ich würde sagen: Wenn jemand gute Einfälle hat, ist er intelligent.
- Man kann's am besten am Notendurchschnitt in der Schule erkennen.
- Der Intelligente denkt schnell; er ist schlagfertig.
- Wenn einer ein schlauer Fuchs ist. (Befrager: Wie meinen Sie das?) Nun, wenn sich einer gut verheiratet . . . zu Geld kommt.
- Wer sich in einer verzwickten Situation zu helfen weiß.
- Intelligenz? Köpfchen! Man läßt sich kein X für ein U vormachen.
- Da gibt's mehrere Möglichkeiten: Wenn man ein großes Wissen besitzt – oder eine hohe Stellung erreicht im Leben.
- Ich glaub', das hängt mit dem Gedächtnis zusammen. Wer sich nichts merken kann, ist allemal im Nachteil.
- Wenn einer die andern durchschaut, ihren Absichten zuvorkommt, da kann man von Intelligenz reden.

- O Die Intelligenten schneiden in den Quizsendungen natürlich am besten ab.
- O Wie sich einer auszudrücken versteht, gleich ob schriftlich oder mündlich, das hängt von seiner Intelligenz ab.
- O Das Abitur schaffen . . . ganz ohne Intelligenz geht das wohl kaum!
- O Geschickt verhandeln, dazu gehört unbedingt Köpfchen – ich meine Intelligenz.
- O Wenn einer Anweisungen rasch begreift – noch dazu schlecht formulierte –, der muß schon intelligent sein.
- O Sein Geld gut einteilen und sinnvoll ausgeben können, das ist wohl ein wichtiger Teil der Intelligenz. (Befrager: Was denn noch?) Tja, man darf überhaupt in keiner Lebenslage die Übersicht verlieren. Das gehört auf jeden Fall mit dazu.
- O Gekonnt planen und organisieren – jedenfalls der Kaufmann, zumindest muß er es im besonderen Maße beherrschen. Diese Art von Intelligenz ist für seinen Erfolg entscheidend.
- O Intelligenz ist die Fähigkeit, aus eigenen Fehlern und Niederlagen zu lernen.
- O Da gibt es Bücher, philosophische Bücher, die kaum einer versteht. Nur der Intelligente kommt hinter den Sinn . . . ich meine, nur der versteht, was der Verfasser sagen will.
- O Jeder hat einmal eine Chance, aber es zu merken, dazu muß einer intelligent sein.
- O In einem Streit oder Wortgefecht hat der Intelligente oder Intelligentere immer die besseren Argumente.
- O Wenn einer weiß, was er will, den kann man schon als intelligent bezeichnen.
- O Sich ein Vermögen oder eine Machtstellung aufbauen, dazu gehört Intelligenz!
- O Intelligente Menschen beherrschen die Fremdwörter.
- O An der korrekten Rechtschreibung kann man die Intelligenz eines Mannes oder einer Frau erkennen.

- ○ Wenn einer gut informiert ist, das heißt, wenn er weiß, was »gespielt wird«, ist er intelligent.
- ○ Ich meine, die Auffassungsgabe ist das Wichtigste an der Intelligenz.
- ○ Hübsche Frauen sind selten intelligent.
- ○ Sichere und gute Entscheidungen zu treffen ist für mich das Zeichen von Intelligenz.
- ○ Der Kluge – ich meine der Intelligente – weiß seine Mitmenschen richtig zu behandeln.
- ○ Wenn einer ohne »Krücken« denken kann ... (Befrager: Wie meinen Sie das?) Wenn einer über das gegenständliche Denken hinaus ist.

Dreißig Aspekte, dreißig Teilansichten der Intelligenz. Sie umfassen nicht alles, zeigen aber immerhin Wesentliches. Einige Stellungnahmen bedürfen jedoch der Korrektur:

Die Behauptung, daß *Schönheit* bei Frauen selten mit Verstand gepaart sei, die Vorstellung vom blonden Dummchen, scheint dem oft sexuell belasteten Wunschdenken mancher Männer zu entspringen.

Rechtschreibung mangelhaft! Was kann man da schon erwarten! Gerade dieses Vorurteil sitzt fest. Ein Zusammenhang zwischen unzulänglicher Rechtschreibung und schwachem Intellekt ist bis heute nicht nachgewiesen. Daß Schwachbegabte unter anderem auch mit der Rechtschreibung ihre liebe Not haben, beweist nicht das Gegenteil.

Was ist in diesem Zusammenhang über die *Legasthenie* zu sagen? Legasthenie – wörtlich übersetzt »Leseschwäche« – kann zweierlei bedeuten: einmal, ganz einfach, daß sich jemand mit dem Lesen schwer tut, und zwar meist beim Lernen und Üben. Aber kaum jemand wird dann von Legasthenie sprechen. Die andere Bedeutung von Legasthenie geht auf die medizinisch-psychologische Forschung zurück. In WILLIBALD PSCHYREMBELS *Klinischem Wörterbuch* lesen wir unter dem Stichwort »Legasthenie«: »Angeborene Schwäche im Erlernen des Lesens und des Rechtschreibens bei hinreichender Intelligenz und sonst regelrechtem neurologischem Befund.«

Während der gewöhnliche schwache Schüler lediglich mit den Regeln der Orthographie auf dem Kriegsfuß lebt, hat der klinisch diagnostizierte Legastheniker Schwierigkeiten, die schon bei der Wahrnehmung beginnen. Je nach seinen spezifischen Ausfällen wird er »And« oder »Wan« statt »Wand« schreiben oder auch lesen, statt »schwindelig« »schwndelg«, statt »Knospe« vielleicht »Gnosbe«, statt »Leib« »Lieb«, statt »Butter« »Buttre«, und wenn die Wahrnehmung total gestört ist, möglicherweise »schlrrt« statt »schluckt«.

Zu diesen Ausfällen im sogenannten »Wahrnehmungssyndrom« gesellen sich Regelverstöße, die als weniger LRS-typisch gelten. Die Abkürzung LRS bedeutet nichts anderes als *Lese-Rechtschreib-Schwäche*. Beide Mängel treten häufig zusammen auf, das heißt bei der Legasthenie als krankheitsähnlicher Erscheinung.

In beiden Gruppen – bei den Rechtschreib-Unsicheren wie bei den anlagebedingten Legasthenikern – treffen wir auf normale oder hohe, mitunter sogar auf sehr hohe Begabungen.

Welchen Ansichten sollte außerdem noch widersprochen werden? Gewiß denen, die im eifrigen Gebrauch von Fremdwörtern bereits Intelligenz vermuten, die auf den glänzenden Notendurchschnitt in der Schule schwören oder den Erfolg in Quizsendungen mit Intelligenz gleichsetzen. Diese Leistungen mögen zwar beeindrucken, taugen aber zur Beurteilung der Intelligenz nur bedingt.

Was also ist Intelligenz? Die Fachgelehrten antworten gern mit Fragezeichen. Einige bekennen offen, es nicht zu wissen, andere haben das, was ihnen an der Intelligenz bedeutsam erscheint, in Definitionen formuliert. Statt Definition könnte man »abgrenzende Erklärung« oder »abgrenzende Beschreibung« sagen. Sie strebt Knappheit im Ausdruck an und will dennoch nichts Wesentliches außer acht lassen.

Eine Aufzählung aller *Intelligenzdefinitionen* wäre an dieser Stelle kaum sinnvoll. Deshalb sollen nur zwei sehr bedeutsame zitiert und erläutert werden.

WILLIAM STERN, der Mitbegründer des philosophischen Personalismus, faßt zusammen: »Intelligenz ist die allgemeine Fähigkeit, das Denken bewußt auf neue Forderungen einzustellen, die allgemeine geistige Anpassungsfähigkeit an neue Aufgaben und Bedingungen des Lebens.«

William Stern sieht also in der Wendigkeit, in der Fähigkeit, sich veränderten Situationen passiv und auch aktiv anzupassen, das wesentliche Merkmal der Intelligenz. Der Landwirt zum Beispiel, dem der Getreideanbau zu wenig Nutzen abwirft, stellt sich auf Schweinemast um. Der zur Erkältung Neigende beginnt sich abzuhärten, und die Witwe, der die Wohnungsmiete zu hoch ist, sieht sich nach einer billigeren Bleibe um.

Von dem auf Charakterkunde spezialisierten Psychologen HUBERT ROHRACHER stammt die Definition: »Intelligenz ist der Leistungsgrad der psychischen Funktionen bei der Lösung neuer Probleme.«

Um diese Begriffsbestimmung zu verstehen, muß man wissen, daß Rohracher zwischen psychischen Kräften und psychischen Funktionen unterscheidet. Mit den psychischen Kräften meint er die Triebe, die Interessen, die Gefühle und die Willensvorgänge. Als psychische Funktionen bezeichnet er die Wahrnehmung, das Gedächtnis und die Vorgänge des Denkens.

In der Wahrnehmung, im Gedächtnis und im Denken sieht er Instrumente, die erst dann ihren Zweck erfüllen, wenn sie durch andere psychische Prozesse, nämlich durch die psychischen Kräfte, in Gang gesetzt werden, um einer bestimmten Aufgabe nachzukommen.

Ein Beispiel: Der aufsteigende Nahrungstrieb, der Hunger, aktiviert nacheinander die Wahrnehmung, das Denken und das Gedächtnis. Max, der Junggeselle, bekommt am späten Abend mit einem Male Lust, noch Würstchen zu essen. Er schaut im Kühlschrank nach: gähnende Leere. Er überlegt, wo er um diese Zeit noch Würstchen bekommen könnte. Schließlich fällt ihm ein, daß es im Bahnhofsvorraum einen Kiosk gibt, der auch zu später Stunde Proviant an Reisende verkauft.

Rohrachers Verdienst ist es unter anderem, daß er die psychischen Kräfte den psychischen Funktionen klar voranstellt, also ihre Bedeutung unterstreicht, und daß er den *Werkzeug-Charakter* dieser Funktionen – die als einzige objektiv meßbar sind – ins rechte Licht rückt.

Die psychischen Funktionen sind es, die dem Menschen als Werkzeug dienen und mit deren Hilfe er seine Interessen zu verwirklichen versucht.

In einem Bild ausgedrückt: Josef Blattner ist ein tüchtiger Möbelschreiner. Als er seine auf dem Land lebende Schwester für ein paar Tage besucht, bemerkt er, daß der Lehnstuhl am Kamin in die Brüche gegangen ist. Wenn ihr Mann, ein eifriger Bastler, noch lebte, hätte er das Möbel schon wieder in Ordnung gebracht. Nun, da er – ihr Bruder – sowieso bis zum Wochenende bleibt, will er diese Aufgabe übernehmen.

Das Dumme ist nur, daß es mit dem Werkzeug hapert, denn Leimen genügt nicht. Die linke Armstütze muß neu gefertigt werden. Aber Josef Blattner steht zu seinem Wort. Sein handwerklicher Ehrgeiz hilft ihm auszugleichen, was in erster Linie fehlt: ordentliches Werkzeug. Er braucht natürlich länger; er muß sich etwas einfallen lassen, aber schließlich steht der Lehnstuhl in alter Pracht wieder am Kamin. Man sieht ihm kaum an, daß er beschädigt war.

Helfenwollen und handwerklicher Ehrgeiz, sicherlich auch Geschwisterliebe sind die psychischen Kräfte, die Josef Blattner bestimmen, man könnte sagen »antreiben«, diese Arbeit auszuführen – gut auszuführen, obwohl ihm nur unzulängliches Handwerkszeug zur Verfügung steht.

So wie Hammer, Zange, Säge, Hobel und vieles andere mehr zum Werkzeug des Schreiners gehören, setzt sich das Werkzeug Intelligenz aus verschiedenen Funktionen zusammen, zum Beispiel aus dem Gedächtnis, dem Merkvermögen, dem abstrahierenden Denken, der Beobachtungsgabe, dem Assoziieren, dem Umgang mit Zahlen und Mengen, der räumlichen Vorstellung, dem Erkennen sozialer Zusammenhänge, auch aus dem Handgeschick.

Gutes Werkzeug hilft uns, eine Zielvorstellung zeitsparend und befriedigend zu verwirklichen. Ist die dahinterstehende psychische Kraft aber unzureichend, ist die *Motivation* nicht stark genug, dann nützt auch das beste Werkzeug nichts!

6. Meilensteine auf dem Weg zum Intelligenztest

Die Geschichte des Testens an sich ist uralt. Ob wir uns nun die Initiationsriten einfacher Naturvölker vergegenwärtigen, die in der Stammesrunde den Nachfolger des alten Häuptlings wählen, ob wir uns mythologischen Quellen zuwenden, ob wir die antike Geschichte durchwandern, immer und überall finden wir Situationen, die Bewährung, Eignung und Auswahl fordern.

Mögen diese *praktischen Prüfverfahren* grob oder da und dort magischem oder religiösem Denken verhaftet sein: aus ihnen entwickelte sich die Idee des Testens, längst bevor man von einer Psychologie als selbständiger Wissenschaft sprechen konnte.

Daß die Testidee gerade gegen Ende des vergangenen Jahrhunderts neu belebt wurde, ist kein Zufall, denn die Ausrichtung der Psychologie nach den Naturwissenschaften, besonders aber das Experiment, verlangt exakte Verfahren.

Der Übergang vom Experiment zum Test ergab sich vielfach zwangsläufig. Wenn ein FRANCIS GALTON, der englische Psychologe und Vererbungsforscher, etwa die Schärfe menschlicher Sinnesorgane oder individuelle Reaktionszeiten beim Menschen prüfte, so war die Brauchbarkeit der Ergebnisse so augenfällig, daß sie nicht übersehen werden konnte. Galtons *Intelligenzmessungen aufgrund von Denkaufgaben* ließen ihn in die Geschichte der Psychologie als »Vater des Tests« eingehen.

Damals entstand der Begriff »Mental tests« als Terminus für diese Verfahren. Er wurde von dem amerikanischen Psychologen Raymond Bernhard Cattell eingeführt. Es ist für diese ersten, vom Nützlichkeitsdenken faszinierten Jahrzehnte bezeichnend, daß sich die Tests in der Hauptsache auf Intelligenzprüfungen beschränkten.

Namen wie Hermann Ebbinghaus und Hugo Münsterberg, beide Pioniere der experimentellen Psychologie, könnten in diesem Zusammenhang genannt werden. Es geht hier jedoch nicht darum, die Entwicklung bis zu den heute verwendeten Intelligenztests ausführlich darzustellen. Nur einer der Meilensteine sei mehr als nur beiläufig erwähnt: Als der französische Psychologe Alfred Binet im Jahre 1904 vom Pariser Erziehungsministerium beauftragt wurde, aus einer größeren Anzahl von Kindern die schwachbegabten zu eliminieren, ordnete er – in Zusammenarbeit mit seinem Kollegen Theodore Simon – jeder Altersstufe eine Gruppe bestimmter Fragen und Aufgaben zu.

Schon damals schien es nicht zu genügen, Einzelaufgaben – sogenannte »Items« – auszutüfteln, um sie dann auf gut Glück in einen Test einzubauen. Es hatte sich deren Brauchbarkeit zu erweisen. Man legte also – zum Beispiel den Vierjährigen – eine Serie von Aufgaben vor, von denen man annahm, daß sie Kindern dieses Alters entsprächen. Zeigten sich drei Viertel von ihnen imstande, die jeweilige Aufgabe befriedigend zu lösen, wurde sie als brauchbar in das Verfahren übernommen.

Binet und Simon fanden so ein taugliches Maß. Sie stellten dem Lebensalter erstmals ein *Intelligenzalter* gegenüber. Wenn ein Kind alle seinem Lebensalter entsprechenden Aufgaben löste, war seine Intelligenz »normal«, das heißt dem Durchschnitt entsprechend. Wenn es mehr schaffte, also auch Aufgaben, die seinen Altersbereich überstiegen, oder weniger, so wurde es über oder unter dem Mittel eingestuft.

Das war die *Geburtsstunde einer wissenschaftlichen Intelligenzmessung.*

Diese praktikable Methode wurde 1912 von William Stern

aufgegriffen und verbessert, vor allem durch die Einführung des IQ-Maßes, das die Bewertung einer Leistung nach dem *Lebensalter* vorwegnimmt. Wenn ein Achtzehnjähriger und ein Vierzigjähriger im Test objektiv das Gleiche leisten, wird trotzdem auf eine unterschiedliche Begabung geschlossen, denn die einzelnen Fähigkeiten des Menschen – nach HUBERT ROHRACHER die »psychischen Funktionen« – zeigen im Laufe seines Lebens nicht dieselbe Leistungshöhe: Während der Umfang des Wissens, das allgemeine Verständnis und der Wortschatz mit zunehmendem Alter gewöhnlich ansteigen, geht andererseits das Merkvermögen zurück, auch die Reaktionsgeschwindigkeit oder die Zuordnung Auge zu Hand.

Es wurden deshalb anhand von Statistiken sorgsam erarbeitete Tabellen erstellt, die von der Durchschnittsleistung differenzierter Altersgruppen ausgehen und die Einzelergebnisse des Gesamttests individuell werten.

Soweit die Theorie. Lassen wir sie am praktischen Beispiel lebendig werden. Sehen wir, wie es Otto Krause inzwischen ergeht.

7. Die erste Barriere ist genommen

Ja, Otto Krause darf ein gutes Gefühl haben, denn das Gespräch mit dem jungen Herrn Kastner hätte kaum besser verlaufen können. Der anerkennende Blick des Juniorchefs ist ihm nicht entgangen, als er, Krause, sich über den neuen patentierten Spritzlack so überraschend gut im Bilde zeigte – und überhaupt . . .

Bereits anderntags klingelt das Telefon: Otto Krause möge sich am kommenden Mittwoch, 9.30 Uhr, in Dr. Hufnagels Praxis einfinden. Dr. Hufnagel, das ist der Psychologe. Länger als zwei bis zweieinhalb Stunden werde es kaum dauern.

Frau Krause hatte sich nach dem Eingang des Briefes von Westhoff & Kastner nicht so schnell beruhigen können, doch nachdem ihr Mann gestern ganz aufgekratzt nach Hause gekommen war und ihr den Verlauf des Vorstellungsgesprächs geschildert hatte, erhellte sich ihre Miene. Sie war stolz auf ihn, geradezu in feierlicher Stimmung. Sie brachte Kaffee auf den Tisch – mitten am Tag. Das wollte bei ihrer Sparsamkeit allerhand heißen!

Mit dem Herannahen des Mittwochs aber beschleicht beide ein mulmiges Gefühl. »Wenn man nur nicht so völlig im dunkeln tappte«, sagt sie verzagt, »wenn man wenigstens ungefähr wüßte, was gefordert wird, wenn man sich beliebig Zeit lassen könnte, aber alles nach der Stoppuhr . . . Wenn du's nur schon hinter dir hättest!«

Mittwoch morgen: Krause steht an der Haltestelle Behringstraße. Nervös sieht er alle Augenblicke auf seine Armbanduhr, obwohl er nur auf die großen Zeiger am gegenüberliegenden Rathausturm sehen müßte. Endlich kommt die Vierzehn zum Staufferplatz! Und am Staufferplatz, gleich um die Ecke am Anfang der Hartmannstraße, prangt ein nicht zu übersehendes Emailleschild: »Institut für Personalauslese, Leitung: Dr. Ewald Hufnagel.«

»Ein bißchen großkotzig!« denkt Krause und steuert auf ein großes Haustor zu. Es ist nur angelehnt. Ein weiteres Hinweisschild belehrt ihn, daß er die Treppe zum ersten Stock nehmen muß, wo ihn ein weißbekitteltes Wesen in einen mittelgroßen Raum führt. Das sieht ja aus wie ein kleines Klassenzimmer, stellt Krause für sich fest. An einem der vier grünen Tische sitzt bereits ein rundlicher Herr in den mittleren Jahren: Stirnglatze, Wurstfinger, dicke Hornbrille. Er blättert in einem Journal. Krause scheint er nicht zu bemerken.

Otto Krause nimmt Platz, aber an einem anderen Tisch. Nervös sieht er immer wieder auf seine Armbanduhr. Plötzlich wird die Tür nochmals geöffnet, und die Dame im weißen Kittel schiebt einen jungen Mann über die Schwelle. »Wo bleibst du denn!« ruft ihm der Dicke entgegen. Gleich darauf sitzen sie nebeneinander. Sie kennen sich offenbar schon länger; in vertrautem, gedämpftem Ton haben sie sich einiges mitzuteilen, aber Krause entgeht bei seinen angespannten Nerven kaum ein Wort. »Wenigstens keine Mitbewerber«, wird ihm bald klar. Anscheinend sollen sie aber auch getestet werden.

Nach einiger Zeit erscheint die Dame in Weiß an der Türe: »Herr Dr. Hufnagel bittet die Verzögerung zu entschuldigen. Er ist etwas aufgehalten worden.« Das gibt den beiden Tuschelnden Gelegenheit, ihr Gespräch in Ruhe weiterzuführen. Ihr Gespräch hatte eigentlich schon zwei Tage vorher im Café Herberger begonnen als eine Art Generalprobe, denn die beiden – ehemals im selben Betrieb tätig und seit einiger Zeit arbeitslos – hatten den nämlichen Gang vor sich wie Otto Krause.

8. Die Notizen eines pfiffigen Testanden

Die Generalprobe im Café Herberger hatte sich in Form des nachstehend wiedergegebenen Dialogs abgespielt:

»Du siehst aus, als hätten dir die Hühner das Brot weggenommen«, sagt der Dicke und prostet Rudi, seinem jungen Bekannten mit dem flotten Bärtchen, ironisch zu.

»Wer weiß, ob der das Gleiche fragt wie der Psychologe damals in Heidelberg! Du hast dir doch hoffentlich Aufzeichnungen gemacht?«

»Hab' ich, hab' ich! Paß auf, Rudi – aber laß deinen Mosel nicht warm werden! Übrigens – kein unsympathischer Typ, dieser Doktor oder Diplom ... was weiß ich. So ganz ohne akademische Verzierungen hat sich der mir gegenüber an den Tisch gesetzt, hat ein paar alltägliche Bemerkungen gemacht – über die Hitze damals in Heidelberg–, so was hast du noch nicht erlebt! Dann hat er sein Taschentuch genommen, um sich die Brille blankzuwischen, und hat mich beiläufig gefragt, ob ich kurzsichtig sei, weißt du, wegen meiner dicken Augengläser. ›Wundern Sie sich nicht‹, hat er angefangen, ›wenn Ihnen einige Fragen zu leicht erscheinen!‹ Hat der mich doch später tatsächlich gefragt, in welchem Land Paris liegt ... ja, wirklich! Dann ist er in seiner Erklärung fortgefahren – das hab' ich mir wörtlich gemerkt: ›Nur durch einen allmählichen Anstieg des Schwierigkeitsgrades vom ganz Leichten bis zum andern Extrem entsteht eine Rangreihe als Maß für die erbrachte Leistung. Machen Sie sich deshalb nichts daraus, wenn Ihnen gegen Ende einer Aufgabenserie die Luft ausgeht; es ist völlig normal!‹ Das sind seine Worte. Finde ich nett, mich so behutsam aufzulockern, du nicht auch?«

»Da hast du ja richtig Glück gehabt. Aber wo sind nun deine Notizen, Gerd?«

Gerd sieht sich erst einmal im Kreise um. Außer dem Mann am übernächsten Tisch, offenbar ein Vertreter, und dem stillen Liebespaar in der Nische sind sie allein, er und Rudi. Umständlich entnimmt er seiner Brusttasche eine Anzahl gefalteter Blätter, die er nun auf dem Marmortischchen ausbreitet und sorgfältig glattstreicht.

Rudi erstaunt: »Hast du das während des Tests alles mitschreiben können?«

»Natürlich nicht! Ich hab' mich am gleichen Tag noch hingesetzt und mir Stichworte notiert.«

»Du mußt ja ein beachtliches Gedächtnis haben!«

»Täusch dich nicht! Hat man erst einmal ein gutes Skelett, dann kommt wie von selbst Fleisch dazu. Man muß nur oft genug nachdenken.«

»Ja, und warum hast du dir die viele Arbeit gemacht? Schließlich war's für dich ja überstanden.«

»Warum? – Das Ganze kam mir vor wie eine Inventur dessen, was ich damals vorzuweisen hatte, eine vom Fachmann vorgenommene Inventur. Es hat mich einfach gereizt, diese Situation festzuhalten – vielleicht, um nach Jahren sehen zu können, ob ich klüger geworden bin oder nicht. Daß ich auf diese Notizen einmal aus praktischen Gründen zurückgreifen würde, dieser Gedanke lag mir fern; er ist mir erst vorige Woche gekommen.«

»Es ist schon spät; können wir beginnen?«

»Gut, fangen wir an. Eins möchte ich noch vorausschicken: Die Aufgaben sind in Gruppen gegliedert, man kann auch sagen, in Serien. Ich habe sie fast lückenlos zusammengebracht. Jede dieser Gruppen prüft eine besondere Seite der Intelligenz. Aber das wirst du gleich selber sehen.«

Wissensfragen

Der Prüfer will offenbar herausfinden, wie es mit der *Allgemeinbildung* bestellt ist. Dazu dienen ihm Stichproben:

1. Wer war der erste Bundeskanzler Westdeutschlands in der Nachkriegszeit?
2. Was ist eine Antenne?
3. Was unterscheidet Butter grundsätzlich von Margarine?
4. In welchem Land liegt Paris?
5. Wie viele Kilogramm hat ein Zentner?
6. Wie viele Tage hat ein Schaltjahr?
7. Wie heißt die Hauptstadt der Bundesrepublik Deutschland?
8. Welche Stadt Chinas zählt die meisten Einwohner?
9. Wie hoch ist der Eiffelturm (ungefähr)?
10. Wo liegt die Insel Korsika?
11. Welche Funktion kommt der Lunge zu?
12. In welchem Erdteil liegt Sambia?
13. Wer schrieb das Drama *Wilhelm Tell*?
14. Wie viele Einwohner hat die Bundesrepublik Österreich?
15. Wie viele Kilometer sind es von München bis Köln?
16. Wer erfand das Dynamit?
17. Wer komponierte die *Zauberflöte*?
18. Wo steht das Pentagon (Gebäude)?
19. Wer kann als Erfinder des Telefons genannt werden?
20. Wer war Rasputin?
21. Was ist eine Mutation?
22. Was versteht man unter Rangvorbehalt?
23. Was ist ein Panegyrikus?
24. Was sind Spasmolytika?
25. Was verstehen wir unter Chiliasmus?

Fragen des praktischen und des sozialen Denkens

1. Was tun Sie, wenn Sie plötzlich bemerken, daß Ihnen Ihr Sparbuch abhanden gekommen ist?
2. Warum wird für Wäschestücke mit Vorzug »reine Baumwolle« verwendet?
3. Wer Geld auszugeben hat, sollte sich einen Haushaltsplan machen. Warum?
4. Sie unternehmen mit Freunden eine Wanderung in die freie Natur. Da wird einer der Teilnehmer von einer Kreuzotter gebissen. Was tun oder veranlassen Sie als erstes?
5. Welche Vorteile hat die Sozialversicherungspflicht?
6. Wer bauen will, muß einen Bauplan zur eventuellen Genehmigung bei der zuständigen Behörde einreichen. Warum?
7. In der Prozeßordnung ist die Möglichkeit der Revision vorgesehen. Dient sie dazu, einen Rechtsstreit in die Länge zu ziehen, oder ist sie auf andere Überlegungen gegründet. Führen Sie gegebenenfalls an, auf welche!
8. Wozu haben wir ein Datenschutzgesetz?

(An die letzten zwei Fragen kann sich Gerd nicht erinnern.)

Das Nachsprechen von Zahlenreihen

Der den Test durchführende Versuchsleiter beginnt damit, dem Testanden * eine kurze Zahlenreihe vorzusprechen. Zum Beispiel: »Drei – fünf – vier«.

Wenn er damit fertig ist, muß sie der Testand wiederholen.

Die nächste Zahlenreihe besteht aus vier Gliedern. Jede der folgenden Reihen wird um ein Glied erweitert. Wenn der Proband ** beim Wiederholen falsche Ziffern nennt oder in

* Testand = der dem Test Unterworfene.

** Proband – dasselbe (der der Probe Unterworfene).

der Reihenfolge durcheinanderkommt, wird der Versuch mit einer anderen Zahlenreihe gleicher Länge wiederholt.

Gelingt der erste oder zweite Versuch, schreitet man zur nächstlängeren Zahlenreihe fort. Die längste hat neun Glieder. Andernfalls wird der Subtest abgebrochen. Der Versuchsleiter notiert, bis zu welcher Zahlenreihe der Testand vordringt.

Der Testand soll die einzelnen Glieder der Reihe monoton, in zeitlichen Abständen von ungefähr einer Sekunde, vorsprechen, zum Beispiel: »Drei – eins – vier – neun – sechs – acht«, nicht etwa »dreivierzehnneunachtundsechzig« wie eine Telefonnummer.

Wenn der Versuchsleiter festgehalten hat, wie viele Glieder im »Vorwärtsgang« noch bewältigt worden sind, das heißt, bis zu welcher Reihe der Testand gekommen ist, wird dieser nun aufgefordert, vorgegebene Zahlenreihen in umgekehrter Folge zu wiederholen. Zum Beispiel bei »Drei – eins – vier – neun – sechs – acht«: »Acht – sechs – neun – vier – eins – drei«.

Der Rückwärtsversuch endet spätestens mit einer achtgliedrigen Reihe.

Rechnerisches Denken

Wie man sieht, sind diese Aufgaben verhältnismäßig leicht. Die vorgegebene Zeit darf aber nicht überschritten werden. Diese beträgt für die nachstehenden Fragen 1 bis 3 fünfzehn Sekunden, Fragen 4 bis 6 dreißig Sekunden, Fragen 7 und 8 sechzig Sekunden, Fragen 9 und 10 hundertzwanzig Sekunden. Bei den Fragen 9 und 10 können durch rasche Lösungen Zusatzpunkte gewonnen werden. (Die zehnte Aufgabe ist Gerd entfallen.)

1. Jemand arbeitet vormittags vier und nachmittags drei Stunden. Wie viele Stunden hat er insgesamt gearbeitet?

2. Eine Hausfrau kauft Lebensmittel. Sie kosten genau sieben Mark. Sie bezahlt mit einem Zehnmarkschein. Wieviel bekommt sie heraus?
3. Liesel läßt sich vom Händler sieben Eier geben. Das Stück kostet 27 Pfennig. Beim Öffnen des Portemonnaies sieht sie, daß nur noch eineinhalb Mark darin sind. Um wieviel hat sie zu wenig?
4. Vor dem Zweiten Weltkrieg gab's für zehn Pfennig vier Brötchen. Wieviel hat man damals für achtzehn Brötchen ausgeben müssen?
5. Wie lange braucht ein Radfahrer für sechzig Kilometer ebener Strecke, wenn er unter gleichen Bedingungen zwölf Kilometer in der Stunde zurücklegt?
6. Wenn vier Zigaretten eine halbe Mark kosten, was bezahlt man dann für eine Zwanzigerpackung?
7. Für fünfzehn Gramm Hefe nimmt ein Händler zwanzig Pfennig. Wieviel Hefe bekommt man dann für eine Mark?
8. Von zweiunddreißig Kindern einer Schulklasse bekommen drei Viertel von ihren Eltern regelmäßig Taschengeld. Wie viele Kinder erhalten regelmäßig Taschengeld?
9. Ein Bagger hebt in acht Stunden einhundertundzwanzig Kubikmeter Erdreich aus. Wie viele Kubikmeter schafft er in zwanzig Minuten?

Oberbegriffe finden

Die untenstehende Liste enthält zehn Begriffspaare. Aufgabe des Testanden ist es, das *wesentlich Gemeinsame* an jedem Paar zu nennen. Vorweg werden ihm zwei Beispiele vorgeführt.

○ Vater – Mutter:
Wenn der Testand antwortet: »Menschen«, so hat er die wesentliche Gemeinsamkeit genannt.

○ Vater – Onkel:
Wenn der Testand antwortet: »Menschen«, so ist das ebenfalls richtig. Wenn der Testand aber die Bezeichnung »Männer« wählt, macht er eine zusätzliche Unterscheidung. Die genaue Abgrenzung wird deshalb höher bewertet.

Die Denkzeit ist nicht beschränkt.

1.	Pappel	Linde
2.	Veilchen	Edelweiß
3.	Stuhl	Armsessel
4.	Lexikon	Wörterbuch
5.	Schreiner	Frisör
6.	Schreibtisch	Aktenregal
7.	unten	oben
8.	Sonne	Armbanduhr
9.	49	121
10.	Ehre	Gerechtigkeit

Wortbedeutungen finden

Zu den untenstehenden Wörtern ist je eine *kurze Erklärung* zu geben, aus der hervorgeht, daß das Wort im vollen Umfang verstanden worden ist. Wenn es mehrere Bedeutungen hat, sind alle zu nennen.

1. Zitrone	11. Rolle
2. Kaninchen	12. Anstand
3. Erle	13. Löffel
4. Murmeln	14. Halfter
5. Silber	15. Lenz
6. Verband	16. Modern
7. Zug	17. Amt
8. Griff	18. Nonne
9. Niet	19. Ketzer
10. Fall	20. Skalp

21. Pirat
22. Kolonie
23. Gladiator
24. Prokura
25. Arsenal
26. Regreß
27. Vokal
28. Fiktion
29. Levade
30. Alternative
31. Isolation
32. Depot
33. Konföderation
34. Annullieren
35. Paradigma
36. Allergie
37. Spektrum
38. Fissur
39. Ethologie
40. Blasphemie
41. Pseudonym
42. Artefakt

Wenn fünf Wörter nacheinander nicht erklärt werden können, bricht der Versuchsleiter die Serie ab.

Der Zahlensymboltest

Der Testand erhält den nachstehenden Schlüssel der Zahlensymbole:

1	2	3	4	5	6	7	8	9
§	0	=	(	#	+	)	"	Y

Nun soll er das nachstehend abgebildete Testformular ausfüllen:

5	8	3	1	4	2	9	6	1	5	7	2
#	"	=	§	(							
3	2	9	5	8	4	7	9	2	1	6	5
7	8	1	2	5	6	3	4	7	9	2	1
8	2	5	1	9	4	7	6	3	1	8	9
2	7	6	8	1	5	3	4	7	9	2	1
8	3	1	9	2	4	7	6	5	8	3	9

Die 72 leeren Kästchen sollen von dem Testanden nach dem Vorbild des Schlüssels mit den richtigen Zahlensymbolen ausgefüllt werden, und zwar in waagrechter Reihenfolge von links nach rechts und von oben bis unten. Die ersten Felder – bis Feld 4 – werden unter der Aufsicht des Versuchsleiters ausgefüllt. Von da an wird gewertet. Der Testand hat neunzig Sekunden Zeit, in die Felder unter den Zahlen das jeweils richtige Symbol einzusetzen.

In der Regel wird er nicht ganz fertig werden. Sollte er es doch schaffen, läßt er den Versuchsleiter die Zeit stoppen. Auf Genauigkeit und Sorgfalt kommt es nicht an, jedoch müssen die Symbole zu identifizieren sein.

Bilder ordnen

Der Testand bekommt drei Bildkärtchen so vorgelegt, wie sie oben zu sehen sind. Seine Aufgabe ist es nun, die Reihenfolge so zu ändern, daß eine schlüssige Geschichte daraus wird. Was muß geschehen?

Das mittlere Bild kommt auf Platz eins.

Das Bild rechts außen kommt auf Platz zwei.

Das Bild links kommt auf Platz drei.

Jetzt sehen wir einen Angler, der geduldig auf einen Fisch wartet. Die Schnur strafft sich, als hätte einer angebissen. Schließlich das Ergebnis: Er hat einen Stiefel aus dem Wasser gezogen.

Auf dieses Beispiel folgen sieben ähnliche Aufgaben, aber die Anzahl der Bildkärtchen steigt an. Zuletzt sind es sechs, aus denen eine Geschichte zu bilden ist.

Bilder ergänzen

Die oben abgebildeten Zeichnungen lassen a) eine Taschenuhr, b) einen Elefanten erkennen.

Frage: Was hat der Zeichner bei der einen und bei der anderen Darstellung vergessen?

Zu a) wird die Antwort etwa lauten: »Die Vier fehlt auf dem Zifferblatt der Taschenuhr.«

Zu b) wird die Antwort etwa lauten: »Da fehlt das Ohr.«

Der Versuchsleiter legt dem Testanden nacheinander fünfzehn Bildkärtchen vor. Auf jeder Darstellung fehlt ein *wichtiger Teil,* der zu nennen ist. Was fehlt, ist innerhalb fünfzehn Sekunden zu finden. Wird bei Vorlage des ersten Kärtchens ein unwichtiges Detail genannt, wird der Versuchsleiter darauf hinweisen und den Testanden zu einer treffenderen Antwort auffordern.

Der Mosaiktest

Beim Mosaiktest wird mit Würfeln gearbeitet. Ein Würfel hat bekanntlich sechs Flächen. Die Flächen eines jeden Mosaiktest-Würfels sind ein- oder zweifarbig gehalten, nämlich in den Farben Weiß, Blau, Rot, Gelb, Blau-Gelb (geteilt) und Rot-Weiß (geteilt). Das Aussehen der einzelnen Flächen und des Würfels wird in der nachstehenden Abbildung veranschaulicht.

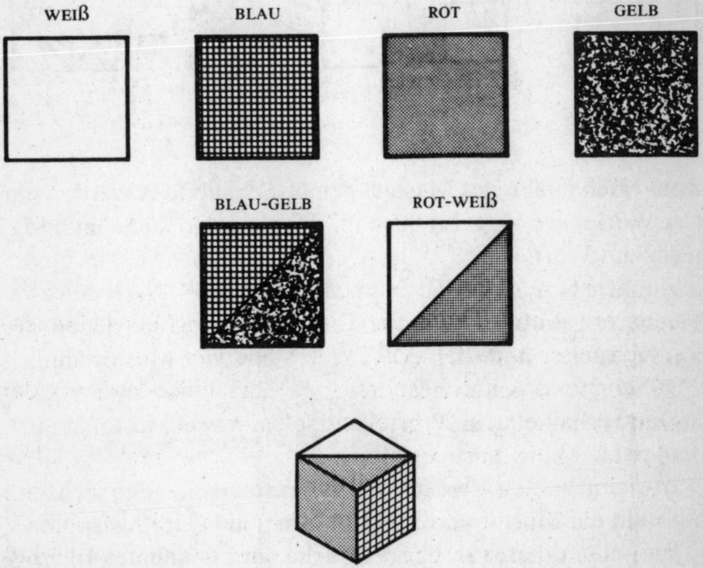

Nach zwei Demonstrationsversuchen, bei denen der Versuchsleiter mit- beziehungsweise nachhelfen darf, bekommt der Testand Schritt für Schritt sieben Schaubilder vorgesetzt, die er durch geschicktes Drehen und Zueinanderordnen der Würfel nachmachen soll.

Die Schaubilder bestehen aus Mustern nur in den Farben Weiß, Rot und Weiß-Rot. Drei solche Schaubilder werden in der nachstehenden Abbildung veranschaulicht.

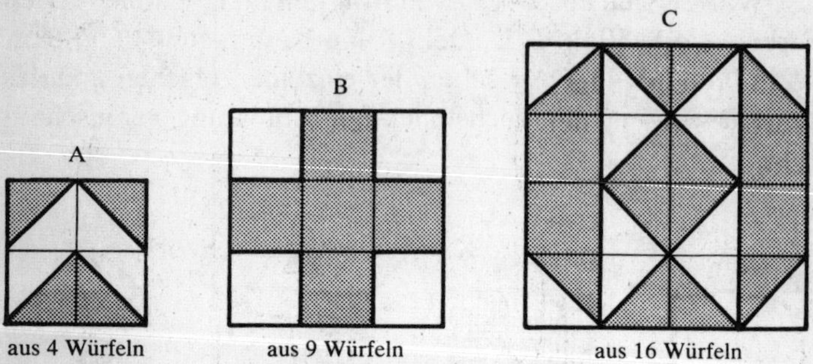

Zum Nachahmen des Musters gemäß Schaubild A werden nur vier Würfel benötigt, für Schaubild B neun und für Schaubild C sechzehn Würfel.

Zunächst erhält der Testand nur vier Würfel. Nach den zwei bereits erwähnten Demonstrationsversuchen (bei denen der Versuchsleiter mithilft) muß der Testand vier Muster ähnlich dem Schaubild A nachgestalten.

Dann erhält er neun Würfel und soll nun zwei Muster ähnlich dem Schaubild B nachgestalten.

In einem letzten Versuch soll der Testand mit allen sechzehn Würfeln ein Muster ähnlich dem Schaubild C nachgestalten.

Bei jedem dieser sieben Versuche wird neben der Richtigkeit die benötigte Zeit mitbewertet. Wenn der Testand in drei Versuchen nacheinander versagt, wird der Test abgebrochen.

Figuren legen

So wie der oben abgebildete Hund aus den fünf (rechts abgebildeten) Einzelteilen zu einem Ganzen zusammengefügt werden kann, ist mit den drei Aufgaben dieses Test zu verfahren.

Aufgabe 1: Sechs Einzelteile sind so zusammenzusetzen, daß sie etwas Sinnvolles darstellen.

Aufgabe 2: Sodann sind es sieben Einzelteile, die richtig aneinandergelegt eine sinnvolle Abbildung ergeben.

Aufgabe 3: Wieder ist der Test mit sieben Einzelteilen zu bestreiten. Sie weisen, im Gegensatz zu den früheren Aufgaben, durch keinerlei Zeichnungen auf ihre Plazierung hin. Sie bestehen aus bloßen Umrissen, die zu einer Figur zu kombinieren sind.

Der Testand wird aufgefordert, seine Aufgaben so rasch wie möglich zu lösen. Die Bewertung erfolgt nach Genauigkeit und benötigter Zeit.

9. Zwei Schlaumeiern verschlägt es die Sprache

Wir kehren zu Gerd und Rudi, die sich vorgenommen haben, das Schicksal zu überlisten, in den Testraum zurück. Sie tuscheln eifrig miteinander, vor allem um sich die Lösungen einzuprägen, zu Hause in aller Ruhe erinnerter und am Montag abend im Café Herberger erarbeiteter Lösungen.

Da erscheint Dr. Hufnagel, ein großer, schlanker Vierziger, gefolgt von seiner Assistentin, Frau Prosek. »Behalten Sie Platz, meine Herren; das heißt, Sie« – er deutet auf Rudi – »setzen sich besser an diesen Tisch. Wir können gleich anfangen.«

Frau Prosek verteilt die mitgebrachten Testhefte und Antwortbogen an die drei Männer. Jeder sitzt nun allein an einem der hufeisenförmig angeordneten Tische, ganz auf sich selbst gestellt. Gerd murmelt leise vor sich hin: »Was soll das denn!« Und Rudi schaut ein wenig hilflos zu ihm hinüber.

Dr. Hufnagel und seine Assistentin haben am vierten Tisch neben dem Eingang Platz genommen.

»Meine Herren«, beginnt er, nacheinander jeden der drei Probanden einzeln ins Auge fassend, »nehmen Sie sich bitte den Antwortbogen vor! Da ist zunächst einiges auszufüllen: das heutige Datum, Ihr Name, auch der Vorname, Ihr Geburtsdatum, Geschlecht, Schulabschluß und Berufsausbildung. Geben Sie des weiteren an, für welche Tätigkeit Sie sich jetzt bewerben!«

Nachdem die drei damit fertig sind, fährt Dr. Hufnagel fort: »Und nun schlagen Sie die Seite drei des Untersuchungsheftes auf. Ich lese Ihnen das erste Aufgabenbeispiel vor:

Ein Pferd hat die meiste Ähnlichkeit
a) mit einem Löwen? b) mit einem Ochsen? c) mit einem Esel? d) mit einem Elefanten? e) mit einem Bären?

Die Lösung ist natürlich ›Esel‹. Schauen Sie auf Ihren Antwortbogen: Da ist beim Beispiel 01 zum Zeichen der richtigen Antwort der Buchstabe c) durchgestrichen.«

»Weiter unten«, so fährt Dr. Hufnagel fort, »finden Sie ein weiteres Beispiel:

Das Gegenteil von Schwäche ist
a) Lust? b) Ausdauer? c) Mut? d) Schnelligkeit? e) Stärke?

Wir durchstreichen natürlich den Buchstaben e), denn das Gegenteil der Schwäche ist die Stärke.

Wenn Sie die nächste Seite aufschlagen, haben Sie, gekennzeichnet als *Sätze ergänzen* (abgekürzt SE), zwanzig Aufgaben vor sich. Sie sollen auf dem Antwortbogen jeweils den Buchstaben durchstreichen, der Ihrer Lösung entspricht.

Für diese Serie dürfen Sie sechs Minuten brauchen. Das heißt, Sie werden in dieser Zeit wahrscheinlich nicht alle Fragen beantworten können. Wenn Ihnen eine zu schwierig erscheint, gehen Sie zur nächsten über, um nicht unnötig Zeit zu verlieren. Ansonsten beachten Sie aber die vorgegebene Reihenfolge.

Sollten Sie schon vor Ablauf der sechsten Minute bei der Frage 20 angekommen sein, dann nützen Sie die verbleibende Zeit, Ausgelassenes nachzuholen.«

SÄTZE ERGÄNZEN

1. Das Gegenteil von hübsch ist . . .?
   a) schrecklich, b) unansehnlich, c) ärmlich, d) prächtig, e) nett.

2. Was gehört nicht zum Wandern?
   a) ein Rucksack, b) ein Telefon, c) ein Kompaß, d) eine Gitarre, e) eine Landkarte.
3. Das Gegenteil von jung ist ...?
   a) neu, b) sparsam, c) fromm, d) alt, e) selbständig.
4. Ein Haus hat immer ...?
   a) einen Keller, b) Wände, c) einen Anbau, d) ein WC, e) einen Schornstein.
5. Das Gegenteil von Strafe ist ...?
   a) Unglück, b) Reichtum, c) Humor, d) Belohnung, e) Gesundheit.
6. Der Preis einer Ware hängt in erster Linie ab von ...?
   a) ihrer Güte, b) ihrem Alter, c) ihrem Aussehen, d) ihrem Begehrtsein, e) ihrer Herkunft.
7. Zu einer Beratung gehört immer ...?
   a) ein Büro, b) Lebenserfahrung, c) ein Fachmann, d) ein Problem, e) eine Gebühr.
8. Wie wird ein strenger Mensch genannt ...?
   a) kompetent, b) jovial, c) entschlossen, d) maliziös, e) rigoros.
9. Ein Hund hat immer ...?
   a) eine Hütte, b) einen Schwanz, c) einen Maulkorb, d) ein Halsband, e) einen Herrn.
10. Gutes Schuhwerk ist ... teuer?
    a) selten, b) immer, c) niemals, d) oft, e) gewöhnlich.
11. Ein(e) ... zählt nicht als Handwerkszeug?
    a) Stemmeisen, b) Hobel, c) Schraubenzieher, d) Halsbinde, e) Schere.
12. Welches der genannten Tiere wird am ältesten?
    a) Pferd, b) Maus, c) Papagei, d) Schildkröte, e) Elefant.
13. Männer sind ... größer als Frauen?
    a) immer, b) selten, c) niemals, d) meist, e) manchmal.
14. Die Anzahl der Schwingungen eines Tones entsprechen ...?

a) der Weichheit, b) der Tonhöhe, c) der Tonstärke, d) der Klangfülle, e) dem Echo.

15. Welches der aufgeführten Tiere hat den schärfsten Geruchssinn?
    a) Löwe, b) Nashorn, c) Pferd, d) Katze, e) Hund.
16. Die Entfernung von Köln bis Berlin beträgt ungefähr ... Kilometer?
    a) 750, b) 340, c) 800, d) 570, e) 490.
17. Ein erwachsener Europäer mißt durchschnittlich ... Zentimeter?
    a) 135, b) 186, c) 170, d) 160, e) 175.
18. Männer sind ... sparsamer als Frauen?
    a) niemals, b) selten, c) immer, d) oft, e) manchmal.
19. Wie viele Menschen bevölkern heute ungefähr die Erde?
    a) sechs Milliarden, b) drei Milliarden, c) 980 Millionen, d) eine halbe Billion, e) vier Milliarden.
20. Welche der nachgenannten Städte liegt am nördlichsten?
    a) Würzburg, b) Köln, c) München, d) Dortmund, e) Kassel.

Frau Prosek überzeugt sich von Zeit zu Zeit, daß die Antwortbogen weisungsgemäß ausgefüllt werden.

Die Kurzzeituhr bimmelt: Die sechs Minuten sind rasch vergangen! Dr. Hufnagel ermahnt Gerd, der noch schnell mit der achtzehnten Aufgabe zu Ende kommen möchte, den Kugelschreiber beiseite zu legen und zuzuhören.

»Bei den vorgegebenen Sätzen war zu entscheiden, mit welchen der unter a), b), c), d) oder e) aufgeführten Wörter sie zu ergänzen waren. Nunmehr geht es um eine andere Kategorie des Denkens. Sehen Sie selbst:

Auf Seite fünf des vor Ihnen liegenden Heftes lesen Sie als Beispiel 02 die Einzelwörter a) Rathaus, b) Dom, c) Villa, d) Fels, e) Hallenbad.

Eines der Wörter paßt nicht in diese Reihe. Welcher Buchstabe muß durchgestrichen werden? Selbstverständlich Buchstabe d), denn was soll der Fels unter den Gebäuden!

Diese Aufgabenserie ist mit *Wortauswahl* – abgekürzt WA – überschrieben. Sie beschränkt sich aber nicht auf Substantive. Das sehen Sie beim zweiten Beispiel auf der gleichen Seite, weiter unten. Da lesen Sie a) sägen, b) anstreichen, c) singen, d) hobeln, e) mauern.

Das sind alles handwerkliche Tätigkeiten ... mit Ausnahme von ›singen‹. Ganz klar: Buchstabe c) durchstreichen!

Blättern Sie jetzt bitte um und bearbeiten Sie die nächsten zwanzig Aufgaben. Sie haben wiederum sechs Minuten Zeit.«

Wortauswahl

21. a) lesen, b) zeichnen, c) rechnen, d) schlafen, e) schreiben.
22. a) Walfisch, b) Hecht, c) Karpfen, d) Forelle, e) Stichling.
23. a) schimpfen, b) lügen, c) fauchen, d) wettern, e) poltern.
24. a) Wein, b) Bier, c) Limonade, d) Konfitüre, e) Sekt.
25. a) Veilchen, b) Blüte, c) Nelke, d) Aster, e) Lilie.
26. a) bitten, b) flehen, c) trinken, d) fordern, e) wünschen.
27. a) Cello, b) Flöte, c) Klavier, d) Bratsche, e) Geige.
28. a) scheckig, b) grell, c) grau, d) vielfarbig, e) bunt.
29. a) neidisch, b) ausdauernd, c) muskulös, d) mutig, e) geduldig.
30. a) Dampfer, b) Fähre, c) Gondel, d) Kutsche, e) Frachter.
31. a) Spritze, b) Aktie, c) Zahn, d) extrahieren, e) spülen.
32. a) Mast, b) Mat, c) Matrose, d) Mazurka, e) Mut.
33. a) derb, b) musisch, c) kitschig, d) banal, e) geschmacklos.
34. a) Schachtel, b) Liter, c) Köcher, d) Etui, e) Weinfaß.
35. a) Tonne, b) Meile, c) Elle, d) Mikron, e) Fuß.
36. a) mopsen, b) schröpfen, c) widmen, d) beschlagnahmen, e) stehlen.
37. a) Veterinär, b) Ingenieur, c) Postbote, d) Arzt, e) Jurist.

38. a) Triebwerk, b) Motor, c) Pumpe, d) Atmung, e) Herz.
39. a) planieren, b) Landkarte, c) Planet, d) Ebene, e) Plan.
40. a) Foto, b) Mater, c) Tonband, d) Erfolg, e) Eindruck.

Diesmal ist Krause bis zur vierzigsten Aufgabe gekommen. Das heißt, Nummer 35 hat er ausgelassen, und bei der neununddreißigsten Wortreihe ist er unsicher: Ein Mikron, was ist das? ... Doch Meile, Elle und Fuß sind Längenmaße, Tonne aber ist eine Gewichtsbezeichnung, tanzt also aus der Reihe. Dann muß Mikron auch ein Längenmaß sein ... ist es auch: ein tausendstel Millimeter nämlich. Manchmal ersetzt ein logischer Schluß fehlendes Wissen!

Und nun nochmals zu Aufgabe 39 ..., doch schade: Die Zeit ist um!

»Heute wird Ihnen nichts geschenkt«, beginnt Dr. Hufnagel von neuem. »Jetzt kommen die Analogien an die Reihe.«

Rudi hebt die Hand: »Ah, ... was bitte?«

»Ein Analogon«, erklärt der Psychologe, »ich würde den Ausdruck mit ›ähnlicher Fall‹ übersetzen. Am besten, wir nehmen gleich das erste Beispiel auf Seite sieben. Da steht unter 03:

Zoo: Tiere = Buch

a) Einband, b) Leser, c) Titel, d) Seiten, e) Kurzweil.

Zwischen ›Zoo‹ und ›Tiere‹ gibt es eine Beziehung. Zwischen ›Buch‹ und einem der fünf Wahlwörter besteht ein ähnlicher Zusammenhang. Mit anderen Worten: ›Zoo‹ verhält sich zu ›Tiere‹ wie ›Buch‹ zu ›Seiten‹. Deutlicher brauche ich sicher nicht zu werden: Buchstabe d) ist also durchzustreichen.

Außer dieser einen Beziehung sind natürlich auch andere denkbar. Auf der gleichen Seite steht weiter unten ein zweites Beispiel:

stark: schwach = klug

a) belesen, b) fleißig, c) dumm, d) aufmerksam, e) ungebildet.

Stark ist das Gegenteil von schwach. Das Gegenteil von klug findet sich unter dem Buchstaben c). Dieser ist also durchzustreichen.

Alles klar? – Dann machen wir uns an die Aufgaben 41 bis 60.«

Frau Prosek stellt die Zeituhr diesmal auf sieben Minuten.

Analogien

41. Belegschaft: Betriebsleiter = Familie
    a) Ordnung, b) Hierarchie, c) Mutter, d) Vorstand, e) Glück.
42. Tachometer: Geschwindigkeit = Kardiograph
    a) Wärmeeinheit, b) Zeit, c) Herzrhythmus, d) Temperatur, e) Wasserstand.
43. fragen: antworten = behaupten
    a) streiten, b) nachgeben, c) bedauern, d) verbürgen, e) beweisen.
44. Grundriß: Modell = Kreis
    a) Rechteck, b) Zeichnung, c) Quadrat, d) Kugel, e) Würfel.
45. Anstrengung: Müdigkeit = Essen
    a) Suppe, b) Zufriedenheit, c) Sättigung, d) trinken, e) Nachspeise.
46. Baum: Erle = Vogel
    a) Tier, b) Geflügel, c) Schnabel, d) Elster, e) Flug.
47. Straftat: Verurteilung = Heldentat
    a) Entschluß, b) Reichtum, c) Bewunderung, d) Großmut, e) Elan.
48. Tochter: Mutter = Mutter
    a) Kind, b) Nichte, c) Enkelin, d) Großmutter, e) Ahne.
49. Federkiel: Schreibmaschine = Spieldose
    a) Rassel, b) Radio, c) Xylophon, d) Musikbox, e) Orchester.

50. Flugzeug: Tragflächen = Kondor
    a) Flug, b) Hochgebirge, c) Riesenvogel, d) Schwingen, e) Hort.
51. Auge: Kamera = Leber
    a) Milz, b) Pumpe, c) Entgiftungsstation, d) Leben, e) Niere.
52. Silber: Gold = Armband
    a) Schmuck, b) Geldanlage, c) Brosche, d) Kunst, e) Edelmetall.
53. Konzert: hören = Braten
    a) kaufen, b) dünsten, c) zubereiten, d) riechen, e) salzen.
54. Jacke: Hose = Bluse
    a) Tuch, b) Seide, c) Faltenrock, d) Leinen, e) Kattun.
55. Vogel: fliegen = Wurm
    a) Regen, b) saugen, c) zertreten, d) wühlen, e) kriechen.
56. Januar: Dezember = Anfang
    a) Schnee, b) Monat, c) Fortschritt, d) Ende, e) kalt.
57. Buch: Zeitung = Dauer
    a) billig, b) aktuell, c) interessant, d) Wechsel, e) Kiosk.
58. Werkstatt: Fabrik = Villa
    a) Konfektion, b) Siedlung, c) Reichtum, d) Nutzen, e) Fließband.
59. Norden: Süden = Wangerooge
    a) Urlaub, b) Lindau, c) Insel, d) Nordsee, e) Rügen.
60. Ebbe: Flut = Tag
    a) Morgen, b) Gezeiten, c) Licht, d) Nacht, e) schlafen.

Der Uhrzeiger rückt unerbittlich vorwärts: noch eine halbe Minute, noch zwanzig Sekunden, noch zehn ... Frau Prosek gibt das Zeichen aufzuhören.

Ausgerechnet beim letzten Strich schreibt Krauses Kugelschreiber nicht mehr. Er meldet es sofort. Frau Prosek reicht ihm einen Ersatzstift: »Für solche Fälle sind wir immer gerüstet«, sagt sie freundlich, und Krause darf noch rasch sein Kreuzchen machen. Er macht's beim Buchstaben d).

Da klopft es an die Tür. Ohne das »Herein« abzuwarten, erscheint das weißbekittelte Wesen: »Herr Doktor, Sie werden dringend am Apparat verlangt!« Das kann dauern. Deshalb ergreift Frau Prosek, denn Dr. Hufnagels Termine dürfen nicht durcheinanderkommen, die Initiative.

»Damit wir keine Zeit verlieren, gebe ich Ihnen die weiteren Erklärungen: Sehen Sie bitte in Ihr Heft. Auf Seite neun finden Sie zwei Wörter nebeneinander, nämlich:

Tisch – Stuhl

Sie sollen herausfinden, was diese beiden Wörter gemeinsam haben. ›Möbel‹ muß natürlich die Lösung heißen. Deshalb ist das Wort ›Möbel‹ auf Ihrem Antwortbogen in die freie Spalte bei Beispiel 04 eingetragen. Außerdem ist der Anfangsbuchstabe M bei Beispiel 04 durchgestrichen.

Sie sollen also das gefundene Wort auf dem Antwortbogen in die freie Spalte unter die entsprechende Aufgabennummer schreiben und den Anfangsbuchstaben Ihres Lösungswortes durchstreichen, falls er vorgegeben ist.

Ein zweites Beispiel:

Mütze – Hut

Hier ist Kopfbedeckung der Oberbegriff. Folglich ist ›Kopfbedeckung‹ die richtige Lösung und das K durchzustreichen.

In dem nun folgenden Subtest gilt es, sechzehn Wortpaare auf ihre Gemeinsamkeiten hin zu untersuchen. Achten Sie darauf, daß Sie die *wesentlichsten* Gemeinsamkeiten erfassen! Sie haben dazu acht Minuten Zeit. Gleichgültig, ob Sie alle Aufgaben schaffen oder nicht: Gute Lösungen werden höher bewertet als schwache. Bitte blättern Sie um! Fangen Sie an!«

Gemeinsamkeiten

61.	Säge	Feile
62.	Geruch	Geschmack
63.	Lexikon	Wörterbuch
64.	Tornado	Sturm
65.	Zeitung	Radio
66.	Katze	Hund
67.	Leutnant	Major
68.	Wolken	Nebel
69.	in	auf
70.	Likör	Gin
71.	Pfennig	Mark
72.	Liebe	Haß
73.	Lohn	Gehalt
74.	Dreieck	Parallelogramm
75.	Birne	Pflaume
76.	Rubin	Smaragd

Gerd kann sich erinnern, daß eine ähnliche Aufgabenreihe vor Jahren in dem Intelligenztest des Heidelberger Psychologen vorkam. Viel kann ihm das zwar nicht helfen, aber das Bekanntheitserlebnis stimmt ihn zuversichtlich. »Hauptsache, man weiß, worauf's ankommt«, denkt er. Er ist schon vor Ablauf der Zeit bei »Rubin–Smaragd« angekommen und nutzt die verbleibende Zeit, seine Lösungen zu überprüfen. Bei »Dreieck–Parallelogramm« ergänzt er den Oberbegriff »Figuren« durch »geometrische«. Sonst findet er alles in Ordnung.

Dr. Hufnagel kommt aus der Ordination zurück. Seine Assistentin gibt ihm zu verstehen, daß der Testabschnitt »Gemeinsamkeiten finden« bewältigt ist.

»Entschuldigen Sie die Unterbrechung«, nimmt er den Faden auf, »was jetzt kommt, ist nichts weiter als ein bißchen *praktisches Rechnen*. Sie sehen auf der gegenüberliegenden Seite ein Beispiel:

›Ein Radiergummi kostet 35 Pfennig. Wieviel kosten fünf Stück?‹ Eben fünfmal 35 Pfennig, also DM 1,75.

Und jetzt nehmen Sie Ihren Antwortbogen zur Hand. Auf der Rückseite finden Sie für die Rechenaufgaben jeweils die Ziffern 1 bis 9 vorgegeben. Von diesen Ziffern durchstreichen Sie alle, die in Ihrem Ergebnis vorkommen. Die Reihenfolge bleibt dabei unberücksichtigt. Beim obigen Beispiel ist 175 (Pfennig) die richtige Lösung. Deshalb finden Sie auf dem Antwortbogen unter Beispiel 05 die Eins, die Sieben und die Fünf durchgestrichen.

Ein zweites Beispiel: Der Motor einer Lok verbraucht in der Stunde eineinhalb Liter Öl. Wieviel verbraucht er in acht Stunden? Das Ergebnis ist zwölf; deshalb müssen Sie die Eins und die Zwei durchstreichen.

Noch eine Frage? – Schön, dann beginnen Sie mit der Aufgabe 77. Sie haben zehn Minuten Zeit!«

Praktisches Rechnen

77. Vom Parterre bis zum ersten Stock sind es 3,68 Meter. Elf Stufen führen bis zum Treppenabsatz; dann kommen noch weitere zwölf. Wie hoch ist jede Stufe?
78. Eine Taschenuhr geht in vierundzwanzig Stunden zweieinhalb Minuten nach. Um wieviel geht sie nach zwei Wochen zu spät?
79. Eine Truppenabteilung marschiert in zweieinhalb Stunden fünfzehn Kilometer. Welche Strecke legt sie in zwanzig Minuten zurück?
80. Sechs Kühe geben in einer Woche 630 Liter Milch. Wieviel Milch ist noch zu erwarten, wenn zwei Kühe verkauft werden?

81. Eine Putzfrau erhält für eine Stunde Arbeit 5,80 Mark. Sie putzt am Montag zweieinhalb, am Dienstag dreieinviertel, am Mittwoch viereinhalb, am Donnerstag eindreiviertel und am Freitag fünfeinhalb Stunden. Was verdient sie in der Woche?
82. Ein Tunnel soll 494 Meter lang werden. Auf beiden Seiten wird gleichzeitig gearbeitet. Die eine kommt täglich elf Meter voran, die andere acht Meter. Wie viele Tage dauert es bis zum Durchbruch?
83. Zwei Hausfrauen kaufen auf dem Wochenmarkt Eier ein. Die eine bezahlt je Ei 27 Pfennig. Sie läßt sich ein Dutzend geben. Die andere sucht sich Eier aus, die pro Stück ein Neuntel weniger kosten. Zusammen geben sie 4,68 Mark aus. Wie viele Eier kauft die andere Hausfrau?
84. Eine Schnecke kriecht an einer sieben Meter hohen Mauer empor. Am Tage kommt sie jeweils drei Meter höher; über Nacht rutscht sie immer einen Meter zurück. Am Ende des wievielten Tages hat sie es geschafft?
85. Ein Unternehmen beschäftigt zu Beginn des Jahres 972 Leute. Bis zum ersten Oktober wechseln 42 zu anderen Betrieben, 5 werden entlassen und 61 Mitarbeiter werden neu eingestellt; außerdem liegen 8 Krankmeldungen vor. Wie viele Betriebsangehörige treten am ersten Oktober zur Arbeit an?
86. Ein Sprengwagen faßt 24 Hektoliter. Vor dem Einsatz ist er noch zu zwei Dritteln voll. Während des Sprengens muß er elfmal nachgefüllt werden. Wieviel Wasser wird im ganzen verspritzt?
87. Ein Bote geht pro Stunde fünfeinhalb Kilometer. Er bricht um 7.30 Uhr auf. Um 8.15 Uhr wird ihm ein Radfahrer nachgeschickt, der 22 Kilometer in der Stunde zurücklegt. Um wieviel Uhr hat er den Boten eingeholt?
88. Vier Brüder wollen ein gebrauchtes Fernsehgerät erwerben. Da sie es nicht bar zahlen können, beschließen sie, die

Kaufsumme von 350 Mark anzusparen. Nach einiger Zeit hat Willi 30 Mark gespart, Felix viermal soviel, Norbert halb soviel wie die beiden zusammen, und Klaus hat halb soviel gespart wie Felix. Wieviel Geld fehlt ihnen noch zum Kauf?

89. Die Zimmer eines Hauses sollen neu tapeziert werden. Drei Gesellen würden dafür fünfzehn Tage brauchen, aber der Meister schickt noch zwei weitere. Wann sind die Zimmer tapeziert?

90. Vier Zahlen ergeben die Summe von 929446. Die erste Zahl ist 352964, die zweite ist nur halb so groß. Die dritte ist dreimal so groß wie die vierte. Nennen Sie die vier Zahlen.

91. Max denkt sich eine Zahl. Er multipliziert sie mit 99 und zählt 307 hinzu. Er kommt genau auf 1000. Welche Zahl hat er sich gedacht?

92. Ein Verein macht einen Ausflug. Es sind dreimal soviel Erwachsene wie Kinder dabei. Eine Normalfahrkarte kostet sechs Mark. Kinder bezahlen die Hälfte. Wie viele Kinder und wie viele Erwachsene fahren mit, wenn die Fahrtkosten insgesamt 231 Mark ausmachen?

93. Müller sagt zu Meier: »Ein Fünftel meines Kapitals ist ebensoviel wie ein Achtel deines Kapitals.« Müller besitzt 19500 Mark. Wieviel Geld hat Meier?

94. Die Entfernung zwischen Stuttgart und München beträgt 222 Kilometer. Um 13.20 Uhr fährt ein PKW von Stuttgart in Richtung München. Er legt in der Minute 2100 Meter zurück. Um 13.50 Uhr beginnt ein Lastwagen seine Fahrt von München in Richtung Stuttgart. Seine Geschwindigkeit beträgt 60 Stundenkilometer. Wie weit sind die beiden Fahrzeuge um 14.10 Uhr voneinander entfernt?

95. Ein Tuchhändler kauft 60 Meter Stoff à 27,50 Mark. Beim Verkauf erzielt er 251,50 Mark Gewinn. Viereinhalb Meter hat er für sich selbst verwendet; 16 Meter hat er zum

Einkaufspreis abgegeben. Wieviel hat er für den Meter Stoff regulär genommen?

96. Ein Angestellter gibt drei Zehntel seines Monatsgehalts für die Wohnungsmiete aus. An Essen, Kleidung und sonstigem Bedarf verbraucht er das Doppelte. Den Rest trägt er auf die Bank. Nach einem Jahr hat er ohne die Zinsen 1440 Mark auf seinem Sparbuch. Wieviel bezahlt er monatlich an Miete?

Denkaufgaben waren für Krause schon immer ein Hobby. Nahezu respektlos macht er sich an die Rechenoperationen. Frisch gewagt ist ... Den Raum für Notizen auf dem Antwortbogen, den kritzelt er bis zum Rand voll, denn er weiß: Anschaulichkeit fördert das Denken.

Gerd und Rudi tun sich offenbar schwerer. Rudi kratzt sich immer wieder am Kopf und schaut von Zeit zu Zeit hilfesuchend um sich.

Und wieder ist es soweit. Dr. Hufnagel tröstet: »Bis zum Ende kommen die wenigsten. Noch eine Aufgabenreihe, dann machen wir eine kleine Pause!

Vorhin waren es anschauliche Situationen, konkrete Fragen, die Sie reizten, Ihr rechnerisches Können zu erproben. In der nächsten Testserie haben Sie es nur mit nackten Zahlen zu tun, also mit abstrakten Werten.

Sehen Sie auf der nächsten Seite des Heftes ein Beispiel:

3 6 9 12 15 18 21

Wenn Sie die Zahlenreihe fortsetzen müßten, wäre das kein Problem für Sie, denn drei und drei und drei und so fort, da kann die nächste Zahl nur 24 heißen. Deshalb ist die Zwei und die Vier auf Ihrem Antwortbogen bei Beispiel 06 durchgestrichen.

Ein anderes Beispiel:

4 9 6 11 8 13 10

Wenn Sie diese Zahlen zueinander in Beziehung setzen – ein

bißchen Herumprobieren hilft mitunter – werden Sie die Gesetzmäßigkeit bald herausfinden. Bei dieser Reihe sind abwechselnd fünf hinzugezählt und drei abgezogen. Die nächste Zahl müßte deshalb 15 heißen. Die Eins und die Fünf sind auf dem Antwortbogen durchzustreichen. Das sieht dann so aus:

~~1~~ 2 3 4 ~~5~~ 6 7 8 9 0

Beachten Sie, daß alle vier Grundrechnungsarten den Aufbau der Zahlenreihen bestimmen können. Er beschränkt sich jedoch weitgehend auf das Zuzählen und Abziehen.

Wenn Sie bei einer Aufgabe nicht weiterkommen, dann dürfen Sie sie überspringen. Sollten Sie vor dem Zeichen zum Abbruch die 116te gelöst haben, sehen Sie sich die ausgelassene noch einmal an.

Und nun blättern Sie um. Sie haben ebensoviel Zeit wie vorher bei den Rechenaufgaben, nämlich zehn Minuten.«

Gesetzmässigkeiten in Zahlenreihen

97.	*5*	*10*	*15*	*20*	*25*	*30*	*35*
98.	*6*	*5*	*9*	*8*	*12*	*11*	*15*
99.	*12*	*13*	*11*	*14*	*10*	*15*	*9*
100.	*8*	*5*	*11*	*7*	*14*	*9*	*17*
101.	*10*	*12*	*24*	*12*	*10*	*12*	*24*
102.	*7*	*6*	*9*	*7*	*12*	*9*	*16*
103.	*3*	*6*	*11*	*18*	*27*	*38*	*51*
104.	*12*	*8*	*13*	*9*	*14*	*10*	*15*
105.	*2*	*5*	*15*	*19*	*76*	*81*	*405*
106.	*13*	*10*	*14*	*9*	*15*	*8*	*16*
107.	*2*	*4*	*12*	*48*	*240*	*120*	*40*
108.	*9*	*10*	*20*	*22*	*66*	*69*	*276*
109.	*4*	*2*	*8*	*4*	*32*	*16*	*256*
110.	*8*	*13*	*19*	*12*	*17*	*23*	*16*
111.	*11*	*14*	*16*	*21*	*25*	*32*	*38*

112.	*2*	*4*	*12*	*48*	*50*	*53*	*57*
113.	*16*	*13*	*39*	*42*	*14*	*11*	*33*
114.	*8*	*7*	*14*	*11*	*44*	*39*	*234*
115.	*4*	*8*	*10*	*5*	*3*	*6*	*8*
116.	*6*	*18*	*9*	*36*	*12*	*60*	*15*

Nicht wahr? Das sind zwei sehr verschiedene Arten, mit Zahlen umzugehen! Da hat einer bei den Rechenaufgaben glänzend abgeschnitten, aber bei den Zahlenreihen kommt er nach den ersten Lösungen nur noch mühsam voran.

Andere Testanden erleben das Gegenteil: Bei den »eingekleideten« Aufgaben sind sie nicht selten ratlos, finden keinen Ansatz, wogegen sie es der Zahlenreihe geradezu »ansehen«, wie sie aufgebaut ist. Otto Krause gehört nicht zu ihnen. Als Praktiker hält er viel vom Probieren, das dem Studieren im allgemeinen überlegen sein soll.

Bei der 112ten Reihe zum Beispiel liest er bedachtsam 2, 4, 12, 48. Er probiert: 2 und 2 = 4 und 8 = 12 und 36 . . . wo soll das denn hinaus? Abziehen und teilen . . ., das kommt schon gar nicht in Frage: Die Zahlen werden ja immer größer. Also multipliziert er: 2 mal 2 = 4 mal 2 . . . geht auch nicht. Wieso 12? Aber 3 mal 4, das ginge . . . 48? . . . Aha, der Multiplikator steigt an! 4 mal 12 = 48 . . . aber diese Fortsetzung: 48, 50, 53? Nur kleine Steigerungen! Jetzt hat er's: Die Reihe beginnt von vorne, aber diesmal nicht mit Malnehmen, sondern mit Hinzuzählen. Alles klar: Es geht abwechselnd: mal 2, mal 3, mal 4, dann und 2 und 3 und 4 und wiederum mal 2 und so weiter.

So oder so ähnlich reimt sich Krause das zusammen. Der theoretisch ausgerichtete Mensch oder der intuitiv begabte löst die Aufgaben wahrscheinlich eleganter, vielleicht auch etwas schneller.

Krause kann dennoch zufrieden sein: Bis auf die letzten drei Reihen hat er alle gelöst, sogar fehlerlos!

»Nach dieser kleinen Pause«, schaltet sich Dr. Hufnagel

wieder ein, »wenden wir uns der Aufgabe *Figurenauswahl* zu. Es wird Ihr Scharfsinn, das heißt Ihre Wahrnehmung und Ihre Kombinationsgabe, aufs Korn genommen. Auf der nächsten Seite finden Sie Umrisse, denen die Einzelstücke in den Fächern 1, 2, 3 oder 4 zuzuordnen sind.

Sie sollen herausbekommen, was man durch Zusammenfügen, zum Beispiel der Teile in Kästchen 1 bilden könnte, Figur A, B, C, D oder E. Die gleiche Frage erhebt sich bei den Kästchen 2, 3 und 4. – Blättern Sie bitte um!«

FIGURENAUSWAHL

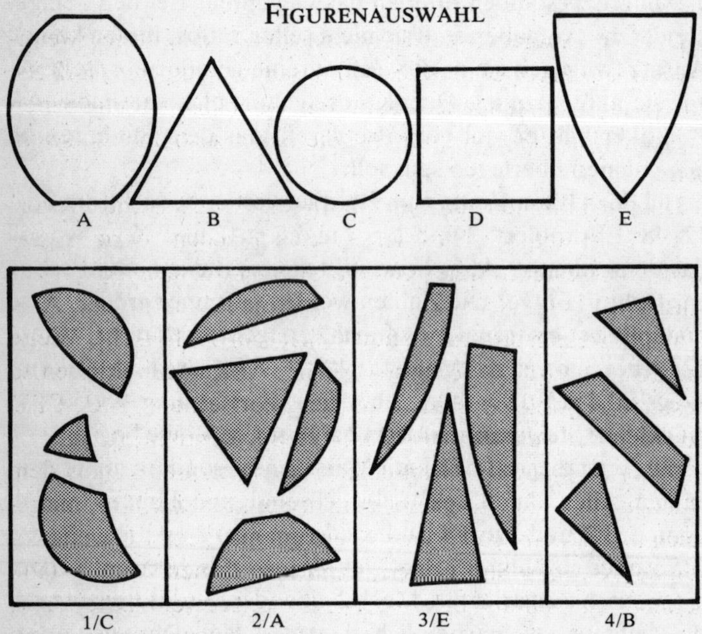

Aus den Stücken im Kästchen 1 bilden wir die Figur C
Aus den Stücken im Kästchen 2 bilden wir die Figur A
Aus den Stücken im Kästchen 3 bilden wir die Figur E
Aus den Stücken im Kästchen 4 bilden wir die Figur B

Und nun machen sich die Testanden an die Aufgaben 117 bis 136! (Sie sind den gezeigten Beispielen ähnlich, aber *nicht aufgeführt.*)

»Vielleicht haben Sie sich gefragt«, wendet sich Dr. Hufnagel nach Ablauf der zugestandenen sieben Minuten erneut an die drei Kandidaten, »was die Aufgaben der soeben beendeten Serie mit der Tätigkeit, um die Sie sich bewerben, zu tun hätten. Eine verständliche, eine berechtigte Frage! Aber da müßte ich Ihnen eine Vorlesung über Faktorenanalyse halten; das würde zu weit führen.

Bei den Aufgaben zur Figurenauswahl hatten Sie zweidimensional dargestellte Stücke so zusammenzusetzen, daß Sie das jeweils entstehende Ganze mit einer der vorgegebenen Figuren identifizieren konnten. Sie haben also eine Auswahl getroffen.

Die nun kommende Serie stellt Ihnen *drei Dimensionen* vor: Ein Würfel hat, wie Sie wissen, sechs Flächen. Wird er graphisch dargestellt, bietet uns die Perspektive drei Seiten zur Ansicht.

Wenn Sie nun die oberen fünf Würfel auf der folgenden Seite betrachten, wird es Sie wahrscheinlich einige Mühe kosten zu bestimmen, welcher Würfel der unteren Reihe – A, B, C, D oder E – mit welchem der oberen Reihe identisch ist.

Sollte es Ihnen trotzdem leicht – gewissermaßen ›aus dem Handgelenk‹ – möglich sein, dann freuen Sie sich Ihrer ausgezeichneten räumlichen Vorstellungskraft! Geht's Ihnen aber wie den meisten Sterblichen, dann kann Ihnen Ihr Verstand helfen, denn jeder Würfel – A bis E – zeigt zwei Flächen, also zwei Muster, die mit einem der oberen Würfel übereinstimmen. Ihre Leistung bleibt es aber, den jeweils zu vergleichenden Würfel in der Vorstellung so zu kippen oder zu drehen oder auch beides, bis die logische Übereinstimmung mit einem der Würfel – 1 bis 5 – gefunden ist.«

Würfelaufgaben

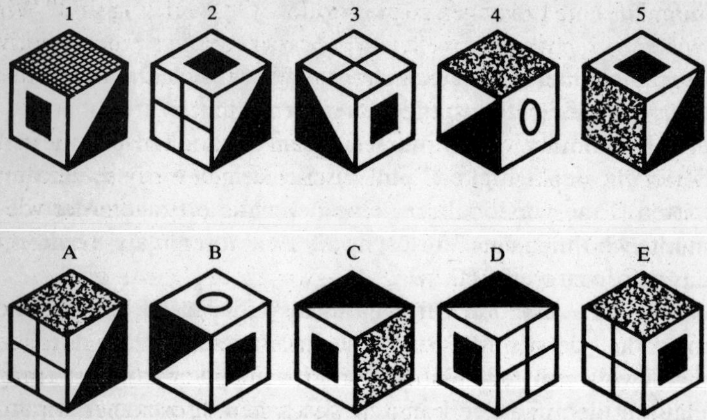

»Wenn man«, erklärt Dr. Hufnagel, »den Würfel A auf der bisherigen Basis stehen läßt, ihn aber um neunzig Grad nach links dreht, verändert sich die Ansicht wie folgt:

- ○ Das Dreieck rückt nach vorn. Es wird nicht mehr perspektivisch gesehen, sondern nur noch leicht verkantet.
- ○ Das Kreuz ist nicht mehr zu sehen.
- ○ Der bis dahin verborgene Kreis wird sichtbar.

Der Würfel A stimmt mit dem Würfel 4 der oberen Reihe überein, B mit 1, C mit 5, D mit 3 und E mit 2.

Blättern Sie bitte um und beginnen Sie mit den Aufgaben 137 bis 156! Lösungszeit neun Minuten.« (Sie sind den obigen Beispielen ähnlich und deshalb nicht eigens aufgeführt.)

Daß dieses dreidimensionale Sehen, dieses gedankliche Operieren, viel höhere Anforderungen an die Testanden stellt als die Entscheidungen bei der Figurenauswahl wird jedermann schon beim Nachvollzug der Beispielaufgaben klar.

Verhältnismäßig leicht scheint sich Gerd zu tun. Noch vor

dem Ablauf des Zeitlimits legt er den Kugelschreiber aus der Hand. Er nutzt die verbleibenden zweieinhalb Minuten nicht einmal, seine Lösungen zu überprüfen. Ob sie richtig sind? Wir wissen es nicht. Aber vielleicht gehört er zum Typ jener intuitiv Begabten, bei denen sich manche Wahrnehmung unter der Schwelle des Hellbewußten abzuspielen scheint.

Otto kommt indessen nur langsam voran. Unablässig von Zweifeln geplagt, ob seine Entscheidungen einer sachlichen Nachprüfung standhalten können, wendet er sich immer wieder alten Lösungen zu. Als die Minutenuhr zu bimmeln anfängt, hat er gerade zwölf der zwanzig Aufgaben gelöst.

»Wer bis zum vorigen Testabschnitt seine Lösungsstriche oder -kreuze siegesbewußt in den Antwortbogen eingetragen hat«, läßt sich Dr. Hufnagel nun wieder vernehmen, »mag diesmal etwas weniger sicher gewesen sein. Jetzt stehen wir vor dem letzten Subtest. Es geht um Ihr *Kurzzeitgedächtnis,* auch Merkvermögen genannt.«

»Gedächtnis und Gedächtnis, ist das nicht ein und dasselbe?« wagt Krause einzuwerfen.

»Nicht ganz«, erwidert Dr. Hufnagel. »In der Psychologie machen wir da einen Unterschied. Die Reproduktionsfähigkeit für neue Eindrücke nennen wir Merkfähigkeit, die für weiter zurückliegende Fakten bezeichnen wir als Gedächtnis oder ›Altgedächtnis‹. Vielleicht erinnern Sie sich noch, an welchem Wochentag Sie vor Jahren Ihre Frau zum Altar führten. Das ist gegebenenfalls eine Gedächtnisleistung. Wenn ich Sie aber bitte, mir einen Satz nachzusprechen, fordere ich Ihr Merkvermögen.

Auf der letzten Seite Ihres Untersuchungsheftes finden Sie am linken Rand fünf *Artbegriffe*. Neben jedem dieser Artbegriffe stehen fünf Wörter, die zu ihnen gehören. Versuchen Sie, sich diese Wörter zu merken. Dafür haben Sie drei Minuten.

Sind sie vorüber, wird Frau Prosek die Hefte einsammeln.

Ihren Antwortbogen behalten Sie aber vorläufig noch. Auf ihm stehen nämlich die Fragen zu den Wörtern, die Sie sich zu merken versuchten. Tragen Sie Ihre Lösungen bitte unter der entsprechenden Aufgabennummer in Ihren Antwortbogen ein.

Ein Beispiel:

09 Das Wort mit dem Anfangsbuchstaben U (Uhland) war ein(e) . . .? a) Land, b) Stadt, c) Fluß, d) Dichter, e) Musikinstrument

Da Uhland ein Dichter war, ist d) die richtige Lösung. Deshalb ist in Ihrem Antwortbogen unter Beispiel 09 Buchstabe d) durchgestrichen.

Zum Durchstreichen der jeweils zutreffenden Buchstaben bleiben Ihnen sechs Minuten. Und jetzt blättern Sie bitte um. Wie gesagt, Sie haben drei Minuten Zeit, sich die Wörter einzuprägen.«

ARTBEGRIFFE

Länder: Deutschland – Frankreich – Ungarn – Japan – Rußland
Städte: Lindau – Augsburg – Essen – Quedlinburg – Gelsenkirchen
Flüsse: Isar – Main – Saale – Weser – Oder
Dichter: Uhland – Novalis – Carossa – Thieß – Balzac
Musikinstrumente: Violine – Zither – Harfe – Klavier – Piano

Auf einem gesonderten Blatt sind die Fragen zu den Merkwörtern wie folgt formuliert:

157 Das Wort mit dem Anfangsbuchstaben A war ein(e) . . .
a) Land b) Stadt c) Fluß d) Dichter e) Musikinstrument.

Unter A soll Augsburg erinnert werden. Folglich wird im Antwortbogen unter 157 Buchstabe b) durchgestrichen.

Die Fragen 157 bis 176 gehen bis zum Buchstaben T; somit umfaßt auch diese Serie 20 Aufgaben.

An dieser Stelle ist die *Untersuchung zu Ende*. Daß die hier gebrachten Fragen und Aufgaben denen der Originaltests nur nachgestaltet sind, darauf wurde schon im Vorwort hingewiesen. Ähnlichkeiten wurden auf Kosten einer idealen Simulation sorgsam umgangen.

Die Aufgaben sollen dem Interessierten oder künftigen Testanden lediglich klarmachen, daß er im Ernstfall keine bösen Überraschungen zu befürchten hat. Sie sollen ihm fairerweise zeigen, welche Anforderungen gegebenenfalls an ihn gestellt werden und ihm die Schwierigkeitsgrade andeuten.

Für die Wahl der simulierten Testverfahren war der Umstand maßgebend, daß sie – zumindest in Deutschland – am häufigsten zur Intelligenzmessung herangezogen werden.

10. Warten – das kann das Schlimmste sein

Krause glaubt, mit sich zufrieden sein zu dürfen, und er darf es auch sein. Natürlich möchte er Genaueres wissen. Es gibt da einiges, das ihn beschäftigt. Ob er den Psychologen damit belästigen kann?

Diese Gedanken gehen ihm auf dem Heimweg im Kopf herum, nachdem Dr. Hufnagel sich zuletzt förmlich dafür bedankt hat, daß sie sich dem Test gestellt haben. Er meinte: »Ihre Firmen werden sicher bald von sich hören lassen.«

»Ob ich Mitbewerber habe«, erklärt Krause noch vor dem Essen seiner Frau, »ich weiß es nicht! Heute morgen habe ich jedenfalls keinen gesehen. Da waren wohl zwei Männer, einer in meinem Alter, der andere jünger; sie wurden zusammen mit mir getestet. Beide scheinen sich bei einem Planungsbüro beworben zu haben.«

»Ich meine, der junge Herr Kastner war doch so angetan von dir«, bemerkt Frau Krause mit Nachdruck, um sich und ihrem Mann neuen Mut zu machen.

»Ja schon, aber . . .«, gibt er zurück, »so eine Firma schaut sich bestimmt mehrere Bewerber an, bevor sie sich festlegt.«

»Hat denn der Psychologe nichts gesagt?« bohrt seine Frau weiter; »auf den wird doch gehört!«

»Er war freundlich; mehr kannst du doch nicht verlangen!«

Das klingt schon ein bißchen gereizt, aber Frau Krause setzt nach: »Ruf' ihn doch einfach an! Seine Nummer wissen wir ja.«

An diese Möglichkeit hat Otto auch schon gedacht. Aber wie sieht das aus . . . so mir nichts dir nichts anfragen! »Ich weiß nicht recht«, sagt er unschlüssig, »ich weiß nicht recht.«

Obwohl heute sein Lieblingsgericht auf den Tisch kommt,

geht es bei ihnen wortkarg zu, denn beide machen sich ernsthaft Gedanken, was wohl besser wäre: die Dinge auf sich zukommen zu lassen oder der quälenden Ungewißheit ein rasches Ende zu bereiten. Ein kurzer Anruf ... Beiden ist es unwohl in ihrer Haut.

Auf ihm lastet der unausgesprochene Vorwurf, im Grunde genommen doch ein ängstlicher Zauderer zu sein, und das wurmt ihn. Noch ehe er den letzten Bissen zu sich genommen hat, langt er zur Serviette, geht dann zum Telefon und beginnt langsam zu wählen: 1 – 1 – 3 – 9 – 9 – 6.

»Praxis Dr. Hufnagel – Prosek.«

Krause nestelt an seiner Krawatte: »Kann ich vielleicht Dr. Hufnagel sprechen?«

»Ja, bitte, wie ist Ihr Name?«

»Ich war heute morgen beim Test. Sie erinnern sich ... Krause.«

»Wie bitte? Ach ja, natürlich, Herr Krause ... Augenblick!«

Aus dem Augenblick wird eine kleine Ewigkeit, dann endlich hört er ein erstauntes »Hufnagel«. »Entschuldigen Sie, Herr Doktor – Krause, Otto Krause. Ich rufe an, weil, weil ich ...«

»Gibt's was Besonderes?«

»Meine Frau, das heißt meine Frau und ich – wir machen uns ...«

»Schön, also nichts Besonderes. Sie sind etwas nervös. Wem ginge das nicht so. Das ist doch das Natürlichste von der Welt! Nun sehen Sie's mal so: Vor knapp drei Stunden waren Sie bei mir, Sie und ... Sie wissen schon. Die Ergebnisse werden heute nachmittag ausgewertet. Morgen früh gehen die Gutachten in die Maschine, und Ihre Firma hat Ihres – na, sagen wir – übermorgen; es wird eben überall nur mit Wasser gekocht.«

»Versteh' ich voll und ganz, aber wissen Sie, es würde mich beruhigen, wenn ...«

»Dann müssen Sie aber auch Folgendes verstehen, Herr

Krause: Ich darf Ihnen natürlich keine Auskunft über Leistung und Chancen eventueller Mitbewerber geben. Meine Aufgabe ist es, der mich beauftragenden Firma eine Entscheidungshilfe zu bieten. Natürlich steht Ihnen grundsätzlich das Recht zu, über Ihr Abschneiden im Test Aufschluß zu erhalten. Ist es das?«

»Darum geht es mir hauptsächlich. Ich wüßte halt gerne, ob ich Aussichten habe, die Stellung zu bekommen.«

»Nur zu verständlich! Aber die Aussicht haben und die Stelle auch wirklich bekommen, das ist noch längst nicht dasselbe. Da überschätzen Sie den Psychologen. So mancher kommt zu mir und tut am Ende genau das Gegenteil dessen, wozu ich ihm rate.«

»Und dafür gibt er das viele Geld aus?«

»Auch in diesem Punkte überschätzen Sie mich wohl etwas, lieber Herr Krause! Seien Sie mir nicht böse, ich muß jetzt abschließen. Wie wollen wir verbleiben?«

»Wenn Sie meine Testergebnisse heute noch auswerten, könnte ich dann in dieser Woche noch kurz in Ihre Sprechstunde kommen?«

»Was erwarten Sie sich davon?«

»Damit ich weiß, wo ich stehe. Ich hätte auch sonst noch einige Fragen.«

»Diese Woche noch! Hm, das dürfte kaum gehen. Augenblick, Frau Prosek sieht im Terminkalender nach . . . Hören Sie noch? Wie gesagt, diese Woche geht's beim besten Willen nicht mehr, aber – ja, ich weiß, wie Ihnen zumute ist – kommen Sie am Montag nach 18 Uhr oder besser: um 18.10 Uhr, aber nicht später. Inzwischen entspannen Sie sich etwas. Im Test waren Sie doch die Ruhe selbst! Also bis Montag.«

Im Test die Ruhe selbst! Das kam ihm, Krause, gar nicht so vor.

»Was hat er denn gesagt?« will seine Frau wissen.

»Eigentlich nicht viel; er muß die Ergebnisse erst auswerten.

Er hat mir versichert, meine Ungeduld zu verstehen, und daß er mir das Recht zubillige zu erfahren, was beim Test herausgekommen ist, daß er aber auch seinem Auftraggeber gegenüber Verpflichtungen habe und auf etwaige Mitbewerber Rücksicht nehmen müsse.«

»Hat denn die Firma mehrere Herren testen lassen?«

»Das konnte ich nicht von ihm erfahren; er hat es nur als Möglichkeit angedeutet.«

»Der gibt sich aber recht geheimnisvoll, dieser Doktor Hufschmied oder . . . ja, Hufnagel. Findest du nicht auch?«

»Ich würde eher sagen, daß er sich korrekt verhält. Stell' dir vor, er hätte am Telefon zu erkennen gegeben, daß er vor mir schon zwei oder drei Bewerber getestet hat, die auf die Stellung bei Westhoff & Kastner ebenso hoffen wie ich, und daß einer von ihnen aufgrund der Ergebnisse bereits jetzt als Favorit gilt. Von der Indiskretion abgesehen – glaubst du, wir würden heute nacht besser schlafen?«

»Vielleicht hast du recht«, räumt sie ein. »War das das ganze Gespräch?«

»Nein, das war nicht alles: Ich hab' ihn um einen Termin gebeten. Weißt du, am Telefon lassen sie dich schnell spüren, daß du dich kurz fassen sollst. Sitzt du ihnen aber gegenüber, da ist es doch ganz anders. Man sieht es dem Gesicht an, ob und wie frei man reden darf, ob jemand bereit ist, zuzuhören und Fragen zu beantworten.«

»Man bekommt aber auch jede Minute berechnet, die man da sitzt«, unterbricht sie ihn ironisch.

»Und wenn es so ist, das sollte es uns schon wert sein.«

»Ja, und wann sollst du nun zu ihm kommen?«

»Eigentlich wollte ich noch in dieser Woche, aber er hat sofort abgewinkt.«

»Warum das denn?«

»Na hör' mal, erinnerst du dich noch an meine Zeit bei Peineke? Da wußte ich doch manchmal kaum, wo mir der Kopf stand – Termine über Termine! Glaubst du denn, daß es dem Doktor Hufnagel anders ergeht? Ich bin froh, daß er sich am kommenden Montag Zeit für mich nimmt: abends, zehn nach sechs; das ist außerhalb der Sprechstunde!«

Sie sieht es ein. Man wird sich in Geduld fassen müssen – zunächst bis zum Montag.

Otto Krause war nie untätig. Für einen Mann wie ihn gibt es immer etwas zu tun.

Jetzt schon vorsorglich Fachwissen auffrischen! Beim Durchstöbern seiner Bücherschätze fällt ihm der letzte gebundene Jahrgang *Lack und Farbe* in die Hand. Er blättert darin, liest und findet es erfrischend und belebend, wieder einmal mitten in einer Welt zu sein, die er eigentlich nie verlassen, obwohl er Abstand zu ihr gewonnen hat. Seltsam, was Distanz zu bewirken vermag. Mancher Beitrag erscheint ihm heute in einem anderen, helleren Licht. Er liest und liest. Er kann sich nicht losreißen. In diesen Tagen muß ihn seine Frau zu jeder Mahlzeit mehrmals rufen: »Nun komm' doch schon endlich; es wird ja alles kalt!«

»Morgen ist es soweit.« Selbst beim Frühstück läßt ihn der Gedanke nicht los: »Morgen werde ich erfahren, wo ich stehe«, eine Formulierung, die ihm so prägnant erscheint, daß sie ihn nahezu feierlich stimmt. »Warum eigentlich läßt sich Westhoff und Kastner so lange Zeit?«

»Du hast es ja am Mittwoch selber gesagt«, meint sie. »So eine Firma schaut sich bestimmt mehrere Bewerber an, bevor sie sich festlegt.« Aber gleich danach tut es ihr leid, so gar nichts Aufmunterndes gesagt zu haben. »Sieh, Otto, du hast in den vergangenen Monaten wirklich alles getan, wieder Arbeit zu bekommen, eine passende Stellung zu finden. Wer das von sich sagen kann, meine ich, darf mit Recht hoffen! Statt uns zu quälen, sollten wir . . .

Draußen lacht die Sonne – ein Wetter wie aus dem Bilderbuch! Was hältst du von meiner Idee: Wenn wir den Bus am Hölderlinplatz nehmen, sind wir in zwanzig Minuten am Kleinstader See, und von dort führt doch ein reizender Fußweg geradenwegs zum Mozartschlößchen, weißt du, wo wir damals so gut gegessen haben.

Ob wir uns denn ... danach solltest du heute nicht fragen. Ich muß dir etwas beichten: Den Armreif mit den grünen Steinen aus dem Nachlaß von Tante Bärbel – du hast ihn ohnehin nie an mir sehen mögen–, den habe ich an Ostern versilbert.«

»Und davon hast du noch etwas übrig?«

»Selbstverständlich. Es geht nichts über eine stille Reserve. Für's Mozartschlößchen reicht es! Was sagst du nun?«

»Du hast mich überredet«, sagt er in einem Anflug trockenen Humors, während er ihr in den Mantel hilft.

Ist es nun Leichtsinn, Flucht vor dem Jetzt, die Sehnsucht nach dem guten Leben, oder sind es andere Gründe, die den Arbeitslosen Otto Krause und seine Frau dahin bringen, wirtschaftliche Überlegungen beiseite zu schieben und einen Tag so zu leben, als gäbe es keine Probleme.

Frau Krause – gewohnt, ihre Mittel haushälterisch einzuteilen – hat sich das wohl kaum gefragt. Es mag dem Instinkt, der ihrem Geschlecht wohl mehr erhalten geblieben ist, zuzuschreiben sein, daß sie in einem Augenblick krisenhafter Spannung mit dieser Eingebung genau das Richtige tut.

Der Omnibus ist natürlich, wie an einem so prächtigen Tag kaum anders zu erwarten, gut besetzt, und obwohl der Mann hinter dem Steuer mit seinen »Fahrkünsten« den Ausflüglern einige Nachsicht abverlangt, sieht man rundum nur fröhliche Gesichter.

Die Krauses genießen die Fahrt auf ihre Weise als eine Art Ferien vom Ich, in wenige Stunden zusammengedrängt und gerade deshalb besonders kostbar. Bald liegt die Stadt hinter ihnen. Der Bus rollt auf der Landstraße zwischen grünenden Feldern dahin, nur kurze Zeit – so kommt ihnen vor–, dann biegt er in die Pappelallee ein, die zum Kleinstader See führt. Sie steigen aus.

Ein schmaler Fußweg zieht sich rund um den See. Die meisten Ausflügler haben sich auf den Bänken nahe dem Schlößchen niedergelassen oder genießen den Tag auf der Terrasse des Restaurants. Krauses umwandern den See, und mit dem räumlichen Abstand scheinen auch die Probleme des Alltags an Gewicht zu verlieren. Ihre Stimmung ist die zweier fröhlicher Menschen, die den Alltag hinter sich gelassen haben. Sie mieten sich ein Boot – was sie schon seit ihrer Jugend nicht mehr getan haben – und rudern auf den See hinaus. Die Sonne steht bereits im Zenit, als Otto den Kahn zum Ufer zurücklenkt.

Das Mozartschlößchen liegt auf der sanften Anhöhe am Westende der Pappelallee, zwischen Kastanien und Hainbuchen den Blicken des Wanderers fast verborgen. Die beiden finden auf dem Plateau der Freitreppe unter einem Sonnenschirm einen kleinen Tisch für zwei Personen.

»Mailänder Schnitzel«, überlegt Otto, »das könnte was für uns sein«, während sie sich der Vorstellung hingibt: »Einmal nicht selber am Herd stehen müssen – sich bedienen lassen, wie schön!«

»Wenn ich vielleicht etwas empfehlen dürfte«, schaltet sich der Kellner ein, »zum Beispiel Putenschnitzel, mit Schinken und Käse gefüllt, frische Salate als Beilage, oder wie wär's mit einer Geflügelleber oder mit Pariser Pfeffersteak, Pommes croquettes und Speckbohnen dazu – unsere Spezialität! Als Dessert schlage ich Blaubeerenkompott mit Sahne vor. Oder probieren Sie einmal unseren Maraschinobecher, eisgekühlt!«

Fast betäubt von diesem Ansturm kulinarischer Verlockungen entscheiden sie sich für das Pfeffersteak. Die Wahl der Nachspeise, die hat noch Zeit!

»Das Leben kann schön sein«, meint Otto in gehobener Stimmung, während er die dezente Musik, die aus dem Schlößchen dringt, leise summend begleitet, und der Rote tut ein übriges hinzu. »Ja, das Leben kann schön sein!«

Cilia und Otto vergessen, umfangen von schönen Erinnerungen und von der Anmut des Frühsommertages, beinahe Zeit und Stunde. Erst als die junge Frau, die von Tisch zu Tisch geht, um die *Illustrierte Welt* anzubieten, bei ihnen ankommt, erkundigen sie sich nach der Busverbindung Richtung Kronstadt.

Viel Zeit bleibt nicht mehr. Sie reicht gerade noch zu einem kleinen Spaziergang. Die Sonne steht schon tief. Ihre Strahlen geben nicht mehr viel Wärme her. Doch die allmähliche Abkühlung belebt den Schritt, läßt Geist und Seele tiefer atmen. Und da wartet auch schon der Bus.

Die lauten Stimmen, die auf der Herfahrt durcheinanderschwirrten, sind verstummt. Draußen vor den Scheiben des Omnibusses flitzen die Lichter der Bogenlampen vorüber. Sie sehen diesem Spiel der Lichter eine Weile zu. Doch nach und nach werden auch sie von der allgemeinen Schläfrigkeit, die sich im Wagen auszubreiten beginnt, erfaßt.

Vom Kleinstader See bis zur Haltestelle »Hölderlinplatz« sind es rund vierunddreißig Kilometer, keine lange Fahrt, aber am Tage eben kurzweiliger. Die ersten Häuser von Kronstadt werden sichtbar. Jetzt geht es über die hellerleuchtete Ludwigstraße am »Filmpalast« vorbei.

»Du, ich habe etwas gesehen«, wendet sich Otto an seine Frau, aber da ist sie schon, die Endstation.

»Was hast du gesehen?« ermuntert sie ihn beim Aussteigen.

»Denk dir, ausgerechnet heute geben sie in der Spätvorstellung *Nicole ist an allem schuld,* weißt du, die Filmkomödie, die du dir schon immer ansehen wolltest – mit der Sonja Laurin.«

»Im Filmpalast?«

»Ja, um neun Uhr – wär' noch leicht zu schaffen!«

»Denk, was du willst«, lacht sie, »ich wär' jetzt grad in der richtigen Stimmung.«

»Ich auch«, sagt er und nimmt sie bei der Hand.

Nicole ist an allem schuld! Die Turmuhr des nahen Severinmünsters schlägt halb zwölf. Bis zur Wohnung sind es nur zehn Minuten. Nein, was haben sie gelacht!

Das Mittagessen war üppig, wirklich üppig, so daß sie auch jetzt noch keinen Hunger verspüren, aber einem Gläschen Wermut, dem können sie einfach nicht widerstehen.

Kurz nach Mitternacht geht bei Krauses das Licht aus. War das ein Tag! Jetzt wird erst einmal richtig ausgeschlafen!

11. Ein Gespräch mit dem Testpsychologen

Frau Krause hat sich soeben wohlig auf die andere Seite gedreht; da ist es schon wieder, dieses Klingeling! Im Morgenmantel stolpert sie über die Schwelle zu dem runden Tischchen und reißt den Hörer von der Gabel: »Krause.«

»Westhoff und Kastner, Ruf. Frau Krause? Ist Ihr Gatte vielleicht zu sprechen?«

»Mein Ga ... mein Mann ist soeben aus dem Hause gegangen ... Augenblick, vielleicht kann ich ihn noch erreichen ... Augenblick, bitte!«

Kleine Notlüge, und so holt sie ihn denn zurück, zwar nicht von der Straße, aber aus dem Land der Träume, ihren Mann. Sie holt ihn herüber in die Wirklichkeit des neuen Tages, und das scheint gar nicht leicht zu sein, denn Otto schläft und schläft. Er ist kaum wachzukriegen.

Endlich erfaßt er die Situation. Mit wenigen Sätzen ist er am Apparat, und am anderen Ende ertönt Fräulein Rufs Stimme: »Schön, daß Ihre Gattin Sie noch erreichen konnte. Herr Kastner hat mich beauftragt, das heißt, er möchte wissen, ob Sie am Montag hier anfangen könnten.«

»Das ist doch der zweite Juli!«

»Ja, und Sie möchten noch heute vorbeikommen wegen des Vertrags. Vier Uhr nachmittags – ginge das?«

»Ich werde pünktlich sein!« ist alles, was Krause in diesem Augenblick stammeln kann. Dann muß er sich erst einmal setzen.

Er braucht ihr nichts zu erzählen. Cilia steht immer noch neben ihm. »Das ist ja wunderbar!« sagt sie, vom Augenblick überwältigt, »das ist ja wunderbar! Heute nachmittag bekommst du also deinen Vertrag... Mußt du da nicht bei Dr. Hufnagel sein? Oder sollen wir den Termin streichen lassen? Westhoff und Kastner hat sich für dich entschieden. Wozu jetzt noch den Psychologen konsultieren?«

»Offen gesagt: Diese Überlegung ist mir eben auch gekommen, aber erstens wird es bei Westhoff und Kastner wahrscheinlich gar nicht so lange dauern; zweitens hätte ich ein ungutes Gefühl: schließlich stellt mir Dr. Hufnagel Zeit zur Verfügung, und dies außerhalb seiner Sprechstunde... Ich meine, es ist anständiger hinzugehen.«

Genau neun Stunden später sitzt Otto Krause Dr. Hufnagel gegenüber, diesmal in dessen Ordination. Noch glaubt er den Händedruck des jungen Herrn Kastner zu spüren. Der Vertrag – er entfaltet ihn vor dem Psychologen: recht annehmbar, wirklich sehr anständig!

»Ich weiß es auch erst seit heute morgen, Herr Krause. Sie waren nicht der einzige Bewerber; das darf ich Ihnen jetzt ja verraten, und ich habe mich gefreut, daß sich die Firma für Sie entschieden hat. Am letzten Mittwoch haben Sie telefonisch angedeutet, daß Ihnen noch ein paar Fragen auf den Nägeln brennen. Soweit ich sie Ihnen beantworten kann, bitte...«

»Mein künftiger Chef, Herr Kastner junior, hat mir vorhin eine dreistellige Zahl genannt; das sei mein IQ. Ich weiß: Darin kommt das Ergebnis des Tests vom vorigen Mittwoch zum Ausdruck. Ich hätte es gern etwas genauer gewußt.«

»Der IQ – in englischer Aussprache Aikiu – bedeutet nichts anderes als Intelligenzquotient, eine Abkürzung nach den Anfangsbuchstaben.«

»Soweit habe ich verstanden; aber was sagt Ihnen nun dieser IQ? Genügt es, diese Zahl zu kennen, um zu wissen, wie intelligent jemand ist?«

»So einfach liegen die Dinge nicht, Herr Krause. Der bloße IQ gibt uns zwar in Extremfällen einen ersten brauchbaren

Hinweis. Wenn er zum Beispiel unter 80 liegt, wird man nur geringe Erwartungen an den betreffenden Menschen stellen können. Wenn jemandem ein IQ von 140 bescheinigt werden kann, ist es zwar keineswegs sicher, daß er ›die Welt aus den Angeln heben‹ oder auch nur durchschnittlich erfolgreich sein wird. Mit Gewißheit kann lediglich gesagt werden, daß er intellektuell extrem hoch begabt ist. Der IQ als zusammenfassende Maßzahl gibt uns in den wenigsten Fällen eine ausreichende Auskunft: *der IQ bedarf der Interpretation.*

Kürzlich kam eine Mutter mit ihrem neuneinhalbjährigen Töchterchen Resi in meine Sprechstunde, um zu erfahren, ob die kleine Resi im Herbst zur Realschule gehen solle oder nicht. Das Zwischenzeugnis ließ alles offen. Auf meine Frage, ob das Mädel schon einmal auf seine Intelligenz getestet wurde, meinte die Mutter, das sei noch nicht lange her, etwa ein halbes Jahr. Ob sie denn das Ergebnis erfahren habe, forschte ich weiter. Ein IQ von 114 oder 115 sei damals herausgekommen, wußte sie. Das erschien mir an sich recht ermutigend. Da aber im einzelnen keine Werte erinnert wurden, war ich doch dafür, den *Hamburg-Wechsler-Intelligenztest für Kinder* (HAWIK) anzusetzen, um ein genaues Bild zu bekommen. Nach welchem Verfahren der genannte IQ errechnet worden war, konnte die Mutter nicht sagen.

Das Ergebnis im HAWIK war nicht ohne Überraschung: Ich kam genau auf 115 als dem *Gesamt-Intelligenzquotienten*, wie die Mutter angegeben hatte, aber die Teilquotienten bestätigten mir, wie recht ich hatte, dem Gesamt-IQ zu ›mißtrauen‹, jedenfalls der Annahme, daß sich die Leistungen ungefähr gleichmäßig verteilten: Resis Verbal-IQ stand bei 101; im Handlungsteil kam sie auf 127!

Die praktische Erfahrung lehrt, daß die Ergebnisse des Verbalteils den zu erwartenden Schulleistungen wesentlich näherkommen als die des Handlungsteils. Infolgedessen wäre es irreführend, vom Gesamt-IQ = 115 auszugehen, wenn entschieden werden soll, ob Resis Eltern zu empfehlen ist, sie in die Realschule zu schicken.

Sie sehen: Theoretische und praktische Begabung sind im Gesamt-IQ zu einem Wert verschmolzen. Es ist ja nicht so, daß die praktische Intelligenz als zweitrangig anzusehen wäre. Beide zusammen machen das ›Intelligenzinventar‹ aus. Im Wortlaut der einschlägigen Klassifikation ist Resi tatsächlich eine ›hohe Intelligenz‹ zu bescheinigen. Tritt aber eine differenzierte Fragestellung auf, wenn es darauf ankommt, in welchen Situationen sich die Intelligenz bewähren soll, dann kommen wir um die Notwendigkeit, den Intelligenzquotienten zu analysieren und zu interpretieren, nicht herum. So hat er seine Berechtigung, der Gesamt-IQ, gewissermaßen als pauschaler Orientierungswert. Aber alles, was darüber hinausgeht, nenne ich naive Zahlengläubigkeit!«

»Sie gebrauchten vorhin den Ausdruck ›einschlägige Klassifikation‹.. Ist das ein Bewertungsmaßstab?«

»Ich würde lieber von dem Versuch einer Grenzziehung sprechen. Auf ihm fußen die *Grade der Intelligenz:* IQ-Höhen von 90 bis 109 entsprechen normalen, also durchschnittlichen Intelligenzleistungen. Bei einem IQ zwischen 110 und 119 spricht man bereits von einer hohen Intelligenz, bei 120 bis 129 von einer sehr hohen, und was darüber ist, gilt als extrem hohe Intelligenz.

Unter dem Mittel registrieren wir die niedrige Intelligenz. Ihr entsprechen IQ-Höhen zwischen 80 und 89. Eine sehr niedrige Intelligenz wird durch Werte von 70 bis 79 angedeutet. Unter 70 beginnt der Schwachsinn, die Debilität.

Die schweren und schwersten Formen des Schwachsinns, die Imbezillität und die Idiotie, bedürfen keiner Messung mehr durch ein differenzierendes Verfahren.«

»Wenn ich recht verstehe, werden im Intelligenztest *verschiedene Arten von Intelligenz* gemessen.«

»So ist es. Wir unterscheiden die theoretische Intelligenz –

sie deckt sich großenteils mit dem ›Verbalteil‹ des Hamburg-Wechsler-Verfahrens – von der praktischen und der sozialen.«

»Welche Fähigkeiten im einzelnen rechnet man den drei verschiedenen Arten von Intelligenz zu?«

»Das läßt sich nicht immer genau abgrenzen, weil manche Tätigkeit mit zwei oder mehr Faktoren ›geladen‹ ist. Der theoretischen Intelligenz wird man den Vorstellungs- und Gedächtnisumfang zuzählen dürfen, den Wortschatz und das differenzierte Wortverständnis, das Merkvermögen, das logische und das abstrakte Denken, die Konzentration sowie den Umgang mit Zahlen, Mengen und Größen; der praktischen die visuelle Auffassung, insbesondere die Beobachtungsgabe, die Zuordnung Auge zu Hand, bei der auch die Assoziationsabläufe mit hineinspielen, das Kombinationsgeschick und die Technik der Problemlösung; der sozialen Intelligenz schließlich ist alles zuzuordnen, was unter den Aspekt fällt: Wie verhalte ich mich in dieser oder jener Situation? Aber auch schon die Wendigkeit im bloßen Erfassen einer sozialen Gegebenheit gehört dazu.«

»Was ist mit ›Assoziationsabläufen‹ gemeint?«

»Das Wort ›Assoziation‹ ist der lateinischen Sprache entliehen. Wörtlich übersetzt bedeutet es ›Vergesellschaftung‹. Im allgemeinen versteht man darunter die Verknüpfung von Erlebnis- und Wahrnehmungsinhalten. Beim Telefonieren zum Beispiel vernehmen Sie nur die Stimme Ihres Gesprächspartners; sie assoziieren mit der Stimme aber seine äußere Erscheinung, wie sie Ihnen in Erinnerung ist. Dieser Vorgang des Assoziierens läuft individuell verschieden ab: Bei dem einen funktioniert er glatt und reibungslos, bei dem andern eher langsam und zäh, bei einem Dritten ungenau oder im ganzen gestört.«

»Noch eine Frage zu den drei Arten der Intelligenz: Kann man sagen, daß sie beim einzelnen Menschen ungefähr ausgewogen in Erscheinung treten?«

»Keineswegs! Denken Sie nur an das Kind Resi! Sie sind bei

einzelnen so gut wie nie in gleicher Stärke ausgeprägt. Theoretiker zeigen häufig eine schwache soziale Intelligenz. Wenn wir davon ausgehen, daß ihr Anteil unter den Akademikern verhältnismäßig hoch ist, mag es als bezeichnend erscheinen, daß in *Knaurs Lexikon* (Ausgabe 1972) das Stichwort ›akademisch‹ erklärt wird mit ›zu einer Hochschule gehörig; wissenschaftlich vorgebildet; auch soviel wie steif, weltfremd, ledern‹.

Ein anderes, nicht weniger belustigendes Beispiel: Als ich vor Jahren meine Praxis in Kronstadt aufmachte, wurde ich auffällig oft, meistens von eher fragwürdigen Existenzen, um eine milde Gabe gebeten. Schon an der Etagentür begann es, ›ob der Herr Doktor vielleicht ...‹ usw. Das nahm so überhand, daß die Hausgehilfin schließlich entsprechend angewiesen wurde. Ein ganz Abgebrühter reagierte darauf nur mit der Frage, ob denn sonst noch ein Doktor oder ein Pfarrer im Hause wohne.

Die praktische Intelligenz ist wiederum nicht selten mit einer geringen theoretischen verbunden.

Wer kennt nicht die Geschichte von dem Schulrat, dessen Auto auf dem Weg zu einer Visitation mitten im Verkehr stehenbleibt. Er fragt einen daherschlendernden Jungen nach der nächsten Reparaturwerkstatt. Anstelle einer Antwort besieht sich der den Wagen, hebt die Motorhaube hoch, fummelt ein bißchen an den Zündkerzen herum und läßt den Motor anspringen. Der Schulrat drückt ihm erfreut ein Fünfmarkstück in die Hand und fragt, auf die Uhr sehend, ob sein kleiner Helfer heute nicht zum Unterricht müsse. Ohne eine Ahnung, wen er vor sich hat, erklärt der Junge, vom Lehrer nach Hause geschickt worden zu sein, weil heute der Schulrat erwartet werde, der nicht gerade dem Klassendümmsten begegnen solle.

Mit solchen Histörchen – erfundenen und aus dem Leben gegriffenen – ließen sich Bücher füllen, auch was die Tatsache betrifft, daß gescheite, ja hochintelligente Menschen oft unbegabte Erzieher sind, da es ihnen an sozialer Intelligenz fehlt, man könnte auch sagen, an Einfühlungsgabe.«

»Wenn Sie das so sagen, erinnern Sie mich an meinen Englischlehrer auf der Realschule: ein gescheites Haus; dem konnte keiner so leicht das Wasser reichen. Zu uns war er die Höflichkeit und Güte in Person! Wenn einer seine Lektion nicht konnte, lächelte er nachsichtig, gab keine Strafarbeiten und akzeptierte selbst die faulste Ausrede. Haben wir's ihm gedankt, wir von der fünften Klasse? Im Gegenteil: Wir tanzten ihm auf der Nase herum.

Eine andere Frage: Im Telefongespräch am vorigen Mittwoch hoben Sie hervor, daß Sie jedem Bewerber das Recht zugestehen, über das Ergebnis des oder der mit ihm durchgeführten Testverfahren Aufschluß zu bekommen. Darf diese Haltung allgemein vorausgesetzt werden?«

»Sie sprechen von Bewerbern. Natürlich gilt das für Probanden, gleichgültig, aus welchem Grund sie mir gegenübersitzen.«

»Probanden?«

»Wie wir sie auch immer nennen, ›Testanden‹, ›Prüflinge‹ oder ›Probanden‹, es handelt sich immer um eine *Sie* oder einen *Er*, die sich untersuchen lassen, die mir Vertrauen entgegenbringen.

Schon allein deshalb – meine ich – soll der Klient das Ergebnis des Tests erfahren dürfen. Schließlich geht es ja um ihn selbst! Sie fragen sich, ob diese Haltung ausnahmslos anzutreffen sei? Grundsätzlich, glaube ich sagen zu dürfen, ja. Natürlich verlangt die Handhabung des Prinzips auch etwas Fingerspitzengefühl. Dem erfahrenen Praktiker darf man es zutrauen. Vom kleinen Wichtigtuer wollen wir nicht reden. Den finden Sie in jedem Beruf.«

»Aber man ärgert sich: Vor etwa zwei Jahren hatte mich mein Hausarzt an einen Röntgenologen überwiesen, weil ihm ungewiß schien, ob meine Schmerzen im linken Schultergelenk rheumatisch bedingt oder einer anderen Ursache zuzuschreiben seien. Nach dem Durchleuchten hatte ich eine Weile zu warten, und schließlich übergab mir die Sprechstundenhilfe einen größeren Umschlag: ich möge ihn bei meinem Arzt abgeben. Der Umschlag war verschlossen! Ich sah rot: Unmündiger Kassenpatient, was geht's dich an, was man über dich befunden; außerdem verstehst du ja kein Latein. Aber Briefträger spielen, dazu wirst du gerade noch imstande sein ... So ungefähr empfand ich das!

Daheim machte ich meinem Ärger so richtig Luft, und dann schlitzte ich den Umschlag auf. Als erstes fielen mir an die dreißig Hinweiszettel in die Hand, Hinweise auf die Praxis des Röntgenologen, außerdem ein halber Briefbogen. Den wenigen Zeilen entnahm ich, daß vom Zelluloidbild so etwas wie eine ›frühzeitige degenerative, aber nicht sehr bedeutende Gelenkveränderung‹ abzulesen sei.

Beim nächsten Termin gab ich den geöffneten Umschlag so ab, daß der Arzt es merken mußte. Er kam aber nie darauf zu sprechen.«

»Lieber Herr Krause, mit diesem Ärger stehen Sie nicht allein! Wenn Sie mich fragen: So manches läßt sich verstehen, wenn man den heutigen Arztbetrieb kennt, der nun einmal nicht ohne Organisation und Delegieren auskommt. Was bleibt? Die Frage des Takts, vielleicht klingt es pathetisch: die Achtung vor der Würde des andern.«

Am Abend sagt Krause zu seiner Frau: »War gar nicht so schlecht, auch noch mit dem Psychologen zu sprechen.«

12. Intelligenz und Schule

Nehmen wir doch beherzt ein paar Aussprüche vorweg, die unsere Schulen durchgeistern:

- Egon, aus dir wird niemals ein brauchbarer Mensch!
- Deine Faulheit, Jürgen, ist nicht zu überbieten!
- Wenn Caesar wüßte, wie du sein Latein verstümmelst, bekäme er noch im Grab ein Magengeschwür!
- Natürlich der Gruber – wie immer der letzte; eigentlich gehörst du in eine Sonderschule!
- Brenner ist der einzige, der denken kann. Ihr andern habt den Verstand zu Hause gelassen!
- Dein Aufsatz ist der einzig lebendige. Lies ihn laut vor!
- Knien Sie sich etwas hinein in die Chemie. Ich meine Sie sind begabt dafür, Gretl!

Solche und ähnliche Anmerkungen »beleben« manche Unterrichtsstunde. Ob ärgerliche, schon zur Gewohnheit abgestumpfte Phrasen, ob spitzer Tadel, ob anerkennende Zuwendung, sie werden ausgesprochen. Häufig gehen sie – wie man so sagt – zum einen Ohr hinein, zum andern hinaus. Manchmal treffen sie aber auch mitten ins Herz, lähmen oder vernichten, was eben erst zu keimen beginnt, manchmal bringen sie ein zaghaftes Wachstum hervor, und manchmal – eher selten, sehr selten – rufen sie den heilsamen Protest hervor.

Nein, Urteile sind das nicht; sie werden nur manchmal so empfunden, und deshalb wirken sie wie Urteile.

Aus Egon – ich weiß es zufällig – ist tatsächlich nichts Rechtes geworden. Aber Gruber ist heute Dozent an einer Pädagogischen Hochschule, und Gretl, die Oberschülerin, »entdeckte« von Stund an ihre Liebe zur Chemie, dies mit sichtlichem Erfolg; später studierte sie allerdings Philosophie.

Nein, Urteile sind das nicht; sie wollen auch gar nicht als solche verstanden werden. Ausrufe, Zwischenrufe sind es, nicht selten gefühlsgeladen. Sehr oft sind es nur Kurzschlüsse.

Etwas anderes ist es, wenn Frau Höfler zur Lehrerin geht, um sich zu erkundigen, wie sich ihre Birgit in der Schule macht. Je nachdem, wie lange diese Lehrkraft das Mädel schon betreut, wird Frau Höfler ein Bild bekommen, das Wesensart und soziale Eingliederung ebenso umfaßt wie Birgits Lernverhalten: über die Bereitschaft, sich anzustrengen, Konzentration, Auffassungsgabe und Einstellung zu den verschiedenen Lehrfächern, über individuelle Fortschritte oder den Arbeitsstil und die Beharrlichkeit.

Es ist nicht zu bestreiten, daß das durch längere Beobachtung gewonnene Bild der wissenschaftlichen Diagnose bisweilen überlegen ist. Das eine kann das andere sinnvoll ergänzen.

Die Befürchtung, daß das Urteil der Lehrkraft durch eine wie auch immer zustande gekommene Voreingenommenheit getrübt sein könnte, wird zwar hin und wieder geäußert: Erfahrungsgemäß fehlen dafür fast immer objektive Tatbestände.

Hier finden wir wirkliche *Beurteilungen,* die sich allerdings während des Schuljahres ändern können. Geht es aber seinem Ende zu, finden sie ihren endgültigen Niederschlag im Zeugnis, schwarz auf weiß kann man es getrost nach Hause tragen, vielleicht auch nicht ganz getrost.

Schon sehe ich den Anwalt der weniger Getrösteten einen Aktendeckel aufschlagen. Darauf steht in großen Lettern: »Bedeutende Menschen auf der Schulbank«, eine trostreiche Lektüre, aber bevor wir die Seiten umwenden, um uns an ihnen zu berauschen, ein paar Gedanken zu der Frage, warum wohl das praktische Leben den Urteilen und Voraussagen der Schule mitunter hohnspricht.

Welcher Schulmeister könnte der Versuchung widerstehen, an passender Stelle feierlich zu mahnen, daß wir fürs Leben lernen, nicht für die Schule. Der 106te Brief des jüngeren SENECA schließt aber mit dem vorwurfsvollen »Non vitae sed scholae discimus« (nicht für das Leben, sondern für die Schule lernen wir).

Wenn wir von menschlichen Unzulänglichkeiten absehen – die wir wohl immer und überall ansetzen müssen –, dann sind es im besonderen drei *Gesichtspunkte, die es der Schule erschweren, dem jungen Menschen gerecht zu werden* oder gar seine spätere Lebensbahn vorauszusehen.

- Die Schule ist aufgrund ihrer Zielsetzung nicht in der Lage, alle Arten der menschlichen Intelligenz zu bewerten.
- Es ist ihr nicht möglich, sich der Individualität des werdenden Menschen völlig, bis zu extremen Erscheinungsformen, anzupassen.
- Im Schulalter hat der Heranwachsende in der Regel die Fülle charakterprägender Begegnungen und schicksalbestimmender Situationen noch *vor* sich.

Noch ein Wort über *Schulnoten*: sie waren schon immer ein Gegenstand heftiger Diskussionen. Es werden Vergleiche gezogen: »Wenn Peter eine Drei bekommen hat, dann steht Annegret glatt eine Zwei zu!« Er habe eben einen Stein im Brett beim Lehrer Erlewein, der die Kinder der Akademiker überhaupt bevorzuge.

Herrn Erlewein wird die Objektivität abgesprochen, die strenge Sachlichkeit, die nur das zu werten gewillt ist, was wirklich zur Sache gehört.

Dieser Zweifel an der Objektivität des Beurteilers mag hin und wieder begründet sein; meistens ist er's nicht. Grundsätzlich darf man davon ausgehen, daß die Zensierenden daran interessiert sind, gute Noten zu geben, besonders in den Jahreszeugnissen. Bei den Zwischennoten sprechen bisweilen erzieherische Überlegungen mit. Man muß bedenken, daß das

Jahreszeugnis nicht nur für den Schüler eine Art Leistungsbilanz darstellt, vielmehr für die Lehrerin, für den Lehrer nicht minder!

Das allein schiebt einer völlig »willkürlichen« Notengebung einen Riegel vor: Mit der unverdient minderen Note zensiert sich die Lehrkraft selbst nach unten. Gibt sie eine bessere Note, als objektiv gerechtfertigt ist, werden die Zensierenden der nächsten Jahrgangsstufe »nachdenklich«!

Objektivität in der Notengebung scheint also einer Grundforderung gleichzukommen. So ist es auch. Gleichzeitig muß zugegeben werden, daß sie von Menschen schwer durchzuhalten ist . . . weil wir eben Menschen sind. Ein Computer, der uns diese Arbeit abnimmt, ist noch nicht konstruiert worden – Gottseidank! Wer weiß, was da herauskäme!

Herr Liehr und seine Frau, Klassenleiterin an einer Berufsbildenden Schule, sehen sich während eines abendlichen Bummels die Schaufenster in der Stadt an. In der Fußgängerzone huscht ein kleines, schüchternes Persönchen an ihnen vorbei, nicht ohne höflich zu grüßen.

»Ist das vielleicht eine deiner Schülerinnen?« fragt er, von dieser Artigkeit angenehm berührt. Herr Liehr will noch mehr wissen: »Was soll sie einmal werden? Hältst du sie für geeignet?«

»Das Pulver hat sie nicht grad erfunden, die Miriam«, meint Frau Liehr. »Ich hab' sie in der Klasse, in der Kinderpflegerinnen ausgebildet werden. Das Mädel gibt sich große Mühe; mal sehen, daß wir sie über die Runden bringen!«

Dr. Keller, der junge Germanist, sitzt noch zu später Stunde über Klassenarbeiten, über Aufsätzen sechzehnjähriger Jungen und Mädchen.

»Willst du nicht endlich aufhören«, meint seine Mutter. »Du siehst müde aus!«

»Ich bin so gut wie fertig«, erwidert er. »Was mach' ich jetzt bloß mit Klaus, das heißt mit seinem Aufsatz?«

»Wie denn, du hast ihm doch eine Drei gegeben; da hast du's mit Bleistift vermerkt!«

»Stimmt, ich bin mir aber nicht sicher. Eigentlich müßte ich diese vier Seiten noch einmal lesen, aber . . .«

»Was aber?«

»Sieh mal diese Schrift an – nicht einmal unordentlich, aber kaum zu lesen, ein wahres Augenpulver! Ach was, dann bleibt's eben bei der Drei!«

Zwei Beispiele, stellvertretend für Dutzende andere, die hier stehen könnten. Einmal geht es um Sympathie, aber nicht um jene Zuneigung, die uns wie Verzauberung anfliegt, sondern um die Gunst, die aus überzeugter Wertschätzung kommt, im anderen Falle um das wiederholte Entziffern einer schwer lesbaren Schrift. Das nochmalige Lesen kann dem Beurteilenden helfen, die Gedankengänge des Schreibers besser zu erfassen. Geht es uns nicht manchmal so, daß wir bei der zweiten oder dritten Lektüre erst richtig verstehen, was gemeint ist? Und manche Wendung, die uns zunächst nicht ganz passend erschienen ist, erhält nachträglich ihre Rechtfertigung.

Die Begutachtung von Aufsätzen war von jeher ein umstrittenes Unterfangen. Was da alles in die Wertung einfließen kann, oft ungewollt, ob man nun an konservativen Formen festhält, bestimmte Erwartungen hegt oder sich an der Rechtschreibung, der Ästhetik der Schrift oder, wie vorhin geschildert, an ihrer Lesbarkeit festbeißt . . .

Es wird behauptet, man habe für einen Versuch den Werken erfolgreicher Schriftsteller wenig bekannte Stellen entnommen und sie an Schüler verteilt. Jeder hatte den ihm zugewiesenen Text abzuschreiben und als sein geistiges Produkt auszugeben. Die Texte wurden einem Gremium von Lehrern zur Benotung vorgelegt. Das Ergebnis soll einigermaßen überrascht haben: Die Zensuren sind von »hervorragend« bis »ausreichend« ausgefallen. Einige Autoren – darunter ein Nobelpreisträger – seien in der roten Tinte nahezu ertrunken!

13. Schule und Elternhaus

Auch »bedeutende« Menschen haben ihr Elternhaus gehabt, haben Schulen besucht. Gemeint sind Menschen, die durch ihr Handeln, ihre Werke von sich reden gemacht haben, Menschen, die die meisten von uns kennen.

Ein schlechter Schüler wird es recht trostreich finden, daß es unter den Großen, den Erfolgreichen dieser Erde mehrere gab, die in der Schule nichts taugten oder eben als »schlechte Schüler« galten. Eine famose Sache, sich auf diese Weise vor sich selber rechtfertigen und in bester Gesellschaft fühlen zu können! Besonders Treuherzige geben sich sogar der Hoffnung hin, kraft einer geheimnisvollen Gesetzmäßigkeit müsse auch bei ihnen auf schlechte Schulnoten eine Periode genialen Schaffens folgen.

Gewiß, mancher darf sich damit trösten, daß auch die Karrieren der Großen nicht immer nach Erwartung verliefen. Wenn wir uns aber solchen Einzelschicksalen zuwenden, kommen wir nicht um die Frage herum, was eigentlich den schlechten Schüler ausmacht. Daß »schlecht« ursprünglich etwas Löbliches meinte, ist manchem neu; einen Schüler, der seinen Pflichten recht und schlecht nachkommt, kann man beileibe keinen schlechten nennen. Zuverlässig und schlicht tut er das, was die Schule von ihm erwartet.

Heute wird »schlecht« als etwas Negatives empfunden: weniger als schlicht mangelhaft, eher auch noch moralisch schlecht. Allein die Tatsache, daß sich ein junger Mensch den Normen und Einrichtungen schulischer Erziehung nicht hinreichend anzupassen vermag, bringt ihn seit jeher in die Nähe des Tadelnswerten.

Außerdem gibt es auch noch den geistig überforderten Schüler. Ob man ihn in die Kategorie des »schlechten Schülers« einordnen sollte? Man tut es – meist aus Bequemlichkeit.

Er jedoch ist nicht der typische schlechte Schüler. Dieser nimmt seine *Anfänge im Elternhaus*; ob Junge oder Mädchen, das bleibt sich gleich. Dafür ein Beispiel:

Petra wirft ihre Schultasche lustlos in eine Ecke des Wohnzimmers. Im selben Augenblick kommt auch ihre Mutter nach Hause: »Hallo, wie gehst du denn mit deinen Sachen um! Vom Aufräumen hältst du wohl überhaupt nichts.«

»Ach was, ich mag bald nicht mehr! Dauernd Strafarbeiten, Nachsitzen, dazu ›gemeine‹ Noten und dieses Bla-bla-bla-Geschimpfe! Edith – das ist vielleicht so eine Streberleiche – die versteht's natürlich mit ihr. An Edith ist alles okay, aber Leute wie mich kann sie nicht leiden, diese Brillenschlange!«

Mit Brillenschlange meint die zehnjährige Petra ihre Lehrerin, und die Mutter denkt gar nicht daran, diesen Ausdruck zu rügen. Im Gegenteil, sie bedauert ihre Tochter und findet auch ihrerseits einiges an der Schule im allgemeinen und an der Lehrerin im besonderen auszusetzen.

Da liegt der Hase im Pfeffer: Seit im Jahre 1717 in Preußen die Allgemeine Schulpflicht eingeführt wurde, ist das Verhältnis mancher Eltern zur Schule gestört. Einige sehen sich in ihren Erziehungsbefugnissen eingeschränkt, andere wiederum meinen, daß ihnen die Schule bestimmte Funktionen abnehmen müsse.

Genaugenommen ist weder das eine noch das andere zutreffend. Vielmehr sollten die Eltern die Chance ergreifen, durch eine sinnvolle Vorbereitung auf die Schule und eine enge Zusammenarbeit mit dieser ihren Kindern den Weg ins Leben zu ebnen. Sie müßten daher ihre Aufgabe, das Kind in der Vorschulzeit auf die Schule vorzubereiten und während der Schulzeit die Lernbereitschaft zu fördern, ernst nehmen.

Zwei *Forderungen* sind in diesem Zusammenhang unverzichtbar:

- Das Elternhaus hat dafür zu sorgen, daß ein Mindestmaß an Disziplin und Leistungsbereitschaft beim Eintritt des Kindes in die schulische Lerngemeinschaft vorhanden ist.
- Es hat des weiteren dafür einzustehen, daß das, was sich dem Kind als Autorität zu offenbaren beginnt, erhalten bleibt.

Wie sollen Lehrer fruchtbare Arbeit leisten, wenn die Grundlage – nämlich das Vertrauen zu ihnen – fehlt oder wenn sie durch Kritik an der Schule zerstört worden ist?

Diese Kategorie des schlechten Schülers tritt in den Lebensläufen berühmter Persönlichkeiten kaum in Erscheinung. Meist waren es ausgeprägte Individualität, einseitige Interessen oder Spätentwicklung, die dazu führten, daß sie verkannt wurden.

Wer aber glaubt, Lebenserfolg und Anerkennung durch die Schule stünden in einem Gegensatz zueinander, der irrt gewaltig. Es fehlt nicht an Beispielen hervorragender Menschen – einige sind im folgenden angeführt –, die in der Schule geradezu glänzten. Ihnen allen ist gemeinsam, daß sie sich anstrengen mußten. »Man kann es drehen und wenden, wie man will: Ohne Leistung geht es nicht!« bemerkt GERHARD PRAUSE im Nachwort zu seinem Buch *Genies in der Schule*.

Sowohl der Intelligenzquotient eines Menschen wie auch seine Schulzeit *können* sein Schicksal bestimmen. Daß dies aber keineswegs so sein muß, das beweisen viele Beispiele. Jeder, der sich strebend bemüht, jeder, der seinem Stern unbeirrbar und tätig folgt, hat seine Chance.

14. Bedeutende Menschen auf der Schulbank

»Nicht sehr intelligent, aber mit einem ausgeprägten Zahlensinn begabt«, stand in einem der ersten Volksschulzeugnisse des jungen JOHN D. ROCKEFELLER. Schon als Bub zeigte er einen deutlichen Hang zum Ökonomischen. So zog er zum Beispiel im Garten seiner Eltern Kaninchen groß und verkaufte sie dann mit Gewinn. Aufzucht und Absatz gediehen bald zu einer lohnenden Erwerbsquelle, die dem unternehmenden John Davison manchen Dollar einbrachte. Sparsam, wie er war, trug er das Geld zur Bank. Voller Stolz sprach er von seinem wachsenden »Grundkapital«.

Diese Ersparnisse, zusammen mit einer bescheidenen Erbschaft von seiten des Vaters bewogen ihn – er war damals kaum mehr als siebzehn Jahre alt–, sich selbständig zu machen. Zunächst betrieb er einen Gemischtwarenladen. Als er dann von den ersten Ölfunden hörte, erkannte er seine Chance. Er begriff sofort, daß der Profit weniger im Bohren lag als im Raffinieren des Öls. Kurzentschlossen sprang er mit beiden Beinen ins Ölgeschäft. »Rockefeller and Company«, ein Unternehmen, aus dem später die »Standard Oil Company« hervorging, belieferte Jahre danach alle Welt.

»Nicht sehr intelligent« . . . oder doch intelligent: Rockefeller hatte jedenfalls *Ideen!* Da gab es zum Beispiel Schwierigkeiten, den chinesischen Markt zu erobern. Das brachte den Magnaten auf den Einfall, eine schmucke Petroleumlampe konstruieren und in Riesenmengen herstellen zu lassen, um sie den Chinesen für einen lächerlichen Preis, der weit unter den Selbstkosten lag, anzubieten. Die Dinger gingen weg wie die warmen Semmeln. Eine Investition, die sich lohnte, denn wer eine solche Lampe hat, braucht Betriebsstoff, und der Lieferant hieß natürlich Rockefeller.

Auf ähnlich geniale Art löste er das Problem der Transportkosten: Jahrelang spielte er die Eisenbahngesellschaften – damals weitgehend in Privathand – gegeneinander aus, um auf diese Weise vorteilhafte Tarifabschlüsse zu manipulieren. Schließlich kam er als erster auf den Gedanken, Erdöl in Pipelines über weite Strecken zu befördern.

Rockefeller mag einseitig begabt gewesen sein. Trotz oder vielleicht gerade wegen dieser seiner engen Spur konnte er Großes schaffen, gelang es ihm nach und nach, die gesamte Erdölerzeugung Amerikas zu kontrollieren.

FERDINAND SAUERBRUCH, das Genie auf dem Gebiet der Operationstechnik, scheint sich mit den alten Sprachen nicht gerade leicht getan zu haben. Gelegentlich einer schriftlichen Prüfung in Griechisch bekam er seine Arbeit als »ungenügend« zurück, doch wurde ihm die Möglichkeit eingeräumt, dieses Versagen in einer Nachprüfung wettzumachen. Aufgrund irgendwelcher Umstände wurde Sauerbruch das Thema des neuen Textes bekannt. Er besorgte sich eine Übersetzung, auf die er sich in der nächsten Klausur stützte. Nun schüttelten die Prüfer erst recht den Kopf: Die Übertragung war einwandfrei, aber wie kam der Kandidat dazu, Stellen zu übersetzen, die in der gekürzten Schulvorlage weggelassen waren!

Sehr schlau stellte es BERTOLT BRECHT an, als er in eine ähnliche Situation kam, man kann sagen, ganz schön schlitzohrig! Mildernder Grund: Bei ihm stand die Versetzung auf dem Spiel. Sie hing an der Augsburger Oberschule von einer letzten Prüfungsarbeit ab. Die aber geriet ihm daneben! Was tun?

Brecht besorgte sich rote Tinte und strich in seiner Arbeit noch etliche Stellen an, die nicht beanstandet worden waren. Damit ging er zu seinem Lehrer und mimte mit unschuldsvollem Augenaufschlag den Verwirrten, dem es nicht klar sei, warum dies und jenes angestrichen sei. Dem guten Mann trat bald der Schweiß auf die Stirne, und in seiner Verlegenheit bat er Brecht, ihm die Arbeit dazulassen, damit er sie in Ruhe überdenken könne. Brecht bekam sie nie zurück, dafür aber eine bessere Note, und seiner Versetzung stand nichts mehr im Weg.

Konrad Adenauer, der erste deutsche Bundeskanzler nach 1945, durfte zwar als recht guter Schüler gelten, aber die Gelegenheit zu einer handfesten Mogelei reizte ihn doch zu sehr, als daß er sie ausgelassen hätte.

Man weiß es von ihm selbst: In einer Fernsehsendung erklärte der damals Vierundachtzigjährige freimütig: ». . . es ist zwar nicht sehr recht, daß wir Abiturienten damals doch auf irgendeine Weise alle vorher im Besitz der . . . Arbeiten gewesen sind. Und wir haben zum Beispiel für die drei Aufsatzthemen eine Kommission eingesetzt, die die Dispositionen gemacht und verteilt hat. Und bei der lateinischen Arbeit – es ist alles sehr unmoralisch, meine lieben Zuhörerinnen und Zuhörer, was wir gemacht haben – bei der Lateinarbeit, die wir auch hatten, da haben wir sogar die Fehler verteilt. Der eine mußte so viele Fehler und der andere so viele Fehler machen, und die Besten – dazu gehörte ich übrigens auch – brauchten keinen Fehler zu machen. Ich war eine der leitenden Personen bei der ganzen Vorbereitung des Abiturientenexamens für die ganze Klasse.«

Dieses Verteilen der Fehler, diese umsichtige Organisation, ist typisch für Adenauer. Daß er auch ein guter Schüler war, ist seinen Zeugnissen zu entnehmen. Wer seinen geistigen Habitus gekannt hat – und seine Autobiographie bietet darüber hinaus Anhaltspunkte –, nimmt wohl zu Recht an, daß ihm die schulischen Erfolge keineswegs zugeflogen sind, daß er vielmehr hart gearbeitet hat. Die Bemerkung in seinem Abiturzeugnis: »Er widmete allen Unterrichtsgegenständen rege Teilnahme und angestrengten Fleiß«, spricht auch dafür.

Napoleon Bonaparte gehörte keineswegs zu den Musterschülern. In Mathematik allerdings war er seinen Klassenkameraden weit voraus; auch in den Fächern Geographie und Geschichte war er stark. Darüber hinaus leistete er höchstens Durchschnittliches und bisweilen nicht einmal das. Mit der Rechtschreibung stand er dauernd auf dem Kriegsfuß. Seine Handschrift war schauderhaft.

Während seiner Machthaberschaft wurde ihm einmal eine schwer leserliche Akte zur Entscheidung vorgelegt. Ärgerlich versah er sie mit einer knappen Randbemerkung. Nachdem das Schriftstück beim zuständigen Minister angekommen war, begann ein verlegenes Rätselraten. Wie hatte der Kaiser nun entschieden? Stand da am Rande etwas von Ablehnung oder bedeuteten die chaotischen Zeichen Zustimmung?

Schließlich wagte man es, den Imperator selbst zu befragen. Er hatte an den Rand das Wort »unleserlich« geschrieben.

Wer kennt nicht General Friedrich Wrangel, den knorrigen preußischen Feldmarschall, von den Berlinern liebevoll »Papa Wrangel« genannt. Mit knapper Not kam er bis zur Tertia. Zeitlebens hatte er Schwierigkeiten mit der Rechtschreibung, mit der Grammatik nicht minder, und so heißt es in einem seiner Tagesbefehle: »Der Parademarsch besteht nicht nur aus der Sitzsamkeit der Hosen, der Weisheit des Lederzeugs und der Aufrichtigkeit der Gewehre, sondern vor allem im Hinblick auf mir.«

In einem Handschreiben an den Kriegsminister bat Wrangel, den überbringenden Leutnant auszuzeichnen, da dieser wohl sein »feigster« Offizier sei. Allgemeines Befremden, Ratlosigkeit – bis das Schreiben dem König selber vorgelegt wurde. Der aber kannte seinen Wrangel: »Das muß man so lesen«, erklärte er lachend: »fe-igster«.

Der Dichter Gerhart Hauptmann galt in der Schule schlicht als dumm. Zweimal hatte er eine Klasse zu wiederholen.

Den Vater der Abstammungslehre Charles Darwin

bezeichneten seine Lehrer als »nicht gerade begabt – eigentlich etwas unter dem Durchschnitt«.

WILHELM BUSCH, der »heitere Philosoph« – so allein wollte er sich verstanden wissen –, studierte zunächst ein paar Jahre Maschinenbau. Als Neunzehnjähriger verließ er gegen den Willen seines Vaters das Polytechnikum, um sich bei der Kunstakademie in Düsseldorf einzuschreiben. Sein Erfolg ließ lange auf sich warten; er kam erst mit seiner Bildergeschichte *Max und Moritz*. Der Verleger zahlte Busch tausend Gulden dafür und verdiente selbst ein Vermögen daran!

Warum Busch das Polytechnikum aufgab? Die Mathematik machte ihm Schwierigkeiten, jedenfalls die angewandte.

Es ist allgemein bekannt, daß Spätentwickler oft zu besonderen Hoffnungen berechtigen. Diese Erkenntnis gilt besonders für den Begründer der Relativitätstheorie: als Kind begann ALBERT EINSTEIN spät zu sprechen. In der Volksschule ging der schüchterne Junge nie so richtig aus sich heraus, so daß man ihn für geistig etwas zurückgeblieben hielt. Allein schon der nahezu militärische Ton, der damals an vielen Schulen herrschte, frustrierte den jungen Albert erheblich.

Die Aufnahmeprüfung zum Polytechnikum in Zürich bestand er nicht, so sehr er auch in Mathematik überzeugte. In den anderen Fächern, besonders in den modernen Sprachen, reichten seine Kenntnisse nicht aus. Nachdem er aber ein Jahr später das Reifezeugnis der Kantonsschule in Aarau vorweisen konnte, wurde er doch zugelassen.

Ironie des Schicksals: Dieselbe Schule, die den siebzehnjährigen Einstein hatte durchfallen lassen, bot ihm achtzehn Jahre später einen Lehrstuhl an, und als Zweiundvierzigjähriger nahm Einstein den Nobelpreis für Physik in Empfang.

Der so vielseitige nordamerikanische Erfinder THOMAS ALVA EDISON wurde in der Schule völlig verkannt. Sein Lehrer setzte ihn in die letzte Bank, da bei ihm »ohnehin Hopfen und Malz verloren« seien. Eines Tages schalt er ihn einen »Hohlkopf«. Das ging dem jungen Edison so nahe, daß er von der Schule weglief.

Der schwäbische Dichter EDUARD MÖRIKE, ein in sich gekehrter Junge, wurde schon in der Elementarschule als »zu verträumt« beurteilt. Als er später zur Klosterschule in Urach sollte, fiel er bei der Aufnahmeprüfung durch.

Wer hätte gedacht, daß OTTO VON BISMARCK, der »Eiserne Kanzler«, während seiner Internatsschulzeit sehr unter Heimweh litt. Typisch für seine spätere Laufbahn: In Deutsch, Geographie und Geschichte tat er sich gelegentlich hervor, in den anderen Fächern aber keineswegs.

ROBERT BOSCH, Techniker, Erfinder, Industrieller, kam nicht über die mittlere Reife hinaus. Praktiker durch und durch, hatte er kein Organ für das Theoretische. »Als ich einmal bei einer Prüfung den Pythagoreischen Lehrsatz beweisen sollte«, erzählte er später, »hätte ich mich am liebsten in ein Mauseloch verkrochen.«

CARL VON OSSIETZKY, später Redakteur der *Weltbühne*, hatte Auffassungschwierigkeiten im Unterricht – für introvertierte Naturen kennzeichnend. Er kam trotz seines Fleißes nicht bis zur mittleren Reife. Als ihm Jahre später, 1936, der Friedensnobelpreis verliehen wurde, saß er in einem deutschen Konzentrationslager.

GUSTAVE FLAUBERT, der französische Romancier, war schon als kleiner Junge äußerst sensibel. Kritisch gegenüber seinen Mitmenschen stellte er auch sich selbst immer wieder in Frage. Die Schule mißdeutete das. Man sah in ihm einen Sonderling. Er fühlte sich oft mißverstanden und ungerecht behandelt. Sein geistiges Format enthüllte sich erst in der Abiturarbeit. Sie soll den Rang einer Dissertation gehabt haben.

Flauberts Hang zur Perfektion bekamen später seine Verleger zu spüren: Manuskripte, die sich längst im Satz befanden, verlangte er regelmäßig zurück, um an ihnen noch dies und jenes zu ändern, zu verbessern. Da aber Änderungen in diesem

Stadium nur bis zu einem gewissen Maße zu Lasten des Verlags gehen, wurden die Mehrkosten vom Honorar des Autors abgezogen. In einem Falle soll er überhaupt keine Tantiemen mehr bekommen haben!

GEORG TRAKL, der geniale expressionistische Lyriker, tat sich in den Fächern Mathematik, Griechisch und Latein besonders schwer, so daß er nicht in die Sekunda aufrücken durfte. Völlig verstimmt brach er die Schule ab und begann eine Apothekerlehre. Obwohl er vorübergehend drogensüchtig wurde, fand dieses Genie schließlich doch seinen Weg.

HENRY KISSINGER, ehemaliger US-Außenminister, ging noch in Deutschland zur Schule. Seine Leistungen wurden als »knapp durchschnittlich« beurteilt.

HEINRICH BÖLL, einer der meistgelesenen modernen Schriftsteller unseres Landes, hat in seinem Abiturzeugnis ein »Genügend« im Fach Deutsch stehen.

Von dem Philosophen KARL JASPERS, dem Verfasser der dreibändigen *Psychopathologie,* heißt es, daß er im deutschen Aufsatz größte Mühe hatte zurechtzukommen.

Unter den Großen der Weltgeschichte gab es viele, die immer wieder Schwierigkeiten hatten, sich der Schule anzupassen; andere litten im wahrsten Sinne des Wortes unter ihr, und nicht wenige machten sich, meist ohne sich selbst dabei zu schonen, über sie lustig; einige wurden kurzerhand der Schule verwiesen.

THOMAS MANN gibt zu, wenig an der Schule interessiert gewesen und einmal sogar sitzengeblieben zu sein. Voller Selbstironie schreibt er und, wie es scheint, nicht ohne Übertreibung: »Faul, verstockt und voll liederlichen Hohns über das Ganze, so saß ich die Jahre ab.« Wer den Familienroman *Die Buddenbrooks* gelesen hat, mag sich wundern, daß er aus der Feder eben dieses Jünglings stammt. Thomas Mann war damals erst zweiundzwanzig Jahre alt!

CARL ZUCKMAYER schrieb im Rückblick auf sein Leben, er

habe leicht gelernt, aber sein Denken sei so sehr von Phantasie unterwandert gewesen, daß er sich nur als verbummelten, aufsässigen Schüler in Erinnerung habe.

Daß FRIEDRICH NIETZSCHE immer wieder die Schranken bürgerlicher und schulischer Ordnung durchbrach, kann bei seinem geistigen Temperament und seinem eigenwilligen Verständnis menschlicher Freiheit und Würde nicht wundernehmen.

Auch CHARLES BAUDELAIRE wollte es nicht gelingen, sich in die bestehende Schulordnung zu fügen. Er wurde schließlich von der Schule gewiesen.

Manch anderem erging es nicht besser, so zum Beispiel ARTHUR SCHOPENHAUER. Warum mußte er auch ein Spottgedicht auf einen Professor machen!

GOTTFRIED KELLER wurde ebenfalls relegiert. Er nahm es ausgesprochen tragisch. Von ihm stammt die Mahnung: »Ein Kind von der Erziehung ausschließen heißt, sein geistiges Leben köpfen!«

Wenn von den Großen die Rede ist, die unter der Schule gelitten haben, dann denken wir vor allem an FRIEDRICH SCHILLER und seine freudlose Zeit in der Karlsschule mit ihrem geistlosen Drill. Ein Mensch wie Schiller, dem Freiheit so viel bedeutete, mußte sie wie ein Gefängnis empfinden. Sie entlockte ihm das Wort: »Dann, wenn der Körper leidet, leiden so auch mit ihm die Kräfte der Seele.«

Selbst der schlachtenerprobte HELMUTH VON MOLTKE gab einmal zu, daß seine Kadettenzeit in Kopenhagen der trostloseste Abschnitt in seinem Leben gewesen sei.

Der feinsinnige RAINER MARIA RILKE, Dichter der *Duineser Elegien,* war einst Zögling einer Militärschule. Natürlich fühlte er sich dort völlig fehl am Platze. Er litt schwer unter diesen Umständen. »Körperlich und geistig mißbraucht« sei er sich vorgekommen; so formulierte er es einmal.

Aber nicht nur Militärschulen waren es, die ihre Kadetten

bisweilen fast zur Verzweiflung trieben. Ein Lied davon konnte Winston Churchill singen, der mit sieben Jahren in eine solche »Prügelhölle« geschickt worden war. Verständnislose, ja sadistische Pädagogen – so etwa steht es bei Prause – brachten es fertig, an die Stelle gesunden Wissensdurstes Abneigung, Widerwille und panische Angst vor grausamen Strafen zu setzen.

Honoré de Balzac wurde in einer Klosterschule erzogen. Seine stille, in sich gekehrte Art galt den Patres nicht mehr als Verträumtheit und lasches Sichgehenlassen. Der Junge bekam fast täglich Prügel.

André Gide gab in späteren Jahren zu, gelegentlich Ohnmachten vorgetäuscht zu haben, um den »Martern der Schule« auszuweichen.

Es wäre zu simpel, der Schule aufgrund solcher Beispiele ein Versagen anzuhängen, gilt es doch zu bedenken, daß hier im wesentlichen von Ausnahmen die Rede war. Was diese jedoch aufzeigen wollen und sollen, ist die Tatsache, *daß die Schule keineswegs zum Schicksal eines Menschen werden muß!*

Ein Essay im *Reader's digest* bringt Statistiken, denen zufolge ein Zusammenhang zwischen guter Schulleistung und späterem Lebenserfolg gegeben zu sein scheint.

Wo liegt nun die Wahrheit? Wir sollten uns klar vor Augen halten, daß der »gute« Schüler im Durchschnitt auch die *besseren Chancen* hat, es im Leben zu etwas zu bringen. Die Liste der Erfolgreichen, die auch schon in der Schule zu den Besten gehörten, wäre entschieden länger als die Liste der Erfolgreichen, die mit der Schule irgendwie nicht reibungslos zurechtkamen!

Es ließen sich da Namen anführen wie etwa Thomas Morus, Isaac Newton, Carl von Linné, Gottfried Wilhelm Leibniz, Adolf Kolping, Werner Heisenberg, Wladimir I.

Lenin, Rosa Luxemburg, Martin Heidegger, Erich Kästner, Louis Braille, Otto Hahn und viele andere.

Wichtig allein ist, daß die bescheinigte schwache Schulleistung oder die im Test errechnete knappe Intelligenz in keiner Weise zur Mittelmäßigkeit oder gar Erfolglosigkeit verdammt.

Noch einmal: Was sollten eigentlich diese Beispiele, diese Episoden aus dem Leben weithin bekannter Menschen, die sich in der Schule alles andere als wohl fühlten, bei ihren Lehrern kein Ansehen genossen, teilweise oder zeitweise versagten und die schließlich Außerordentliches an den Tag legten? Sollten sie den Leser unterhalten? Gewiß, auch das. Sollten sie ihn ermutigen? Ja, das sollten sie. Oder sollten sie noch mehr?

Sie sollten vor allem aufzeigen, *daß das, was wir am Menschen als Intelligenz zu messen imstande sind, nur einen Teil seiner Persönlichkeit darstellt* und nicht einmal den wichtigsten.

15. Dr. Pille und sein hoffnungsvoller Sprößling

Dr. Pille, ein tüchtiger Apotheker, läßt sich einen Termin beim Schulpsychologen geben. Es geht um Ralf, seinen vierzehnjährigen Sohn, der im Herbst einen Beruf wählen muß. Seine Leistungen auf der Grundschule reichten gerade noch für die Aufnahme ins Gymnasium, wo er die Probezeit aber nicht bestand. Daher schickte ihn der Vater auf die Realschule. Das gleiche Lied! In die vorige Klasse zurückgestuft, konnte ihn seitdem nichts mehr zum Lernen bewegen! Das schließlich hat Dr. Pille veranlaßt, den Psychologen aufzusuchen. Er möchte wissen, was er von seinem Sohn erwarten kann, ob es Ralf nur an Lerneifer fehlt oder auch an Begabung.

Nach einer *Anamnese** mit dem Vater – die Mutter ist nicht mitgekommen – wird schon Wesentliches deutlich. Das anamnestische Gespräch ergibt folgendes Bild: Der einundfünfzigjährige Vater hat seinerzeit mit Auszeichnung promoviert, verhältnismäßig spät geheiratet und sich durch die finanzielle Hilfe der Schwiegereltern bald selbständig machen können. Seine lebenshungrige Frau gibt das Geld, das die Apotheke einbringt, mit leichter Hand aus. Dem Jungen – ein Einzelkind – wird kein Wunsch versagt. Er spielt Tennis und bekommt seit

* Das Wort »Anamnese« ist ein Fachausdruck, der aus dem Griechischen entlehnt ist. Man könnte ihn mit »Krankheitsvorgeschichte« verdeutschen. Ob Arzt, ob Psychologe, beide sind meist darauf angewiesen, wichtige Tatsachen aus der Lebensgeschichte des Klienten zu wissen, um später in Verbindung mit anderen Erkenntnissen der Ursache des Übels möglichst nahezukommen. Was sich daraus ergibt, nennt man Diagnose.

einiger Zeit Reitunterricht. Zu seinem Geburtstag ist ihm sogar ein eigenes Pferd versprochen worden.

Dr. Pille vergräbt sich in seine Arbeit, und seiner Frau einzige Sorge scheint es zu sein, in ihren Kreisen eine bewunderte Rolle zu spielen. Ralf erhält natürlich großzügig Taschengeld. Ansonsten ist er weitgehend sich selbst überlassen.

Der Psychologe hat sich Notizen gemacht und schlägt Dr. Pille einen Termin vor, an dem er zunächst Ralfs Intelligenz testen möchte.

Ralf erscheint – erfahrungsgemäß ist das gar nicht so selbstverständlich – am vereinbarten Vormittag beim Psychologen. Er kommt allerdings zwanzig Minuten zu spät, und dies ohne Erklärung. Da gerade Karneval ist, findet er es keineswegs unpassend, in Cowboykostümierung herumzulaufen und noch im Treppenhaus, das zur Ordination führt, mit seiner Schreckpistole ein wenig herumzuballern.

Zögernd entschließt er sich, im Untersuchungsraum seinen breitkrempigen Hut abzunehmen, und der Aufforderung, den Kaugummi aus dem Mund zu tun, kommt er erst nach ausdrücklicher Wiederholung nach.

Schließlich ist es soweit. Beim ersten Subtest – allgemeines Wissen – und bei den Rechenaufgaben hapert es etwas. Alle übrigen Hürden nimmt Ralf mit erstaunlicher Leichtigkeit. Der Psychologe ist begeistert, Ralf ist begeistert, am meisten der Vater, als er nach drei Stunden am Telefon erfährt, daß Ralfs Leistungen im Test einem Gesamt-IQ von 142 entsprechen.

»Mein Gott«, sagt er erleichtert, »da machen Sie mir ein Geschenk! Also eine gute, eine ausgezeichnete, Sie sagen, eine extrem hohe Intelligenz hat der Bub. Das ist doch die Hauptsache.« Er spricht wie zu sich selbst. »Wenn es da ›oben‹ ein bißchen fehlte, damit müßte ich mich eben abfinden, aber wenn es einer geradezu im kleinen Finger hat wie Ralf, dann müßte es schon mit dem Teufel zugehen, wenn der Junge nicht was würde! Laßt ihn erst einmal den Ernst des Lebens spüren, dann wird er seinen Verstand zu gebrauchen wissen!«

Doch wie er sich täuscht, der zu neuer Hoffnung erwachte Vater! Ralf kommt in eine teure Privatschule, die ihn unbesehen aufnimmt. Im Schonklima eines Internats, das schon fast den Charakter eines Erholungsheimes hat, soll er das Abitur machen. Aber anstatt zu lernen, interessiert sich Ralf für die weiblichen Zöglinge der Anstalt. Er treibt es soweit, daß der Leiter schließlich kein Auge mehr zudrücken kann. Ralf wird nach Hause geschickt. Das Studium der Pharmazie rückt in immer weitere Ferne! Apothekenhelfer, Drogistenlehrling: das sind die letzten Versuche, noch etwas zu retten. Aber wo Ausdauer und Leistungswille fehlen . . .

HUBERT ROHRACHER hat recht: Hinter den intakten Funktionen, an denen die Intelligenz gemessen wird, müssen *psychische Kräfte* stehen, denn ohne Motor, ohne Antrieb läuft nichts ab!

Woher hätten sie auch kommen sollen, Ralfs Antriebe, Ralfs Motivation? Natürlich hatte er immer Wünsche, die normalerweise zum Motiv werden, wenn man etwas dafür tun muß, um sie sich erfüllen zu können. Ralf schien das nicht nötig zu haben; seine Wünsche wurden ihm von seiner Umgebung erfüllt. Er hatte es nie gelernt, sich etwas Angenehmes erst zu verdienen. Beim Kleinkind kann man noch nichts anderes voraussetzen, aber schon in diesem Stadium sollte die Loslösung vom Lustprinzip geübt werden.

Diese kleine Geschichte – sie mußte nicht erdacht werden; das Leben selbst hat sie geschrieben – weist in aller Deutlichkeit darauf hin, daß die Intelligenz isoliert wenig vermag, wenn keine seelischen Kräfte hinzutreten, die sie steuern. Umgekehrt fehlt es nicht an Beweisen, daß die einem Menschen vorgegebene Intelligenz bescheiden sein kann; wenn seine *Motivation* stark genug ist, erreicht er auch ein hochgestecktes Ziel.

Einst soll ein schwedischer Monarch bei der Übergabe der Staatsgeschäfte seinen Sohn mit den Worten getröstet haben: »Sei nicht verzagt! Du glaubst gar nicht, mit wie wenig Weisheit die Welt regiert werden kann.« Wie auch immer er den Begriff »Weisheit« definiert haben mag, wer wollte ihm widersprechen!

16. Drei Psychologen erweitern unseren Horizont

Drei Männer haben uns in genial einfacher Weise gelehrt, uns selbst und andere besser zu verstehen: ALFRED ADLER, EDUARD SPRANGER und VIKTOR FRANKL.

Wo wir auch hinsehen, fast immer und überall, wo es um die Beweggründe des Tuns geht, verspüren wir einen Hauch ALFRED ADLERS. Oft ist es mehr als ein Hauch! Da kauft sich einer einen Mercedes, dem früher sein Fahrrad gut genug war; da »beherrscht« einer die Debatte, obwohl er im Grunde nichts zu sagen hat; da gibt einer zuviel Trinkgeld, um der Dame seines Herzens zu imponieren; da trägt einer Korkeinlagen in den Schuhen, um etwas größer zu erscheinen. Herr Heller ist Inspektor geworden; seitdem siezt er seine ehemaligen Kumpels. »Ach dieser alte Mantel«, bedrängt Frau Berger ihren Mann. »Kauf mir doch endlich den grauen Persianer, den wir bei Immler im Fenster gesehen haben. Schließlich bin ich ja jetzt Elternbeiratsvorsitzende!«

Das *Geltungsstreben* ist es, das A. Adler in den Mittelpunkt menschlichen Wünschens und Wollens stellt. Die vorher angedeuteten menschlichen Schwächen sind der Überkompensation – ein wesentlicher Begriff der Adlerschen Individualpsychologie – zuzurechnen.

Individualpsychologie ist nichts anderes als die Abteilung der Seelenkunde, die sich mit dem Einzelwesen befaßt und alle seelischen Leistungen – auch die kulturellen – auf das Individuum zurückführt.

Kompensation ist ein anderes Wort für Ausgleich. Ein Beispiel: Max hat sich die rechte Hand gebrochen. Er muß nun alles mit der linken tun und entwickelt nach und nach eine solche Geschicklichkeit, daß er die Funktion der verletzten Hand zu ersetzen vermag.

Ein weiteres Beispiel: HELEN KELLER, die bewundernswerte amerikanische Schriftstellerin, war von Kind an gehörlos und blind. Dank ihrer einfallsreichen Betreuerin konnte sie ihren Tastsinn so sehr kultivieren, daß ihr die Fingerspitzen das Gehör ersetzten.

Derartige Erscheinungen im Bereich des Biologischen übertrug ALFRED ADLER in den des Seelischen, namentlich auf das Minderwertigkeitsgefühl, auf das tiefgehende Erlebnis persönlicher Unzulänglichkeit.

Die *Überkompensation* ist der übersteigerte Ausgleich eines Minderwertigkeitserlebnisses. Sie kann sich durch ein Mehr an Leistung ausdrücken. Wer kennt nicht den unangenehmen Streber, der seine Konkurrenz durch quantitative Überanstrengung aus dem Felde zu schlagen versucht! Ihn zeichnet extremes Geltungsbedürfnis aus, das bis zur Prahlerei geht.

Glücklicherweise kann das Gefühl der Unterlegenheit oder Unzulänglichkeit, das bei selbstkritischen, sensiblen Menschen meist stärker ausgeprägt ist, auch positiv verarbeitet werden.

Amanda ist ein Mädchen mit nur geringen körperlichen Vorzügen. Ihr Vater, ein kleiner Verwaltungsbeamter, gibt sie nach der mittleren Reife in eine Steuergehilfinnenlehre, die sie mit einer Prüfung bei der zuständigen Finanzbehörde abschließt. Zwanzig Jahre alt, verspürt sie wenig Neigung, berufstätig zu bleiben. Mit einem Wort: Sie möchte heiraten, Kinder und ein Familienglück ohne besondere Ansprüche haben.

Ob es ihr nun an weiblichem Charme fehlt, ob sie sich unvorteilhaft kleidet, ob sie ihre Zurückhaltung übertreibt oder umgekehrt, es findet sich kein Mann, der das Mädchen um sein Ja-Wort bittet. Es gibt da ein paar flüchtige Bekanntschaften – nicht mehr!

Nach und nach bekommt Amanda das Gefühl, abgelehnt zu werden, offenbar minderwertig zu sein, jedenfalls als Frau, als Geschlechts- und Ehepartnerin.

Wie sollte ein Mensch unter der Last dieses Gefühls nicht leiden! Aber es kommt noch etwas hinzu. VIKTOR FRANKL geht davon aus, daß jeder gesunde Mensch einem Lebensplan folgen möchte, daß er sein Leben, so wie es ihm lebenswert erscheint, mit den Kräften seiner Seele vorausgestaltet. Es soll nicht in zufälligen Bahnen dahinfließen; es soll sich vielmehr als sinnvolles Ganzes erfüllen. Dieser *Sinnwille des Menschen* kann jedoch auf störende Hindernisse stoßen und erzeugt so »existentielle Frustration«.

Störung des Geltungsstrebens und Störung des Sinnwillens bedrohen vereint die Arglosigkeit einer jungen Seele, ein Verhängnis, das zur Neurose führen kann.

Amanda zerbricht nicht an dieser Probe. Die unbarmherzige Erkenntnis, daß ihr kein stilles Glück an der Seite eines geachteten und geliebten Partners beschieden sein soll, schmerzt zwar noch lange; verletzter Stolz, verletzte Eigenliebe nicht minder! Aber heilende Kräfte sind am Werk. Amanda weiß es eines Tages: Sie hat sich entschlossen, Kinderärztin zu werden und so ihrem Leben einen neuen Sinn zu geben, und dieser Gedanke beglückt sie; dieser Entschluß macht sie wieder froh, obwohl sie weiß, daß ein Studium unendlich viele Mühen mit sich bringt, obwohl sie weiß, daß ihr das Lernen nicht leichtfällt. Sie hat ein neues Ziel vor Augen, und das gibt ihr neue Kräfte.

Die Erfahrung, beim anderen Geschlecht nicht angekommen zu sein, mußte Amanda zunächst enttäuschen, ja verwunden, aber sie kompensiert den Mangel durch neue Aktivität. Sie besucht ein Abendgymnasium, das ihr nach dem Abitur die Tore zum Medizinstudium öffnen soll. So wird dem Bedürfnis nach *Lebenssinn* Genüge getan. Die Welt ist für Amanda wieder in Ordnung. Und kaum jemand kann überrascht sein, daß Amanda ihre neue Selbstverwirklichung im Beruf der Kinderärztin sucht.

Ist es nicht so, daß der Mensch vorzüglich *einer Wertrichtung* zustrebt, die sein ganzes Denken und Handeln bestimmt?

Die Aufgabe, eine Familie zu umsorgen, Kindern Mutter zu sein, hat manche Ähnlichkeit mit der einer Kinderärztin. Beides sind Berufe, ja Berufungen, und wer könnte ihnen gerecht werden, wenn er nicht die Sorge um andere allem voranstellte?

EDUARD SPRANGER führt im zweiten Abschnitt seiner *Lebensformen* sechs Wertrichtungen auf, die er die idealen Grundtypen der Individualität nennt.

ALFRED ADLERS *Geltungsstreben,* VIKTOR FRANKLS Tendenz zum *Lebenssinn* und EDUARD SPRANGERS *Gerichtetheiten,* das sind die Motoren jeglicher Lebensgestaltung. Die Intelligenz ist lediglich ein Werkzeug.

Es ist kein Zufall, daß Spranger von den idealen Grundtypen der Individualität spricht; denn er geht davon aus, daß in *einer* Person fast immer mehrere Wertrichtungen koexistieren oder einander widerstreiten. Je nachdem, welche Wertrichtung dominiert, erscheint der theoretische, der ökonomische, der ästhetische, der soziale, der religiöse oder der Machtmensch.

In welcher Weise die individuelle Gerichtetheit das Denken eines Menschen bestimmen kann, dafür ein Beispiel aus dem Alltag einer Gemeinde:

An der Kreuzung Severinsbergstraße mit der Hindenburgallee hat es wieder einmal gekracht. Eine aus der abschüssigen Seitenstraße kommende Radfahrerin kam, da sie das Vorfahrtsrecht eines von rechts kommenden Autos nicht beachtete, zu Fall. Während die Insassen des Autos nur den Schrekken davontrugen, kam für die Frau – Mutter dreier unmündiger Kinder – jede Hilfe zu spät. Schon auf dem Transport ins Krankenhaus erlag sie ihren schweren Verletzungen.

Wie immer, wenn so etwas passiert, haben sich rasch viele Menschen am Ort des Geschehens eingefunden, Menschen, die schauen wollen, meist aber auch das Bedürfnis verspüren, über ihre Eindrücke zu reden. Wohl alle Umherstehenden könnten dem einen oder anderen Typ, wie er von E. Spranger gekennzeichnet wurde, zugeordnet werden, wie die folgenden Gesprächsfetzen zeigen:

○ »Meines Erachtens hätte die vom Severinsberg kommende Radfahrerin den PKW früh genug sehen müssen, da der parkende Lastwagen an der Hindenburgallee die Sicht kaum behindert haben dürfte. Außerdem läßt die Bremsspur ...«	*theoretischer Mensch*
○ »Ich kenne diese Frau; sie war im Dienst. Da kann natürlich die Berufsunfallversicherung beansprucht werden.«	*ökonomischer Mensch*
○ »Wie, einfach überlackieren? Wo denken Sie hin! Und was ist mit der häßlichen Schramme an der Motorhaube!«	*ästhetischer Mensch*
○ »Der Mann der Toten soll Frührentner sein. Wie wird der nun mit der Situation fertig werden!«	*sozialer Mensch*
○ »Der Severinsberg sollte überhaupt für alle Fahrzeuge gesperrt werden. Das kommt in die nächste Stadtratssitzung; dafür werde ich sorgen!«	*Machtmensch*

○ »So rasch kann der Tod an den Menschen herantreten. Das sollte man immer vor Augen haben und versuchen, danach zu leben.« *religiöser Mensch*

17. Die sechs Wertrichtungen des Menschen

So, wie EDUARD SPRANGER seine sechs Grundtypen darstellt, in dieser reinen Ausprägung, kommen sie im Leben so gut wie nie vor. Wozu dann diese charakterisierende Einteilung?

Man tut dem Philosophen nicht zuviel Ehre an, sie als Glanzstück theoretischer Denkweise schlechthin zu bezeichnen: Auf dem Wege der Erfahrung erfaßt Spranger in höchst subtiler Art, ja mit künstlerischem Einfühlungsvermögen eine Vielfalt menschlicher Wesenszüge, die er in einer Analyse auf ihre Ursprünge zurückführt. Dadurch schafft er eine Typologie, die viel zum Verstehen menschlicher Motivation und menschlichen Tuns beiträgt.

DER THEORETISCHE MENSCH

Er fragt nicht nach dem Nutzen einer Sache, nicht, ob sie gut ist oder schlecht, moralisch oder unmoralisch, ob sie durch Schönheit erfreut oder durch Häßlichkeit abstößt, das Zusammenleben der Menschen fördert oder hemmt, ob sie der persönlichen Machtentfaltung dient oder im Lichte des Göttlichen zu bejahen ist.

Ihm geht es einzig und allein darum, die Dinge so zu sehen, wie sie in Wirklichkeit sind, zu ergründen, was hinter den Erscheinungen steht. Kein Wunder, daß Philosophen in erster Linie zu dieser Kategorie gehören, denn die Philosophie – wörtlich übersetzt »Liebe zur Weisheit« – lebt von der strengen

Forderung, nichts als gegeben hinzunehmen, um unverfälschte Erkenntnisse gewinnen zu können.

Bei DESCARTES wird dieses grundsätzliche Zweifeln bis zum Extrem getrieben: Wer bürgt mir dafür, heißt es bei ihm sinngemäß, daß ich, René Descartes, überhaupt existiere? Wenn ich dir gegenübersitze, Freund, tu ich's nun in Wirklichkeit? Es könnte doch sein, daß ich das nur träume. Aber halt: Der soeben geäußerte Zweifel kommt doch aus meinem Denken; also denke ich. Oder kann ich etwa denken, wenn es mich gar nicht gibt? Und darauf gründet Cartesius den fundamentalen Schluß: »Cogito, ergo sum« (Ich denke, also bin ich), der dem unphilosophischen Geist banal erscheinen mag.

Manch einer sieht sein Glück darin, gesellschaftliche Karriere zu machen, Macht oder Besitz anzuhäufen, ein anderer, etwas zu erfinden, das dem Menschen Zeit und Kraft sparen hilft. Manchem bedeutet es alles, das Schöne auf sich wirken zu lassen, in sich hineinzunehmen oder sich selber schöpferisch zu betätigen. Andere wiederum stellen Gott in den Mittelpunkt ihres Seins, und wieder andere erblicken im Dienst am Nächsten den höchsten Sinn ihrer irdischen Existenz.

Für den reinen Theoretiker liegen die eigentlichen *Werte des Lebens im Denken und Erkennen, im Erforschen des Seienden.* Alle anderen Strebungen sind ihnen unterzuordnen. Diesen Menschen fehlt es oft am sozialen Gespür. Das ist aber nicht alles: Er findet sich im praktischen Leben nicht leicht zurecht. Nicht selten ist er ein Muster an Umständlichkeit. Sollte es ihm einfallen, Tanzstunden zu nehmen, bringt er es fertig, die Abfolge der Schritte gewissenhaft in sein Notizbuch einzutragen, indes sich andere unbekümmert einfach nach dem Takt der Musik bewegen. Einen Nagel in die Wand zu schlagen oder eine Krawatte zu binden erscheint ihm wahrscheinlich problematischer als das Verstehen der Einsteinschen Relativitätstheorie.

Gesellschaftlichen Anforderungen und künstlerischen Erlebnissen steht er in der Regel gleichgültig gegenüber. Von Immanuel Kant, dem großen Königsberger Philosophen, erzählt man sich, Freunde hätten ihn einmal überreden können, mit ihnen ein Konzert zu besuchen. Nachdem eine Symphonie von Beethoven verklungen war, bat man ihn respektvoll, seine Eindrücke zu äußern. Kurze Pause des Schweigens; dann soll er verständnislos gefragt haben: »Schön . . . aber was soll damit bewiesen werden?«

Erkenntnis und Beweis bedeuten dem Theoretiker alles. Der Arzt Ignaz Semmelweis, der »Retter der Mütter«, kam als erster der Ursache des Kindbettfiebers auf die Spur. Er hatte herausgefunden, daß sezierende Ärzte Leichengift auf Wöchnerinnen übertrugen, eine Folge weltweit üblicher ungenügender Hygiene. Trotz der offensichtlichen Zusammenhänge wurde die Tragweite seiner dem Wohl der werdenden Mütter dienenden Entdeckung nicht erkannt. Selbst Semmelweis' Tod genügte nicht, den bereits erbrachten Beweis zu erhärten. Daß natürlich in seinem Fall auch noch andere Gerichtetheiten sein Tun bestimmten, bedarf keiner besonderen Erörterung.

Der theoretische Mensch lebt in einer mehr zeitlosen Welt. Affektlos, überpersönlich versucht er allgemeine Gesetzmäßigkeiten zu ergründen, Zusammenhänge aufzudecken. Um dies zu bewältigen, entwirft er neue Begriffe, ganze Begriffsgebäude. Dabei kann es geschehen, daß er sich von der Welt der Tatsachen entfernt. Als man Georg W. F. Hegel einst die mangelnde Übereinstimmung seiner Spekulationen mit der Wirklichkeit vorhielt, soll er geantwortet haben: »Um so schlimmer für die Wirklichkeit.« Ein bißchen Ironie oder Selbstironie war ihr wohl beigemischt, der Antwort dieses Theoretikers in Reinkultur!

Der ökonomische Mensch

Als sich der römische Kaiser Vespasian, der von 69 bis 79 n. Chr. regierte, wieder einmal genötigt sah, den Staatsfinanzen auf die Beine zu helfen, hatte er die spitzfindige Idee, die – übrigens recht ertragreiche – Kloakensteuer einzuführen, über die feiner Empfindende natürlich die Nase rümpften.

Auch Titus, sein Sohn, war gegen diese Abgabe, und er machte kein Hehl daraus, ja er ging soweit, den Vater in scharfen Worten anzugreifen. Der aber hielt ihm kurzerhand eine Münze aus dem erstbesten eingegangenen Geld unter die Nase. »Riechst du was?« fragte er nicht ohne Spott, und Titus' Erwiderung »Non olet« (Geld stinkt nicht) ist noch heute ein geflügeltes Wort.

Ob Vespasian zum Schlag des ökonomischen Menschen gehörte, das sollen die Geschichtsschreiber entscheiden. Sicher ist, daß ihm ein charakteristischer Wesenszug der Menschen dieses Schlages eignete. Sie fragen nicht, woher die Mittel kommen, die sie zur Realisierung ihrer Pläne brauchen. Sie sind darauf aus, mit möglichst geringen Einsätzen eine möglichst hohe Wirkung zu erzielen, etwa ein schnelles Auto zu konstruieren, das trotzdem wenig Benzin verbraucht. *Sie fragen, was ihnen dieses oder jenes an Nutzen bringt,* wie aus einem Ereignis Kapital zu schlagen ist. Da findet der ökonomische Mensch ein Autowrack auf seinem Grundstück am Stadtrand. Er wird es nicht ohne weiteres abschleppen lassen. Der Motor ist noch brauchbar, wird er vielleicht herausfinden. Die Reifen und einige Einzelteile eignen sich zum Ausschlachten. Den Rest soll ihm der Schrotthändler abkaufen.

Ein anderer notiert die Aufgebote, die im Standesamt aushängen, und gibt sie an eine Möbelhandlung weiter – nicht umsonst, versteht sich.

Repräsentanten des ökonomischen Typs finden wir überall im Wirtschafts- und Erwerbsleben, den Landmann, der die

Erträge seiner Äcker durch wirksames Düngen steigert, den Kaufmann, der sich durch gezielte Werbung seinen Marktanteil sichert, den Börsenspekulanten, der eine feine Witterung für steigende und fallende Kurse hat, den Ingenieur, der ein Stauwerk baut und so ungebändigte Wassermassen in nutzbare Energie wandelt.

Nicht zu vergessen ist die Hausfrau, die nichts einkauft, ohne die Preise mit denen anderer Geschäfte sorgsam zu vergleichen, die das Wechselgeld nicht einsteckt, ohne es nachgezählt zu haben. Auch der Verbraucher gehört dazu, der seine Mittel einzuteilen weiß, der qualitätsbewußt kauft und nicht allein nach den Preisen schielt. Er ist zumindest auf passive Weise ökonomisch.

Wie verhält sich nun der ökonomische Mensch zu den übrigen Wertrichtungen? Den Theoretiker läßt er nur insoweit gelten, als er handgreiflichen Nutzen bietet. Wenn es der Forschung gelingt, eine Krankheit wirksamer zu bekämpfen, dann oft dank einer Theorie; das sieht der ökonomische Mensch ohne weiteres positiv. Aber inwieweit das Sanskrit Sprachvergleiche für die indogermanische Kultur ermöglicht, darüber sich den Kopf zu zerbrechen, hält er eher für überflüssig.

Der Ästhetik räumt er bereitwillig insofern Platz ein, als der Innenarchitekt sein Heim so umzugestalten versteht, daß es nicht nur an Behaglichkeit gewinnt, sondern auch an Verkaufswert, oder als ihm etwa ein schönes Gemälde als Geldanlage geeignet erscheint.

Sein Verhältnis zur Macht ist eindeutig, denn angehäufter Nutzen läuft immer auf Macht hinaus.

Soziale Bestrebungen – warum nicht? Aber ein bißchen Nutzen sollte schon dabei herausspringen. So etwa muß der reiche Jakob Fugger II. gedacht haben, als er in Augsburg Deutschlands älteste Reihensiedlung für Bedürftige anlegte. Es schien ihm damals dringend geraten, sein soziales Image ein wenig aufzupolieren.

Zur Religion hat der ökonomische Mensch eher nur selten eine tiefere Beziehung.

Der ästhetische Mensch

Schönheit im weitesten Sinne beherrscht sein Fühlen und Wollen; sie ist ihm der höchste Wert. Unfähig, in materiellen Kategorien zu denken, läßt er sich dennoch fast ausschließlich von Sinneseindrücken leiten, ja berauschen. Ist er produktiv begabt, möchte er das tief Empfundene künstlerisch gestalten, in Eduard Sprangers eigenen Worten so, »daß er seine Eindrücke zum Ausdruck formt«.

Ludwig van Beethoven, zum Beispiel, komponierte seine dritte Symphonie – die *Eroica* – auf den Schwingen jener Hochstimmung, die Napoleon damals in Europa unter seinen Bewunderern verbreitete.

Noch weniger als der Theoretiker kommt der Ästhet mit den Schwierigkeiten und Widerständen des rauhen Alltags zurecht. Im Gegensatz zum ökonomischen oder zum Machtmenschen zieht er sich eher zurück, wenn er sich massiv bedrängt sieht. *Das Schöne und Erhabene betrachtend genießen oder aus eigener Schöpferkraft entstehen zu lassen,* dafür möchte er leben – möglichst ungestört!

Er fühlt sich allerdings leicht gestört, der leidenschaftlich ästhetische Mensch, gleich ob ihn nun die Uhr mahnt, an sein eigenes leibliches Wohl zu denken, oder ob ihn der Kalender erinnert, seine Wohnungsmiete rechtzeitig zu bezahlen. Alle Sachzwänge, ohne die eine Gemeinschaft keinen Bestand hätte, sind ihm verhaßt. Die innere und äußere Freiheit – wie er sie versteht – läßt er sich nicht gerne beschneiden.

Im Komponisten, im Bildhauer, im Maler, im Dichter begegnen wir diesem Typ in reinster Ausprägung – im Künstler überhaupt. Er beschränkt sich aber keineswegs auf den produktiv Schaffenden. Besucher von Ausstellungen, insbesondere von Museen, oder von Konzerten und anderen kulturellen Darbietungen gehören ihm ebenfalls an und nicht zuletzt auch die Sammler, die ihre mehr oder weniger bescheidenen »Schätze« in ihren vier Wänden beschaulich genießen. Ihnen allen eignet die Sensibilität des ästhetischen Menschen, die ihn gleichermaßen besonders empfänglich wie verwundbar macht: empfänglich für die Welt des Schönen, empfindlich gegenüber den Widrigkeiten des Lebens.

Wie steht der ästhetische Mensch zu den Vertretern der anderen Wertrichtungen? Theorien bedeuten für ihn, den Einfühlenden, nicht selten Ahnungsvollen, kaum mehr als ein notwendiges Übel. Das ökonomische Denken ist ihm fremd. WOLFGANG AMADEUS MOZART verdiente in seinen guten Zeiten nicht schlecht, aber sowohl seine Frau wie er selbst gaben das Geld mit vollen Händen wieder aus, so daß er bisweilen Schulden machen mußte. RICHARD WAGNER wäre es kaum besser ergangen, hätte er nicht in LUDWIG II. den großen Förderer gehabt, der – ein Ästhet der Baukunst – noch weniger als er mit Geld umzugehen verstand.

Und wie steht es mit dem sozialen Engagement des Ästheten? Soweit ihn seine Weltfremdheit die Probleme erkennen läßt, zeigt er sich großzügig. Ein leuchtendes Beispiel war ALBERT SCHWEITZER. In seinem Leben gibt es mehrere Schwerpunkte: Einmal war ein solcher die Tonkunst – seine besondere Liebe und Begabung galten dem Orgelspiel –, zum andern war es seine aufopfernde Tätigkeit als Arzt in Lambarene. Schweitzer war evangelischer Theologe, darüber hinaus Privatdozent in Straßburg, vielseitiger Forscher und Kulturphilosoph, ein Beweis, daß sich auch mehrere Gerichtetheiten bedeutender Ausprägung in einer Persönlichkeit treffen können.

Für die Stellung des ästhetischen Menschen zu den religiösen Werten spricht unter anderen auch die Lebensgeschichte

Albrecht Dürers, Johann Sebastian Bachs oder Friedrich Hölderlins.

Des ästhetischen Menschen innere Beziehung zur Macht läßt sich nicht verneinen, wenn sie sich auch oft in der Glorifizierung heroischer Vorbilder erschöpft. Zahlreiche Kunstwerke bezeugen diese Tatsache.

Der soziale Mensch

Er ist ganz auf die Begegnung mit dem Du eingestellt. Sein Bedürfnis, andern zu helfen, nennt Eduard Spranger einen »Urtrieb der Seele«.

Soziale Gefühle, die sich hin und wieder in den meisten Menschen regen, machen noch nicht den sozialen Menschen. »Aufblitzendes Mitleid«, schreibt Spranger in seinen *Lebensformen,* »ist noch kein Ethos.« Bloße Mutterliebe zum Beispiel sieht er mehr in der Nähe des Instinkts. Erst da, wo die soziale Einstellung »Grundrichtung des Lebens« ist, wo sie »als organisierendes Prinzip des geistigen Lebens« in Erscheinung tritt, kann man vom sozialen Menschen reden.

Der soziale Mensch sieht im Mitmenschen einen Träger von Werten, von Möglichkeiten. Diese in selbstloser Weise unter »Ausschluß alles Sinnlichen« zu fördern, gilt ihm als entscheidender Wert im Leben.

Wenn Spranger hier den Begriff »Wert« gebraucht, verwendet er ihn im allumfassenden Sinne. Seine Förderung kann für ihn ebenso Erhaltung des Lebens bedeuten wie die Heranbildung des Geistes oder die Veredlung der Seele.

Der soziale Mensch wird dem Bedürftigen seine Hilfe immer entgegentragen, gleichgültig ob dieser Mensch aufgrund eines angenehmen Äußeren, wegen seiner Höflichkeit oder anderer bestechender Eigenschaften seine Zuneigung hat oder nicht. Das und nichts anderes meint Spranger mit dem »Ausschluß alles Sinnlichen«. Der soziale Mensch will dienen. Im Dienste am Mitmenschen sieht er sein Leben erfüllt. Deswegen verzichtet er darauf, die eigene Person ehrgeizig zur Geltung zu bringen, sich in der Gemeinschaft auffällig durchzusetzen.

Zur Macht hat der soziale Mensch kaum ein Verhältnis, wogegen er sich vom Bereich des Theoretischen und des Ästhetischen mitunter angezogen fühlt. Ökonomisches Verhalten ist in gewissen Grenzen keineswegs ausgeschlossen.

Ohne Beziehung zur Religion indessen ist der soziale Mensch kaum denkbar. Nicht zufällig ist er oft in religiösen Gemeinschaften anzutreffen, in Orden und Schwesternschaften, die sich der Betreuung von Kranken und Hilfsbedürftigen verschrieben haben. Wir finden ihn aber auch nicht selten unter Ärzten, denen das Wohl ihrer Kranken über alles geht, und nicht zuletzt unter den Erziehern. JOHANN HEINRICH PESTALOZZI mag als leuchtendes Beispiel für viele stehen.

DER MACHTMENSCH

Das natürliche Streben nach Geltung steigert sich bei ihm auffällig. Für ihn gibt es nur ein Oben oder Unten. Er ist von sich voll und ganz überzeugt, nicht selten infolge seiner geringen geistigen Bandbreite. Und diese Selbsteinschätzung bestimmt sein Handeln. Er zweifelt keinen Augenblick, das Rechte zu wollen. Um sich durchzusetzen, scheint ihm die Macht das allein taugliche Mittel zu sein.

Aber auch *die Macht an sich ist für ihn begehrenswert*. Man könnte sagen, die Welt sei für ihn ein Probierfeld, Macht zu erringen. Macht ist für ihn schlechthin der Wert, für den es sich zu leben lohnt.

Er ist bereit, dafür zu bezahlen, sich zeitweise unterzuordnen, sein Ziel in Teilstrecken anzustreben, besonders wenn ihm das »unterwegs« Erreichte einen Vorschuß an Macht an die Hand gibt. Er wird sie bis zur letzten Konsequenz ausspielen, auskosten.

Er schätzt die Gemeinschaft nicht; er verachtet die Masse, soweit sie ihm nicht die Plattform liefert, seine Ziele durchzusetzen, ihm – in der Politik zum Beispiel – eine Stimmenmehrheit zu verschaffen. Im Grunde seines Wesens ist er ein Einzelgänger.

Sein Verhältnis zum Mitmenschen ist davon bestimmt, ob er ihn seinen Plänen nutzbar machen kann. In diesem Sinne kennt er nur zwei Kategorien: Freund und Feind. Sachlich zu denken ist nicht seine Art. Im Gegenteil: Seine Argumentation ist extrem subjektiv. EDUARD SPRANGER drückt das so aus: »Nicht also Wissenschaft, sondern Rhetorik gehört zum Spiel des Machtmenschen.«

Trotz der Geringschätzung, die er der Gemeinschaft und dem einzelnen entgegenbringt, kann er sie nicht entbehren. So finden wir ihn in kleineren oder größeren Arbeitsgruppen, in Organisationen aller Art, vor allem im politischen Bereich, zuweilen auch im Familien- und Sippenverband.

Wie steht er zu den übrigen Wertrichtungen? Für Theorie hat er keinen Sinn, es sei denn eine Pseudobeziehung. Welches Regime, welche Partei, welche Organisation wäre nicht imstande, auch ihre verwerflichsten Absichten und Taten theoretisch so geschickt zu rechtfertigen, daß ihr der ungeschulte, unkritische Mensch nicht auf den Leim ginge!

In seinen Bemühungen auf dem Wege zur Verwirklichung des eigenen Wertes zeigt sich der Machtmensch meist betont ökonomisch gerichtet. Ist er erst einmal »oben«, findet er im Rausch der Selbstherrlichkeit bequemere Handhaben, das zu erreichen, was er erreichen will.

Ästhetische Werte schätzt er allenfalls um der Repräsentation willen. Von sich auf andere schließend fehlt ihm jedes Verständnis für das Tun und Denken des sozialen Menschen.

Es gab zu allen Zeiten Machthaber, die sich und ihren

Untergebenen die Identität ihres Willens mit dem göttlichen erfolgreich suggerierten. In einem gewissen Sinne waren sie »religiös«. Nahezu alle waren und sind sich darin einig, daß die Religion ein brauchbares Mittel darstellt, Menschen zu führen, in ihrem Sinne natürlich.

Machtmenschen begegnen uns in allen Prägungen und Schattierungen: Napoleon, Disraeli, Hitler, Mussolini, Stalin oder Mao, um nur einige zu nennen, oder Machiavelli, der die Idee des Staates über alles stellt und somit zu bedenklichen Konsequenzen kommt: »Der Zweck heiligt die Mittel.«

Der religiöse Mensch

Man könnte ihn insofern auch einen philosophischen Menschen nennen, als auch er sich Fragen stellt, zumindest nach dem Sinn seines Daseins. »Wozu bin ich auf Erden?« »Welch erster Ursache verdanke ich mein Leben?« »Was geschieht, wenn es einmal zu Ende geht?« Und immer wieder stellt er die Frage nach dem höchsten Wert.

Die Antwort gibt aber nicht Philosophie, Forschung oder Wissenschaft. Sie können ihn nicht befriedigen. Er schöpft sie aus der göttlichen Offenbarung.

Sein Erdendasein einem höheren Ziele unterzuordnen, darin besteht für den religiösen Menschen der Sinn des Lebens. In Gott, seinem Schöpfer, erkennt er den höchsten Wert. Sein Verweilen in dieser Welt ist für ihn nur ein Übergang, eine Bewährungsprobe, eine Vorbereitung auf das »wirkliche« Leben. Danach richtet er sein Tun und Denken aus. Er weiß um die Grenzen seines Verstandes und seiner Kräfte, die allein nicht hinreichen, ein erfülltes Leben zu führen; dazu bedarf er der göttlichen Gnade.

Der religiöse Mensch weiß sich von Gott abhängig. Das

bewegt ihn zu Demut und Bescheidenheit und zum Gehorsam seinen Geboten gegenüber, auch wenn ihm der tiefere Sinn mitunter verborgen bleibt.

Religiöses Leben und Erleben sind nicht von der Zugehörigkeit zu einer bestimmten Glaubensgemeinschaft abhängig, in seinem Kern wohl aber von einer *Bindung an Gott, den Wert aller Werte.*

Auch unter den religiösen Menschen gibt es Theoretiker. Bei dem Philosophen BARUCH DE SPINOZA und manch anderen Wissenschaftlern kann man bis heute nicht sagen, welche ihrer Gerichtetheiten überwog, die religiöse oder die theoretische. Dem religiösen Menschen in seiner reinen Ausprägung bedeuten Wissenschaft und Theorie jedoch nicht viel, denn religiöse Inhalte sind eine Sache des Glaubens; man kann sie nicht beweisen.

Das ökonomische Denken hält der religiöse Mensch zwar für notwendig, weil es nun einmal zum Leben gehört, aber er hängt sein Herz nicht daran. In den ästhetischen Werten sieht er vordergründig das Vergängliche, den äußeren Schein. Er läßt sie bestenfalls gelten, wenn sie dem Lob und der Ehre Gottes dienen. Der sozialen Gerichtetheit spricht er die Eigenständigkeit als Wert für sich ab. Im Grunde genommen ist sie für ihn nichts anderes als die Erfüllung eines göttlichen Gebotes, nämlich jenes der Nächstenliebe.

Zum Machtmenschen fehlt dem religiösen Typus jede tiefere Beziehung, es wäre denn, er gehörte zur anderen Hälfte seines Wesens selber dieser Kategorie an wie etwa KARL DER GROSSE, den sein religiöser Eifer zu Gewaltlösungen jenseits christlicher Ethik trieb.

18. Werte und Interessen

Wenn Eduard Spranger seine Typen beschreibt und auch extreme Erscheinungen einbezieht, dann tut er das in der Absicht, der Spannweite jeder Wertrichtung gerecht zu werden, nicht um im Leser Bilder zu setzen, die Gefühle der Sympathie oder der Ablehnung provozieren. Im Gegenteil: Spranger will die sechs Grundtypen wertfrei verstanden wissen.

Wenn er den Begriff der Wertgerichtetheit erörtert, meint er die Hinwendung zu einem Interessengebiet; erörtert er die Verwirklichung eines Wertes, rückt das Wort Wert mehr in die Nähe dessen, was wir unter einer Idee verstehen; und wenn er seine Wertrichtungen schließlich als wertfrei bezeichnet, so heißt das, daß die einzelne Gerichtetheit keinesfalls von vornherein als gut oder weniger gut zu gelten hat.

Er stellt den Theoretiker nicht über den ökonomischen Menschen, den sozialen oder den religiösen nicht über den Machtmenschen. Es mag naheliegen, den ökonomischen Typ mit der gierigen Anhäufung von Geld und Gut in Verbindung zu bringen, zumindest mit einer ausgesprochen materialistischen Denkweise, oder im Machtmenschen den Diktator zu sehen. Aber der Hang zum Ökonomischen schafft auch Werte. Gewiß, es gibt den Despoten, aber was wäre der Lehrling ohne den Meister, eine Gemeinde ohne Ordnungshüter, ein Betrieb ohne Leiter, ein Volk ohne Regierung!

Je nachdem, wohin das Interesse des einzelnen zielt, hat er sich einer bestimmten, aber vorerst wertfreien Wertrichtung verschrieben – oder aber mehreren, von denen eine dominiert.

Es geht um *Interessen*, um nichts anderes. Hubert Rohr-

ACHER nennt sie »Kulturbetriebe«: Weder Notwendigkeiten noch Überlegungen, noch Einsichten allein bewegen die Welt. Im Grunde sind es Interessen, immer nur Interessen.

Interesse – dieses Wort aus dem Lateinischen, das in seinem verbalen Sinn »dazwischen sein«, »dabei sein« bedeutet – verweist wohl auf das Kostbarste unserer geistig-seelischen Ausstattung, gleichgültig, was wir damit meinen: Teilnahme, Aufmerksamkeit, Wissensdurst, Erwartung, Gespanntheit, Hingabe oder einfach »für etwas aufgeschlossen sein«.

Interessenpflege ist mehr als irgendein Tun. Sie bedeutet: am Leben teilnehmen; sie bedeutet *Selbstverwirklichung*.

Wer kennt nicht den älteren Herrn, der kurz vor seiner Versetzung in den Ruhestand schwärmt, wenn es erst soweit sei, beginne für ihn ein neues Leben: er werde dann täglich schwimmen gehen, sich einen Spaniel kaufen und ausgedehnte Spaziergänge mit ihm machen. Er werde einem Kegelklub beitreten, ein Abonnement beim Städtischen Theater buchen, sein Häuschen umbauen, die so oft verschobene Reise nach Griechenland unternehmen und so manches andere mehr. Ist es dann wirklich soweit, was wird aus den schönen Träumen?

Statt ihm gelegentlich auf seinen Spaziergängen mit Nicki zu begegnen – es kommt ebensowenig dazu wie zum Besuch des Schwimmbades –, sieht man ihn jetzt regelmäßig beim Arzt, weil die so sinnreich geplante Bewegung fehlt. Statt der Reise ins Land der Hellenen und statt der Theaterbesuche sitzt er nun täglich vor dem Fernseher. Aus den wöchentlichen Kegelabenden scheint auch nichts zu werden, und an den Umbau seines Häuschens denkt er schon gar nicht mehr.

Bequemlichkeit? Interessenschwund? Das eine begünstigt das andere. Langsam, aber sicher geht es dann nicht selten treppab, bis sich am Ende alles nur noch ums Essen und Schlafen und um das körperliche Befinden dreht.

W. B. PITKIN widmete in seinem Sachbuch *Das Leben beginnt mit vierzig* diesem Problem ein eigenes Kapitel: »Die

Dummen sterben jung«. Gestützt auf biologische Forschungen weist er nach, daß geistige Aktivität und Langlebigkeit in einem ursächlichen Zusammenhang stehen. Traurig, wenn es jedem Rentner so erginge wie dem erwähnten älteren Herrn. Das muß nicht so sein, aber eines ist gewiß: Nur der, der es gelernt hat, seine Interessen, seine Hobbys schon früh zu pflegen, wird in den Tagen der Muße seinen Lebensabend aktiv gestalten und genießen können.

Der kleine Exkurs soll verdeutlichen, daß das Werkzeug der Intelligenz – das an ihr allein exakt Meßbare – kaum etwas vermag, wenn hinter ihm nicht jene seelische Kraft steht, die wir mit »Interesse« umschreiben, und daraus ergibt sich die unbestreitbare Folgerung: *Intelligenz als Summe der Funktionstüchtigkeiten bleibt zweitrangig; vorrangig ist das Gewicht der Interessen.*

Natürlich können Wunsch und Wollen nicht die Realität überspielen, aber fast jedem Menschen steht eine Grundintelligenz zur Verfügung, die – wenn sie von Interessen mobilisiert wird – ausreicht, diese Interessen in die Realität umzusetzen.

19. Muß Peter in die Hilfsschule?

»Den Peter schicken sie jetzt in die Sonderschule. Ja, seine Eltern haben sich zwar lange gegen diesen Beschluß des Rektors gesträubt, sogar das Attest eines Psychologen vorgelegt: IQ 104 – normale Intelligenz! Durchgekommen sind sie aber nicht.«

»Kann denn die Schule so ohne weiteres . . .?«

»Ich glaube kaum, aber weißt du: Peter ist nicht dumm, das beweist das Ergebnis der Tests; doch ist er verträumt und unglaublich langsam. Manchmal fragt man sich, wo der wohl seine Gedanken hat. Hör dir an, was vorige Woche wieder passiert ist: Lehrer Stolte erklärt gerade eine neue Rechenart, ausführlich wie immer. ›Es gibt natürlich noch andere Wege, die zum gleichen Ergebnis führen‹, schließt er seine Erläuterung, ›aber darüber sprechen wir später.‹ Nach alter Gewohnheit betont er das Satzende, und da er das ›ä‹ – er kommt aus Hamburg – hell ausspricht, hört sich das dann an wie s›peter‹.

Peter, aus einem seiner Wachträume aufgeschreckt, wird puterrot und weiß nicht, was er sagen soll.

Er fällt auch sonst immer wieder auf: Im Diktat kommt er nicht mit. Es geht ihm viel zu schnell. Nicht selten muß der Lehrer ganze Passagen wiederholen. Ein andermal läßt der Bub Wörter aus, um den Anschluß nicht zu verlieren. Wird ein Aufsatz geschrieben, ist er bestimmt der letzte, der seine Arbeit abliefert. Gibt der Lehrer seiner Klasse eine Anweisung, ist's oft so, als fühle sich Peter gar nicht angesprochen. ›Dir muß ich wohl eine besondere Einladung schicken!‹ wendet er sich dann verärgert an den Jungen. Kurzum, Peter macht mehr Arbeit, als drei andere Schüler zusammen.«

»Dann ist das also der Maßstab, der ein Kind der Hilfsschule zuweist.«

»So kann man das nicht sagen, aber wenn einer immer nachhängt, wenn er praktisch das Lerntempo der Klasse bremst, dann muß er zwar nicht dumm sein, doch wird sich der Klassenleiter fragen, ob der Schüler nicht mehr gefördert werden könnte, wenn er eine Sonderschule besucht. Die Ausbildung ihrer Lehrkräfte, ihre didaktischen Möglichkeiten und die Beweglichkeit der Unterrichtspläne erlauben es der Sonderschule, auf die Eigenarten und Schwächen des einzelnen mehr einzugehen als die üblichen Volksschulen.«

»Dann müßten wir am Ende noch dankbar sein, daß es Hilfsschulen gibt!«

»Im Grunde genommen ja. Aber mit deiner – offenbar noch nicht überwundenen – Bezeichnung ›Hilfsschule‹ bietest du selbst die Hand dafür, daß das abwertende Urteil über diese Einrichtung so bald nicht aus der Vorstellungswelt besorgter Eltern verschwindet.«

»Meines Wissens hat man früher nur von ›Hilfsschulen‹ gesprochen.«

»Das stimmt, aber heute ist ›Sonderschule‹ die offizielle Bezeichnung. Sie wird dem Charakter dieser Einrichtung eher gerecht.«

»Willst du etwa abstreiten, daß gerade die Leistungsschwachen an Sonderschulen weitergereicht werden?«

»Wir wollen nicht zu sehr vereinfachen: Noch vor wenigen Jahrzehnten hieß es amtlich, daß diese Einrichtungen für Schüler geschaffen seien, die einem normalen Volksschulunterricht wegen körperlicher Mängel oder beschränkter Bildungsfähigkeit aufgrund geistiger Schwäche nicht folgen können. Während die Sonderschulen für körperlich Behinderte, zum Beispiel die Gehörlosen- und Blindenschulen, von Anfang an einen selbständigen Zweig bildeten, setzte sich in letzter Zeit immer mehr die Erkenntnis durch, daß auch Kinder, deren körperlich-seelische Gesamtentwicklung gestört ist, deren Gefühls- und Willensleben einer Therapie oder Betreuung im sozialen Verband bedarf, gleichfalls zur Sonderschule gehen sollten. Man denke nur an das aggressive oder an das noch völlig dem Lustprinzip verhaftete Kind oder an das total verschüchterte, vielleicht sogar mutistische Kind, also ein Kind, das sich trotz intakter Sprechfähigkeit beharrlich in Schweigen hüllt.

Daß schutzbedürftige junge Menschen durch eine besondere, eine individuelle Behandlung und Betreuung besser auf das Leben vorbereitet werden, liegt auf der Hand. Leider konnte die Umbenennung der ›Hilfsschule‹ in ›Sonderschule‹ das tiefsitzende Vorurteil, es handle sich um eine ›Dummenschule‹, nicht aufheben.

Aus diesem Grunde ist es nur zu verständlich, daß die Betroffenen jene typisch menschliche Reaktion an den Tag legen, die wir als Scham bezeichnen.

Die Qualifikation geistiger Eigenschaften stellt ein wesentliches Merkmal der Persönlichkeit in Frage.«

»Wer sind die Betroffenen, die Kinder oder die Eltern?«

»Gewiß beide. Wenn ein Psychologe darum gebeten wird, ein Kind vor der Sonderschule zu ›retten‹, hat er es mit zwei Arten von Eltern zu tun: Die einen haben vor allem das soziale Prestige im Auge; sie fürchten, nicht nur das Ansehen des Kindes werde leiden, sondern man könnte auch Rückschlüsse auf sie selbst ziehen. Den anderen geht es mehr um das Kind; ihre Sorge gilt den möglicherweise geringeren Lebenschancen des Sonderschülers.

Der Junge oder das Mädchen erinnert sich vielleicht, wie einem Schüler, der eine Jahrgangsstufe zu wiederholen hatte, von den ehemaligen Klassenkameraden auf der Straße ein schadenfrohes ›Sitzenbleiber‹ nachgerufen wurde. Sie spüren, was ihnen in Zukunft blühen kann!«

»Eine fatale Situation!«

Ist sie unabänderlich? Unsere Gesellschaft hat sich im Laufe der Jahrhunderte unüberwindlich scheinenden Vorurteilen zum Trotz immer weiterentwickelt. Das wird auch in Zukunft so sein. Die Lösung dieses Problems ist nur durch *geduldige Aufklärung* möglich. Eine Versachlichung der Situation soll zu einer neuen Sicht führen.

Kaum jemand wird sich scheuen, den Arzt aufzusuchen, wenn ihm sein Herz zu schaffen macht, wenn er an zu hohem Blutdruck leidet oder wenn ihn Rheuma plagt. Warum sollte er auch! Und wenn ihn sein Arzt zur Kur schickt, wird es ihm wenig ausmachen, dort auf Gäste und Patienten zu treffen, die aus sehr unterschiedlichen Gründen hingekommen sind. Da ist der Übergewichtige, der etliche Kilo abzuspecken hat, der Kreislaufkranke, der sich von Wechselgüssen und Waldspaziergängen Genesung erhofft, das nicht mehr ganz junge Fräulein mit den überreizten Nerven, dem feuchte Umschläge und Heublumenauflagen Beruhigung bringen sollen, oder der forsche Endfünfziger, der es mit Wassertreten versucht, da ihn die Frischzellenkur nicht recht aufzumöbeln vermocht hat.

Jeder weiß, wie verschieden die Gründe sein können, ein Heilbad aufzusuchen, ob dies nun vom Arzt verordnet oder aus eigener Initiative angegangen wurde. Fast ebenso verschieden können die Anlässe sein, die den Klassen- oder Schulleiter bestimmen, eine *Überweisung in die Sonderschule* vorzuschlagen. Es muß sich keineswegs um eine Minderbegabung handeln.

Jürgen zum Beispiel ist ein übersensibler Junge. Jedes laute Wort des Lehrers läßt ihn zusammenschrecken. Er geht den Mitschülern aus dem Weg. Harmlose Hänseleien treffen ihn bis ins Innerste seiner zarten Seele. In einem kameradschaftlichen Puff seines Platznachbarn sieht er gleich Schikane und Mißhandlung.

Thomas hat auch seine Empfindlichkeiten. Es muß nicht viel passieren, schon wird er aggressiv. Irma macht zwar einen aufgeweckten Eindruck, ist aber im ganzen doch recht kleinkindhaft und verspielt. David kann keine Minute stillsitzen; dauernd hampelt er auf seinem Stuhl herum, ist unkonzentriert, stellt alle Augenblicke Fragen, die mit dem Unterrichtsstoff nicht das Mindeste zu tun haben. Hingegen ist Herbert seiner Klasse in manchem voraus. Er weiß nicht nur überdurchschnittlich viel, er ist auch übergründlich. Diese peinliche Genauigkeit führt mitunter zu Auffassungsschwierigkeiten.

Helga kam ursprünglich nur mit der Rechtschreibung nicht zu Rande. Sie ist nämlich eine Legasthenikerin, was lange Zeit nicht bemerkt wurde. Durch die ständigen Mißerfolgserlebnisse kam es bei ihr zu einem *negativen Transfer:* Die geringe Sicherheit in der Orthographie übertrug sich nach und nach auf die anderen Schulfächer, bis die Leistungen des Mädchens schließlich ganz absanken. Helga konnte übrigens die Sonderschule nach wenigen Monaten erfolgreicher LRS-Therapie verlassen und den Anschluß an ihre frühere Klasse wieder gewinnen.

Ein Mangel an Begabung muß nicht vorliegen, wenn ein Kind für die Sonderschule vorgeschlagen wird. Daß niedrige Intelligenz, Schwachsinn oder auch Pseudodebilität einen wesentlichen Anteil an der Zusammensetzung ihrer Schüler hat, ist nicht zu leugnen. Hier beginnt das Problem der anderen.

Außenstehende, Zuschauer mit menschlicher Reife, werden es – weitab von unbegründeter Überheblichkeit – sachlich zu sehen vermögen.

20. Genialität

Fremdwörter und Fachausdrücke bezeichnen mitunter Dinge und Umstände treffender, umfassender, als es die Muttersprache kann. Dann, aber auch nur dann, sollten sie benutzt werden.

Was mag sich wohl der Neurologe gedacht haben, als er im Überweisungsschein eines Arztes über den jungen Patienten las: ». . . ein bißchen imbezill . . .«? Einen Vordruck auszufüllen überläßt der Arzt natürlich einer Hilfskraft, trotzdem . . .

Oder was soll man von dem nachfolgenden Stammtischgespräch halten? Da dröhnte eine Stimme: »Den habt ihr ganz schön unterschätzt, den Kammleitner! Der war doch letzte Woche beim Psychologen . . . Intelligenztest und so.«

Was denn herausgekommen sei, wollte die Runde wissen.

»Das genaue Ergebnis hab' ich zwar nicht«, ließ sich der Sprecher vernehmen, »aber ich sag' euch, der hat einen phantastischen IQ, einen ›genieverdächtig‹ hohen!«

Was sich seine Zuhörer darunter vorstellten? Wahrscheinlich stieg Kammleitner »unheimlich« in ihrer Achtung, und mancher wird die Neuigkeit inzwischen weitererzählt haben, natürlich nicht ohne das so imponierende Prädikat wörtlich zu wiederholen.

»Intelligenzquotient – genieverdächtig hoch« – dieser Superlativ entspringt einer völlig falschen Vorstellung vom Wesen des Genialen, denn das Intelligenzmaß, wie es heute zur Verfügung steht, sagt zwar etwas über den Leistungsgrad der geistigen Funktionen des Menschen aus, aber kaum mehr. Genialität hingegen hat ihre Wurzeln im Seelischen. Zugegeben, der Begriff wurde im Laufe der Jahrhunderte nicht immer einheitlich ausgelegt. Nach GOLDSCHMIT-JENTNER galt er in Italien lange Zeit nur als ein Ausdruck für Begabung, namentlich auf dem Gebiet der Technik, und in England war er noch 1650 mit der Vorstellung von Gelehrigkeit und Talent verknüpft. Erst seit Ende des siebzehnten Jahrhunderts ist der Begriff »Genius« auch auf einzelne Menschen angewandt worden.

Eine Definition, etwa 1711 aufgekommen, lautet: »Genie ist die von Geheimnissen genährte Persönlichkeit, mit urtümlicher Schöpferkraft ausgestattet.«

Goldschmit-Jentner nennt GOETHE den ersten, der auch dem *Tatmenschen* den Ruhm des Genies zukommen ließ. »KOLUMBUS zum Beispiel«, führt er aus, »hat den praktischen Beweis erbracht, daß die Erde eine Kugel ist und damit das Denken seiner Zeit in *einer* Richtung freigemacht.« Er war also ein Verwandler, einer, der neue Voraussetzungen schuf.

An Begriffsbestimmungen, die Genius mit Dämon oder Schutzgott gleichsetzen, der den Dichter inspiriert usw., fehlt es nicht. Doch was sagt das Fachwörterbuch?

Es betont das Merkmal der »überdurchschnittlichen schöpferischen Begabung«, die sowohl einerseits in der *Originalität* als auch andererseits in der *Produktivität* auffällt, gleichgültig ob sich das Genie der Kunst, der Wirtschaft, der Politik oder der Wissenschaft zuwendet. Meist setzt es sich auch gegen widrige Umstände durch.

Dem bloßen *Talent* hingegen fehlen diese Besonderheiten. Talent ist eine angeborene beachtliche Fähigkeit zu bestimmten Leistungen, die durch Erziehung und Pflege ausgebildet werden kann. Der geniale Mensch wird von einem Bild, einem Gedanken ergriffen, in Besitz genommen. Fortan mobilisiert er alle seine Gemüts- und Verstandeskräfte in Richtung auf dieses Ziel.

Welche Beweggründe sich verflechten mögen, hochherzige und selbstische, halbbewußte und unbewußte, tut nichts zur

Sache. Psychische Krankheit zum Beispiel vermag bisweilen einen schöpferisch veranlagten Menschen zur genialen Leistung zu steigern.

Wir denken dabei zum Beispiel an FRIEDRICH NIETZSCHE, NIKOLAUS LENAU, HUGO WOLF oder VINCENT VAN GOGH. Dieses Nahebeieinander von genialem Schöpfertum und Irrsinn ist keineswegs erst von dem italienischen Psychiater CESARE LOMBROSO (1836 bis 1909) erkannt worden. Schon SOKRATES lehrte: »Der Wahnsinn ist kein Übel schlechthin, sondern durch ihn sind die größten Geister über Hellas gekommen.«

MARY BAKER-EDDY

Der Lebensweg dieser ungewöhnlichen Frau beweist wie kaum ein anderer, daß der intuitive Funke weder des an Leib und Seele unversehrten Geschöpfes bedarf noch des hohen Intellekts, um zur erhellenden, leuchtenden Flamme zu werden, daß ein anhaltender Wille, daß eine Idee sich allen widrigen Kräften zum Trotz am Ende doch zu behaupten vermag.

Gegner bleiben der Gründerin einer Bewegung, die sich anspruchsvoll Christian Science nennt, wahrlich nicht erspart, ob es nun die eigene Bedürftigkeit ist, ob Schulmedizin, etablierte Religionsgemeinschaften, Universitäten, ob – last, not least – der Common sense selbst. Denn das, was MARY BAKER-EDDY zum Glaubenssatz erhebt, widerstreitet allen Erfahrungen des gesunden Menschenverstandes.

Aber nicht nur diese merkwürdige Lehre ist es, die Widerpart auf den Plan ruft, wohl selten steht ein Charakter so im Zwielicht der Meinungen wie der dieser Frau.

Mary erblickt als siebtes Kind der Eheleute BAKER, deren Farm in New Hampshire, einem Staat im Nordosten der USA, schon vor mehr als hundert Jahren von den Vorfahren bewirtschaftet wurde, am 16. Juli 1821 das Licht der Welt.

Sie ist ganz anders als ihre Geschwister, die in ihrer Natur mehr auf den zupackenden, wohl auch etwas engstirnigen Vater zu kommen scheinen. Die kleine schmächtige Mary kennt nicht die Lebhaftigkeit froher gesunder Mädchen. Nicht gerade krank, aber von der ersten Stunde ihres Daseins an kränkelnd, fordert sie unablässig Rücksichten von ihrer Umgebung. Schwächlich, zerbrechlich, überaus empfindlich, ist sie ihnen kaum eine Hilfe im Alltag. Um so mehr beschäftigt sie sich ständig mit sich selbst und ihrem Befinden.

Deshalb wohl wird sie vom Besuch der Distriktschule befreit. Sie darf zu Hause lernen. Weder die Fächer noch der Stoff werden ihr vorgeschrieben. Und Mary lernt. Sie lernt nicht einmal ungern, soweit sie sich dazu imstande fühlt, denn sie ist ehrgeizig, sehr ehrgeizig!

Mit den Jahren wird es immer deutlicher, daß sie in einer Art narzißtischer Kompensation immer und überall aufzufallen versucht, sei es durch tiefsinnige Gedanken, sei es durch Schwächeanfälle, sei es durch ihr überspanntes Wesen oder auch nur durch Launen. Ihre Eltern und Geschwister atmen geradezu auf, als sich ein frischer junger Mann für Mary zu interessieren beginnt, ein gewisser WASHINGTON GLOVER, der die Zweiundzwanzigjährige kurzentschlossen zum Altar führt.

Aufgrund der Ehe mit diesem unkomplizierten, lebensbejahenden Mann beginnen sich die Verspannungen im Wesen der jungen Frau zu lösen. Sie wird heiter zufrieden und blüht als Frau auf. Diese glückliche Zeit dauert aber nicht lange. Nach eineinhalb Jahren stirbt ihr Mann. Mary steht allein. Sie findet im Hause ihrer Schwester Aufnahme, wo sie nach wenigen Monaten dem nachgeborenen Sohn aus ihrer kurzen Ehe das Leben schenkt.

Mary beginnt wieder zu kränkeln. Sie fällt zurück in die frühere Exaltation, noch schlimmer: kataleptische Zustände und Lähmungserscheinungen gesellen sich dazu. Noch keine dreißig Jahre alt, ist sie eine Dauerkranke. Sie leidet, und ihre Umgebung leidet an ihr.

Ein paar Jahre später verbindet sie sich mit Dr. Patterson, aber diese zweite Ehe hat keine erneute Verwandlung zur Folge. Mary zieht sich ganz auf sich zurück. Sie verschlingt nun stapelweise Bücher, vor allem esoterischen Inhalts, und besucht spiritistische Sitzungen. Die Ehegatten verstehen sich bald nicht mehr, schließlich trennen sie sich.

Inzwischen Vierzig geworden, fällt sie ihrer Schwester erneut zur Last. Sie nennt sich jetzt Mary Baker-Patterson. Ihr Kind aus erster Ehe läßt sie bei fremden Leuten aufwachsen. Der seelisch Kranken Zustand verschlechtert sich von Tag zu Tag. Eine Kur in einer Kaltwasserheilanstalt soll ihr Besserung bringen, aber sie kommt so krank und elend zurück, wie sie hingefahren ist.

Eines Tages macht »Dr.« Phineas Parkhurst Quimby aus Belfast, dem der Ruf vorausgeht, schon Todgeweihte dem Leben wiedergegeben zu haben, in New Hampshire von sich reden. Er ist ein medial veranlagter Naturheiler, der, von Beruf Uhrmacher, eine Universität nie von innen gesehen hat. Den »Doktor« verlieh ihm aufgrund seiner Heilerfolge das Volk. Er arbeitete schon damals mit Techniken der Autosuggestion. Seine Heilmethode wurde als *Mind cure – Geistheilung* – bezeichnet. Als die kranke Mary Baker-Patterson von seinen »Wunderheilungen« erfährt, spürt sie sofort: Dieser Mann kann ihr helfen, und mit der ihr eigenen Energie schleppt sie sich mühsam zu Quimby, – der sie in wenigen Minuten von ihrer Lähmung heilt. Federnden Schrittes verläßt sie die Praxis des Wundermannes. Es ist ein Tag im Oktober 1862. Mary ist jetzt einundvierzig Jahre alt.

Wer wollte heute noch die geheimnisvolle Einheit, das Ineinanderwirken von Körper und Geist bezweifeln! Geist, nichts anderes als Geist ist es, der ihren bresthaften Gliedern die freie Bewegung zurückgibt, der in ihr nun eine Idee zündet, zu deren Realisierung jedoch keine günstigen Voraussetzungen bestehen. Denn was Mary vorschwebt, scheint reichlich verstiegen zu sein. Ein Buch soll entstehen, das die Geheimnisse urchristlichen Heilens zu einer Art Evangelium formt. Sein Gipfelpunkt ist die Botschaft: »Krankheit ist nichts anderes als Sünde; sie kommt allein aus der Abkehr von Gott!«

Das übrige theoretische Gerüst und die methodischen Anweisungen schöpft sie weitgehend aus den Aufzeichnungen jener Geistheiler, deren großem Schüler sie ihre eigene spontane Gesundung verdankt. Manches übernimmt sie so wörtlich, daß sie später mehrfach des Plagiats bezichtigt wird.

Unbeirrt von der Widersprüchlichkeit dessen, was sie zu glauben fordert, unbeirrt auch von der Tatsache, daß sie ein tadelloses Englisch weder zu sprechen noch zu schreiben vermag, entsteht Seite für Seite ihres Buches. Sie schreibt und schreibt, verbessert und ändert unermüdlich, und so wächst *Science and Health* zu einem umfänglichen Manuskript, das sie ständig mit sich führt, denn in den nächsten Jahren – mit ihrer Schwester hat sie sich inzwischen entzweit – wechselt sie fortwährend ihren Aufenthalt. Bisweilen ist es eine billige Pension in irgendeiner Vorstadt; dann sieht man sie mit ihrer Heilslehre und einem Packen beschriebener Blätter von Haus zu Haus ziehen, je nachdem, ob sie von einer erwartungsvollen Hörerschaft für Tage oder Wochen zum Bleiben eingeladen wird. Bezeichnenderweise kommt ihr das Demütigende ihrer Lage gar nicht zum Bewußtsein, Gläubige oder auch nur Wißbegierige mit ihren schwärmerischen Reden zu unterhalten, und dies bloß für freie Kost und ein Dach über dem Kopf. Und wenn sie sich schließlich in das ihr zugewiesene dürftige Kämmerchen zurückziehen darf, sitzt sie noch stundenlang bei schlechtem Licht über den Blättern, die dereinst die Heilsbotschaft als Buch in alle Welt tragen sollen. Und immer wieder überprüft sie das Geschriebene, nimmt hinweg, fügt hinzu, arbeitet am Inhalt und an der Form.

So vergehen etwa vier Jahre, als Mary die Zeit für gekommen hält, das, was sie in zahllosen Gesprächen und Reden enthusiastisch vorgetragen hat, in die Tat umzusetzen. Sie tut sich mit einem jungen, begeisterungsfähigen Mann namens Richard Kennedy zusammen und eröffnet eine Ordination, die erste Praxis der Christian Science, die viele Heilungssuchende anlockt und zu einer wahren Goldgrube wird. Die erfolgreiche Partnerschaft geht aber bald zu Ende, wenn man Stefan Zweigs Biographie folgt, weil sich gewisse menschliche Erwartungen Marys nicht erfüllen.

Aber von jetzt an ist ihr Siegeszug nicht mehr aufzuhalten: Im Jahre 1866 gründet sie die Bewegung der Christian Science. Elf Jahre später erscheint *Science and Health* bei Christian Science Publishing. Mary hat ihr Manuskript vier- bis fünfmal umgearbeitet; zuletzt half ihr noch ein Pfarrer, es in eine stilistisch ansprechende Form zu bringen. 1892 begründet Mary Baker-Eddy – so nennt sie sich nach einer weiteren Heirat – die Mutterkirche in Boston.

Heute zählt die Christian-Science-Bewegung mehr als dreitausend offizielle Gemeinden in aller Welt – eine erstaunliche Leistung, die Stefan Zweig wie folgt kommentiert: »Ein Sandkorn Intellekt bringt eine Lawine ins Rollen.«

Heinrich Schliemann

Ein paar Monate, nachdem Mary Baker jenseits des Ozeans das Licht der Welt erblickt hat, schenkt die Frau des Pastors Schliemann ihrem vierten Sohn das Leben. Er wird auf den Namen seines Brüderchens getauft, das im Alter von noch nicht elf Monaten gestorben ist. Man schreibt den 6. Januar 1822. Kein Mensch in seiner Mecklenburger Heimat kann ahnen, daß der kleine Heinrich dereinst ein Millionenvermögen erarbeiten und eben dieses einsetzen wird, um mit archäologischen Ausgrabungen die Welt in Atem zu halten. Zwei Jahrzehnte zuvor hat der Philologe FRIEDRICH AUGUST WOLF (1759 bis 1824) eine heiße wissenschaftliche Diskussion in Gang gebracht: Nach Wolf hat es ein Troja oder einen Trojanischen Krieg niemals gegeben.

Der Vater, ein ehemaliger Schulmeister, bringt seinen Kindern schon früh das Lesen bei und macht sie mit der klassischen Literatur bekannt. HEINRICH SCHLIEMANN berichtet später in seiner Autobiographie: »Obgleich mein Vater weder Philosoph noch Archäologe war, hatte er ein leidenschaftliches Interesse für die Geschichte des Altertums; oft erzählte er mir mit warmer Begeisterung von dem tragischen Untergange von Herkulanum und Pompeji und schien denjenigen für den glücklichsten Menschen zu halten, der Mittel und Zeit genug hätte, die dortigen Ausgrabungen zu besuchen. Oft auch erzählte er mir bewundernd die Taten der homerischen Helden und die Ereignisse des Trojanischen Krieges, und stets fand er dann in mir einen eifrigen Verfechter der Sache Trojas.«

Schliemann ist der Gedanke, sein so sehr verehrter HOMER und die von ihm besungenen Helden hätten nicht gelebt, die von ihm geschilderten Stätten hätte es nie gegeben, unerträglich. Für ihn sind sie voller Leben; sie können nicht bloß erfunden sein; sie müssen der Wirklichkeit entstammen. Die breiten Mauern der trojanischen Burgen können nicht spurlos verschwunden sein!

»Aber als er [sein Vater] mir dem damals beinahe Achtjährigen zum Weihnachtsfeste 1829 DR. GEORG LUDWIG JERRERS *Weltgeschichte für Kinder* schenkte und ich in dem Buche eine Abbildung des brennenden Troja fand mit seinen ungeheuern Mauern und dem Skäischen Tor, dem fliehenden Aeneas, der den Vater Anchises auf dem Rücken trägt und den kleinen Askanios an der Hand führt, da rief ich voller Freude: ›Vater, du hast dich geirrt! Jerrer muß Troja gesehen haben, er hätte es ja sonst hier nicht abbilden können!‹«

Der Hinweis des Pastors, daß es sich in Jerrers *Illustrierter Weltgeschichte* nur um eine nachempfindende Abbildung handle, daß Troja in der Tat bis auf den Grund niedergebrannt sei, kann Heinrich nicht von der Überzeugung abbringen, daß von den riesigen Mauern doch etwas übriggeblieben sein müsse. HOMER hatte von der Stadt Troja berichtet, also entschließt sich der Knabe, dieses Troja zu suchen.

In späteren Jahren erzählt SCHLIEMANN oft, dieses Bild sei der Wendepunkt seines Lebens gewesen. Es habe ihn so beeindruckt, daß er von dem Augenblick an, da er es gesehen, beschlossen habe, Troja auszugraben.

Als Heinrich neun Jahre alt ist, stirbt seine geliebte Mutter. Was soll ein Vater mit sieben unmündigen Kindern? So wird der Bub zu seinem Onkel, der die Pfarre des Dorfes Kalkhorst innehat, gegeben, wo er zunächst Privatunterricht von CARL ANDRESS erhält, einem didaktisch äußerst begabten Kandidaten, der im selben Hause wohnt.

Diesem Umstand ist es gewiß zu verdanken, daß SCHLIEMANN gleich in die Tertia des Neustrelitzer Gymnasiums aufgenommen wird. »Infolge eines Familienunglücks aber«, wie es in den *Kindheitserinnerungen* schonungsvoll heißt, habe sich der Vater bald außerstande gesehen, das Schulgeld aufzubringen. Nach strengerer Lesart sind ihm Unregelmäßigkeiten in der Führung seiner Pfarre vorgeworfen worden, die schließlich zur Amtsenthebung führten. Sein Sohn kommt nunmehr auf die Realschule des gleichen Orts, wo er sich ebenfalls als eifriger Lateiner hervortut.

Nach einiger Zeit kann oder will der Vater auch das geringere Schulgeld nicht mehr aufbringen. Der Junge muß die Anstalt verlassen. Sein Vater gibt ihn zu Beginn des nächsten Monats als Gehilfen in die Gemischtwarenhandlung HOLTZ in Fürstenberg, nicht weit von Neustrelitz.

Es folgen harte Jahre für den jungen SCHLIEMANN, der eigentlich noch halb ein Kind ist. Sein Tagwerk beginnt schon um fünf Uhr in der Frühe: das Lager im Keller aufräumen, Fässer rollen, Kisten stapeln oder auspacken, den Fußboden fegen; dasselbe dann oben, dazu Regale abstauben, Schuhwichsdosen zählen, Mehl, Grieß, Zucker, Salz abwiegen; und wenn der Prinzipal um acht Uhr gähnend erscheint, schickt er Heinrich mit einem Sack Kartoffeln in die Brennerei der kleinen Stadt, denn jedermann in Fürstenberg trinkt Kartoffelschnaps, und den gibt's bei HOLTZ. Tagsüber steht Heinrich im Laden, um freundlich und dienstbeflissen zu verkaufen, was der Krämer zu bieten hat: Butter, Quark, Eier, Milch, stinkenden Käse, Mostrich, grüne Seife, Kaffee, Talglichter, Schnupftabak, Heringe, Essig, Socken und natürlich auch den bereits erwähnten Kartoffelschnaps. In dieser stickigen Luft muß es der Junge meist bis elf Uhr nachts aushalten, bis er sich in dem Verschlag unter dem Dach todmüde auf seinen Strohsack fallen lassen kann.

Heinrichs ehrgeizige Träume scheinen sich in ein Nichts aufzulösen. Er wird schlecht bezahlt. Jahraus, jahrein trägt er denselben geflickten Rock, aber Heinrich durchlebt diese Zeit der Entbehrung und Trostlosigkeit wie einer, der im Schlafe wandelt, zwar bedrückt, aber von der Gewißheit erfüllt, daß die mißlichen Umstände nicht endgültig, die neuen Ufer nicht ferne sind.

Eines Tages – auf den Straßen ist es schon fast dunkel, spärliche Öllichter werfen ihren flackernden Schein auf die Regale des Krämerladens – torkelt ein merkwürdiger Kerl herein. Offenbar will er gar nichts kaufen. Seine Gesichtszüge verraten lediglich, daß er die Kanne mit Kartoffelschnaps bemerkt hat. Dann beginnt er unvermittelt, zunächst lallend, dann aber korrekt in vollem Pathos Gesänge aus der *Ilias* zu deklamieren. An die hundert Verszeilen mögen es sein, die er auswendig vortragen kann.

Schliemann versteht kein Wort, ist jedoch vom Wohlklang und Rhythmus der Hexameter völlig hingerissen, und als der

Bursche geendet hat – ein Müllergeselle aus der Umgebung, einst für den geistlichen Stand bestimmt, wegen seines aufsässigen Benehmens aber von der Schule gejagt –, bittet er ihn, den Vortrag zu wiederholen und auch noch ein zweites Mal. NIEDERHOFFER, so heißt der Müllergeselle, kommt der Aufforderung willig nach, zumal ihm Heinrich das Glas immer von neuem füllt. Er opfert auf diese Weise einen Teil seines kargen Monatslohnes, aber dieses Erlebnis ist es ihm wert. Es bringt eine Saite in der Seele dieses sensiblen Knaben erneut zum Schwingen.

»Von jenem Augenblick an«, schreibt HEINRICH SCHLIEMANN später in sein Tagebuch, »hörte ich nicht auf, Gott zu bitten, daß er in seiner Gnade mir das Glück gewähren möge, einmal Griechisch lernen zu dürfen.«

Die Wende kommt unerwartet: Wie so oft, wenn etwas vom Lager zu holen ist, wird Schliemann geschickt. Diesmal ist es ein Faß mit Zichorie, nicht besonders groß, aber schwer. Er müht sich vergebens, es auf seine rechte Schulter zu wuchten. Da plötzlich bricht er in kalten Schweiß aus und spuckt Blut, ein ernstes Signal für den jungen Mann, so schwere Arbeit künftig zu lassen. Selbst sein Prinzipal sieht das ein, er kann ihn nicht mehr brauchen.

Heinrich muß sein Bündel schnüren. Die Stadt Hamburg scheint ihm der rechte Ort, Arbeit zu finden, vielleicht sogar sein Glück zu machen. Diese vage Hoffnung hält er fest; sie läßt ihn zeitweise die Armseligkeit seiner Lage vergessen. Er macht sich also nach Hamburg auf und ist zunächst vom Zauber der großen Stadt, die nicht umsonst das »Tor zur Welt« genannt wird, gefangen. Sein Körper ist allerdings arg geschwächt. Wer sollte ihn, den bleichen Jüngling, anstellen, der nicht viel mehr gelernt hat, als Regale abzustauben, Soda und dergleichen abzuwiegen, Seife, Kautabak oder Streichhölzer über den Ladentisch zu reichen! Er muß erst ein paar Dutzend Klinken putzen, ehe er endlich in einem Kolonialwarenladen am Fischmarkt eine bescheidene Stellung als Verkäufer findet. Aber schon nach einer Woche wird er entlassen. Seine nächste Beschäftigung dauert nicht viel länger. Das bittere Gefühl, daß ihn niemand haben will, ihn, die »halbe Portion« und noch dazu schwach auf der Brust, bedrückt ihn tief: »Da ich aber keine schwere Arbeit tun konnte, fanden mich meine Prinzipale bald nutzlos, und so verlor ich jede Stellung nach kürzester Zeit wieder.«

Schliemanns Lage scheint verzweifelt, doch er glaubt an seinen guten Stern, der ihn durch alle Widrigkeiten des Lebens leite, ähnlich dem des Homerischen Haupthelden, der unversehrt zwischen Scylla und Charybdis hindurchgelangt. Auf der Suche nach einem Verdienst begegnet er zufällig – wenn es überhaupt einen »Zufall« gibt – einem alten Freund seiner verstorbenen Mutter, einem Schiffsmakler, der ihn mit einem Empfehlungsschreiben an ein Handelshaus in Venezuela als Kajütenjunge an Bord der kleinen Brigg »Dorothea« vermittelt, damit er sich so die Kosten für die Überfahrt sparen kann. Der Zweimaster sticht alsbald mit günstigem Wind in See, gerät aber wenige Stunden hinter Cuxhaven in einen Orkan und kentert schließlich nahe der holländischen Insel Texel. Im Kampf mit den Fluten kann sich Schliemann an eine daherschaukelnde leere Tonne klammern und erreicht so den Strand, wo er mit vierzehn anderen Schiffbrüchigen bei hilfsbereiten Menschen Aufnahme findet.

Von allen Gepäckstücken wird nur eine Seemannskiste auf die Sandbank gespült. Wer glaube da nicht an Wunder: Es ist die Schliemanns! »Mir war«, heißt es in seinem Tagebuch, »als flüstere mir eine Stimme dort auf der Sandbank zu, daß jetzt die Flut in meinen irdischen Angelegenheiten eingetreten sei, und daß ich ihren Strom benutzen müsse. Als alle nach Hamburg zurückgeschickt werden sollten, lehnte ich es entschieden ab, wieder nach Deutschland zu gehen . . .«

Er bekommt zwei Gulden Zehrgeld und wird nach Amsterdam verschifft, wo er sich zunächst kümmerlich über Wasser hält, indem er jede, aber auch jede Arbeit annimmt, ob nun als Laufbursche oder als Aushilfskraft in einem Büro. In einer dieser Stellen bei einem Bankinstitut besteht seine Hauptbeschäftigung darin, Wechsel abzustempeln.

Gewiß, auch das ist ein Merkmal überragender Menschen, ein Merkmal unter anderen, aus der Not eine Tugend zu machen. Als Bote täglich die gleichen Gänge zu tun, an Abfertigungsschaltern Schlange zu stehen oder Formulare abzustempeln, das sind Beschäftigungen, die einen regen Geist nicht befriedigen. Schliemann aber sieht von Anfang an das Nutzbare dieses Umstandes. Wenn es schon eine geistlose Tätigkeit sein muß, sagt er sich, so hält sie wenigstens den Kopf frei. In ihm regt sich der keineswegs neuartige Gedanke, die gewonnene Zeit für seine Weiterbildung zu verwenden. Wie erwähnt, der Gedanke ist nicht neuartig, aber die Konsequenz, die Selbstdisziplin, mit denen er ihn in die Tat umsetzt, ist bewundernswert, ist im eigentlichen Sinne des Worts *genial*.

Obwohl er den humanistischen Bildungsgütern so sehr zugeneigt ist – und wer wollte darin nicht auch Genialität sehen? –, richtet er seine Bemühungen auf das Nächstliegende, auf das Notwendige. Es ist ihm klar, daß sich Ideale aufgrund eines eigenen Vermögens eher durchsetzen lassen, als wenn sie eines Mäzens bedürfen. *Aus eigenem Vermögen* – Schliemann nimmt diese Erwägung wortwörtlich. Er setzt es sich in den Kopf, unabhängig, ja reich zu werden.

Als erstes wendet er sich an den besten Kalligraphen Amsterdams, der ihm in etwa zwanzig Lehrstunden die Kunst, schwungvoll und gefällig zu schreiben, beibringen muß. Heute, im Zeitalter der Schreibmaschine, mag diese Idee nicht jedem einleuchten, aber im neunzehnten Jahrhundert öffnete eine schöne, flotte Handschrift manch jungem Mann, der vorwärtskommen wollte, Türen, die ihm sonst verschlossen blieben. Und noch etwas wird von dem erwartet, der nach oben kommen will. Schliemann beginnt, Fremdsprachen zu erlernen, zuerst Holländisch, das er täglich braucht, anschließend Englisch. Wie er dabei vorgeht, entbehrt nicht der Originalität. Der Grundgedanke – heute in einigen modernen Lehrmethoden angewandt – ist der: kein gesondertes Einprägen von Vokabeln, erst recht nicht von grammatischen Regeln! Er stellt den fremdsprachigen Text als zusammenhängendes Ganzes der Muttersprache gegenüber. Derartige Lesestücke – oft von ihm selbst verfaßt und, wo nötig, von seinem Lehrer korrigiert – lernt er auswendig.

Auf diese Weise eignet er sich, er, der bis dahin nur ein Plattdeutsch, wie es in Mecklenburg gesprochen wird, beherrschte, in kürzester Zeit das Holländische an und dann innerhalb weniger Monate Englisch, Französisch, Spanisch, Portugiesisch und Italienisch. Dafür benötigt er nicht mehr als je acht Wochen.

Unglaublich! Dennoch für den erreichbar, der ein solches Studium in den Mittelpunkt seines Denkens, seines Daseins zu rücken imstande ist und, bewußt oder unbewußt, aus den *seelischen Hilfsquellen* schöpft. Jeden freien Augenblick widmet Schliemann dem Studium, jeden Abend nimmt er Stunden. Woher, fragt man sich, nimmt er das Geld dazu? Er lebt äußerst sparsam. Fast die Hälfte seines bescheidenen Monatslohnes gibt er allein für Bücher und Lehrer aus.

Er widmet sich in erster Linie den Sprachen, die im Geschäftsleben gebraucht werden, nicht dem Griechischen, dem seine leidenschaftliche Verehrung gilt. Das Zweckfördernde tun, heißt seine Devise. Jeden Sonntag nimmt er zweimal nacheinander am Gottesdienst der Englischen Kirche in Amsterdam teil und flüstert dabei jedes Wort, das von der Kanzel kommt, nach. WALTER SCOTTS *Ivanhoe,* den berühmtesten historischen Roman seiner Zeit, liest er so oft im Urtext laut, bis er den Roman teilweise auswendig vortragen kann. Einem arbeitslosen Juden zahlt er wöchentlich vier Frank (ein

Frank ist weniger als ein Gulden) allein dafür, daß dieser ihm jeden Tag zwei Stunden beim Memorieren der Texte zuhört.

Dieses Verfahren, fremdsprachige Texte abends, nicht selten bis in die Nacht hinein, laut vorzutragen, scheint einigen Mitbewohnern auf die Nerven zu gehen, so daß er in diesen Jahren wiederholt das Quartier wechseln muß. Er nimmt das in Kauf, denn er weiß, daß eine Sprache vor allem das Ohr erreichen soll, und wenn sie gleichzeitig Auge, Ohr und – durch die Bewegung der Lippen – auch noch den Tastsinn bemüht, prägt sie sich besonders tief dem Gedächtnis ein.

Wozu spricht er dem arbeitslosen Juden Texte vor, die der arme Teufel ohnehin nicht versteht? Er macht sich die altrömische Weisheit zunutze, daß wir dann am besten lernen, wenn wir den Stoff einem andern beizubringen versuchen.

Kaum zweiundzwanzig Jahre alt, beherrscht der Pfarrerssohn aus Mecklenburg *sieben Sprachen in Wort und Schrift.* Er liest die Zeitungen fremder Länder und interessiert sich lebhaft für deren wirtschaftliche Entwicklung. Das bleibt nicht lange verborgen. Am ersten März 1844 beginnt er als Korrespondent bei H. SCHRÖDER & Co., einem der bedeutendsten Import- und Exporthäuser Amsterdams.

Da diese Firma auch Handelsbeziehungen mit Rußland pflegt, scheint es dem strebsamen jungen Handelskorrespondenten eine Selbstverständlichkeit, nun auch noch Russisch zu lernen. Einen Lehrer für diese Sprache kann er nicht finden. So lernt er auf eigene Faust und hält sich im übrigen an seine bewährte Methode. Es dauert kein Vierteljahr, und schon geht *sein erster Brief in korrektem Russisch* an den Londoner Vertreter eines Indigo-Grossisten in Moskau. Da beginnt das Handelshaus Schröder & Co. des jungen Mannes Fähigkeiten im vollen Ausmaße zu erahnen und macht ihm das Angebot, selbständig eine Agentur in Petersburg, damals der russischen Hauptstadt, zu führen. Mittlerweile vom eigenen Wert schon ziemlich überzeugt, bedingt er sich das Recht aus, nicht nur des

Hauses Interessen zu vertreten, sondern auch mit dessen Geschäftsfreunden auf eigene Rechnung Abschlüsse tätigen zu dürfen.

Dank seiner Sprachkenntnisse und seiner kaufmännischen Gewandtheit knüpft er in Petersburg rasch umfangreiche Beziehungen an. Zunächst spezialisiert er sich auf den Handel mit Indigo, dem begehrten echten Farbstoff. Bei Schröder & Co. hat er sich gründliche Fachkenntnisse in diesem Zweig aneignen können. Der Konjunktur folgend nimmt er bald Schwefel, Salpeter und Blei hinzu. Umsicht, Fleiß und nicht zuletzt die politischen Verhältnisse lassen seine Unternehmungen aufs beste gedeihen, so daß er nach wenig mehr als acht Jahren hundertfünfzigtausend Taler sein eigen nennt: um die Mitte des neunzehnten Jahrhunderts ein ansehnliches Kapital!

Der Krimkrieg ist bereits in vollem Gange, dennoch steckt Schliemann nahezu sein ganzes Vermögen in eine Schiffsladung. Die Stadt, in der die Ware übergangsweise lagern soll – denn die russischen Häfen sind zu dieser Zeit blockiert–, wird durch eine Feuersbrunst zerstört. Aber welch ein Glück: Da die Fracht im Lagerhaus nicht mehr Platz findet, wird dicht daneben eine Art von Notspeicher zusammengezimmert, und gerade dieser Schuppen bleibt von den Flammen verschont. Schliemanns Ladung ist gerettet, und zwar als einzige von allen.

Doch auch ihm bleiben Rückschläge nicht erspart. Seine Zielstrebigkeit bringt ihn dennoch Jahr für Jahr weiter, so daß er als Sechsunddreißigjähriger bereits über ein *Millionenvermögen* verfügt.

1858 beschließt er, sein Geschäft zu liquidieren, um sich fortan der Archäologie zu verschreiben und seinen Jugendtraum zu verwirklichen. Vorher möchte er noch etwas von der Welt sehen; man könnte von einer Bildungsreise sprechen. Sie führt ihn über Schweden, Dänemark und Deutschland nach Ägypten. Da muß er seine Reise plötzlich abbrechen, um in einem Prozeß gegen einen ehemaligen Handelspartner, der ihn auch in seiner Ehre angegriffen hat, auszusagen. Das Verfahren wird zu seinen Gunsten entschieden, aber sein Gegner legt Berufung vor dem Senat ein, wohlwissend, daß er dadurch ein Urteil um Monate, wenn nicht um Jahre hinauszögert.

Um diese Zeit nicht untätig verstreichen zu lassen, nimmt Schliemann seine Geschäfte wieder auf und betreibt sie nunmehr mit einem Schwung und einer Kühnheit wie nie zuvor. Fünf Jahre gehen ins Land, bis er den leidigen Prozeß gewonnen hat, und er ist vermögender denn je zuvor.

Jetzt soll ihn nichts mehr an Petersburg binden, nichts mehr daran hindern, seine Reise fortzusetzen. Es soll eine Reise durch Kontinente werden. Sein Verlangen, die ganze Welt kennenzulernen, führt ihn durch Griechenland, Indien, China, Japan, nach San Franzisko und von dort über New York nach Paris. Unterwegs schreibt er ein kleines Buch, *La Chine et le Japon.* 1866 läßt er sich in der Hauptstadt an der Seine nieder, um sich dort durch ein intensives Studium der Altertumskunde für sein Vorhaben zu rüsten.

Zwei Jahre später macht er sich auf, um Ithaka und das Land der Phäaken – Mykene, Tiryns und Troja – selbst kennenzulernen. Seine Forschungsergebnisse und Eindrücke an Ort und Stelle faßt er in der Studie *Ithaka, der Peloponnes und Troja* zusammen. Eine beachtliche Arbeit! Die Universität in Rostock verleiht ihm dafür den Ehrendoktor.

Im Jahre 1871 beginnt Schliemann in der Nähe des türkischen Dorfes Hissarlik nach Troja zu graben, also nicht bei Burnarbaschi, der bis dahin vermuteten Stelle. Drei Jahre lang läßt er hundertfünfzig Türken auf seine Kosten tiefe Gräben ziehen. Dann stößt er auf einen wertvollen Schatz. Pfundschwere goldene Becher, Teller, silberne Kannen, vielarmige Kandelaber und jahrtausendealter Schmuck kommen zum Vorschein. Tonkrüge und Teile von solchen werden freigelegt. In der untersten der sieben Bauschichten des Trojahügels erkennt Schliemann eine rohe Burgmauer auf felsigem Grund, das Skäische Tor und die Feste des Priamos. *Troja ist wiederentdeckt.*

Was Schliemann wirklich ans Licht der Gegenwart heben konnte, darüber gibt es in der Fachwelt widersprüchliche Meinungen. Der große Prähistoriker CARL SCHUCHHARDT würdigt ihn mit den Worten:

»Schliemann hat in allen großen Fragen recht behalten. Seine Homer-Gläubigkeit hat sich bewährt, weil er mit seinem einfachen Volksgemüt der naiven altgriechischen Dichtung näherstand als die kritische Verstandeswelt seiner Zeit. Und sein Werk hat uns weit mehr gebracht, als er selbst erwartet hatte. Er dachte in Troja und Mykene eine Kultur zu finden, die der klassisch-griechischen näherstände, und derweil hat er gefunden die erste monumentale Mischung nordischen Wesens mit der altmittelländisch-pelasgischen Kultur, den ersten festen Beweis für die Indogermanisierung Griechenlands von unseren Ländern und nicht von Zentralasien her. Die Funde von Troja, Mykene und Tiryns haben uns eine ganz neue ungeahnte Welt erschlossen, die noch lange nicht ausstudiert ist.«

HEINRICH SCHLIEMANN vermachte alle von ihm gehobenen Schätze der Stadt Berlin. Heute sind sie im Museum für Ur- und Frühgeschichte in Ostberlin zu betrachten.

21. Der Minderwertigkeitskomplex

»Manche Termini entschlüpfen den Wissenschaftlern, zwar nur für den eigenen Gebrauch bestimmt, wie der böse Geist der Flasche. Denken wir nur an ›Neurasthenie‹, ›Psychose‹, ›Komplex‹. In alter Zeit entlieh die Volkssprache Ausdrücke der Kirchensprache: heutzutage hält sie sich an die psychiatrischen Kliniken. Ein Zeichen der Zeit? Wenn man den Mann von der Straße fragen wollte, was er unter einem Komplex verstehe, so wäre man über die Verschwommenheit der Antworten erstaunt. In den meisten Fällen wird der Minderwertigkeitskomplex angepeilt.« So kann man bei OLIVER BRACHFELD nachlesen.

Diese Erscheinung mag darauf hinweisen, daß der »Mikox« – wie er im außerfachlichen Jargon bisweilen genannt wird – nirgends haltmacht. Der Gelehrte kann von ihm ebenso befallen werden wie der Handlanger: Dem in Ehren ergrauten Professor kommen möglicherweise Zweifel an seiner Autorität, da seine wissenschaftliche Abhandlung im Fachblatt noch nicht veröffentlicht worden ist. Der Hilfsarbeiter muß erfahren, daß die Familie seiner Freundin auf ihn herabsieht.

Wenn man den Begriff genau handhabt, ist es voreilig, hier von Minderwertigkeitskomplexen zu sprechen. Denn diese entstehen erst dann, wenn sich *Minderwertigkeitsgefühle und Gefühle der Unzulänglichkeit* – »Insuffizienzgefühle« ist ein anderes Wort dafür – häufen, wenn sie in ihrer Bedeutung überbewertet und schließlich ins Unbewußte verdrängt werden. Natürlich gehen Insuffizienzgefühle leicht in Minderwertigkeitsgefühle über, dennoch verlangen sie eine Unterscheidung. Wenn die Kassiererin bei Mayer & Co. sich dauernd beim Herausgeben vertut, empfindet sie ihre Leistung bald als unzureichend, und wenn sie außerdem ein »häßliches Entlein« ist, dann kommt noch ein Minderwertigkeitsgefühl hinzu.

Alfred Adler – schon früher im Zusammenhang mit Eduard Spranger und Viktor Frankl genannt – hat den Begriff des Minderwertigkeitskomplexes geprägt. Sein Lehrgebäude der *Individualpsychologie* stützt sich auf diesen Komplex.

Alfred Adler geht davon aus, daß allgemeine Minderwertigkeitsgefühle zwangsläufig schon im Kindesalter auftreten. »Im Vergleich zu seiner intrauterinen Lage bedeutet der nachgeburtliche Zustand des Kindes eine entschiedene Minderwertigkeitssituation. Tatsächlich gibt es keinen einzigen der zahlreichen Lernvorgänge – zum Beispiel Sauberwerden–, der das Kleinkind nicht vor ernstliche Schwierigkeiten stellt. Der Mangel an Kraft und körperlicher Gewandtheit machen das Kind zu einem wirklich minderwertigen Wesen . . .« So erklärt es uns der Adler-Schüler Oliver Brachfeld.

Natürlich verschwindet dieses allgemeine Minderwertigkeitsgefühl des Kindes nach und nach, wenn es mit zunehmendem körperlichem und geistigem Wachstum eine gewisse Selbständigkeit erlangt, Fähigkeiten entwickelt und somit ein erstes Selbstvertrauen.

Neben diesen allgemeinen Minderwertigkeitsgefühlen des heranwachsenden Kindes, die bei günstigen Umweltverhältnissen keine Spuren hinterlassen, gibt es *eine Reihe von Umständen,* die das Entstehen individueller Minderwertigkeitsgefühle begünstigen. Ob es sich nun um schwere körperliche Mißbildungen handelt oder um leichtere Auffälligkeiten wie etwa extreme Magersucht oder das Gegenteil, relativer Kleinwuchs, Stammeln, Stottern, Erröten, abstehende Ohren, unreine Haut, Mängel in der Feinmotorik, Langsamkeit der Auffassung oder auch nur eine Unsicherheit in der Rechtschreibung, sie alle können in diesem Sinne wirken.

Daß eine verfehlte Erziehung – zu hart oder zu weich–, die

nicht den obersten Grundsatz der Pädagogik beherzigt, das Kind uneingeschränkt zu ermutigen, Minderwertigkeitsgefühle geradezu züchtet, zeigt sich im praktischen Leben auf Schritt und Tritt.

Es gibt aber auch gruppenspezifische Arten dieses Gefühls. Man denke an die unterschiedliche Bewertung der Geschlechterrollen, das ungleiche mitmenschliche Ansehen entsprechend der sozialen und wirtschaftlichen Lage der Eltern, die Stellung des Kindes in der Geschwisterreihe und nicht zuletzt an das außerehelich geborene Kind. Man denke ferner an das Rassenproblem, bei dem es sich in besonderer Deutlichkeit zeigt, wie sich Minderwertigkeits- und Ohnmachtsgefühle verschwistern können. In diesem Zusammenhang ist auf das Gesetz der kleinen Unterschiede hinzuweisen: Je geringer der Unterschied zwischen zwei Menschengruppen ist, um so stärker wird er betont. In MARGARET MITCHELLS Bestseller *Vom Winde verweht,* der in den Südstaaten der USA spielt, distanziert sich der »Hausnigger« hoheitsvoll vom »Feldnigger«.

An anderer Stelle weist OLIVER BRACHFELD darauf hin, daß Minderwertigkeitsgefühle vorzüglich auf dem Gebiet der »kleineren Überlegenheiten« wachsen. Die Psychoanalyse hat dafür einen gut gezielten Ausdruck geprägt. Sie spricht vom »beleidigten Narzißmus«.

Warum wird die »gute alte Zeit« immer wieder lobend besungen, obwohl leicht nachzuweisen wäre, daß das Leben heute ein Vielfaches an Komfort bietet und ungleich müheloser geworden ist? Aus dem einfachen Grunde, weil früher eben alles beständiger, alles sicherer war. Ein Taler war noch ein Taler. Auf Straßen und Plätzen durfte man sich noch als Mensch bewegen, ohne Gefahr zu laufen, ein Opfer des Verkehrs zu werden. Wirtschaftliche Veränderungen vollzogen sich weniger rasch als heute. Wer sich einen Anzug fertigen ließ, tat dies für Jahrzehnte, wer ein Haus baute, sah seine Enkel in ihm wohnen.

Heute ist vieles so kompliziert geworden, in der Technik, in der Volkswirtschaft, in der Verwaltung, daß der Laie glaubt, das alles gar nicht mehr verstehen zu können, einer übermächtigen, unkontrollierbaren Maschinerie ausgeliefert zu sein, dem Moloch Bürokratie wehrlos gegenüberzustehen, und ohne gestempelte Papiere ist er nicht einmal mehr imstande, seine Existenz nachzuweisen. Genug davon! Das eben sind die Nachteile des ständigen Wandels, auch wenn er sich Fortschritt nennt. *Unbeständigkeit wird aber zur Unsicherheit,* und Unsicherheit ist zwar nicht das einzige Feld, auf dem Gefühle der Minderwertigkeit gedeihen, wohl aber das größte. Und wo menschliches Denken und Handeln mit Unsicherheit einhergehen, sind Irrtümern und falschen Vorstellungen Tür und Tor geöffnet.

22. Das Feuerwerk der Blender

»Was ist los mit dir?«

»Was soll schon los sein!« entgegnet Willi nicht gerade liebenswürdig seinem Großvater.

»Ich seh' es dir doch an, daß du verstimmt bist. Also raus mit der Sprache!«

»Sprache ... Sprache ... wenn ich das Wort schon höre!«

»Wie soll ich nun das wieder verstehen?«

»Also, das ist so ... aber es wird dich kaum interessieren.«

»Erzähl schon!« ermuntert ihn sein Großvater gütig. »Ich höre.«

Und während er in zeremonieller Umständlichkeit seine Pfeife stopft, beginnt Willi:

»Da war doch gestern im Kleinen Kronesaal ein Vortrag: ›Geistige Strömungen im Zeitalter des Klassizismus‹ – so ungefähr war er angekündigt. Du weißt doch, daß ich daran denke, schon im ersten Semester Philosophie zu hören. Also bin ich hingegangen ... Fast zwei Stunden hat der Mann gesprochen.«

»Wer?«

»Ein Professor aus Tübingen – wie hieß er doch? ›Frisch‹ oder ›Frosch‹ stand auf dem Plakat.«

»Na und, wie war's?«

»Das ist es ja eben! Ach, weißt du, der Redner selbst, der war ja einigermaßen zu verstehen, aber als anschließend zur Diskussion aufgefordert wurde, als jeder seinen Senf dazugab, da war's bei mir vorbei! Als ob die chinesisch geredet hätten, einer gescheiter als der andere, das hat mich aus der Fassung gebracht!«

»Und die haben dir imponieren können, dir, mit deinen Abgangsnoten!«

»Ich weiß nicht recht... Vielleicht erinnerst du dich an den Huber, den sommersprossigen Huber von der Bäckerei am Moritzplatz, von dem ich euch damals erzählte, als er in der Obertertia hängengeblieben war? Der redete vielleicht geschwollen daher! Nein, ich sag' dir, das war alles so gescheit. Ich kam mir vor wie ein Dummrian, wie ein Hilfsschüler. Oder hab' ich mich bisher überschätzt? Vielleicht sollte ich doch besser bei Lincke als Bürolehrling anfangen.«

Der Großvater sagte eine Weile gar nichts. Dann entflammt er ein Streichholz und noch eins, aber beide läßt er nacheinander ungenutzt herabbrennen. In Gedanken verloren legt er schließlich Pfeife und Zündhölzer beiseite, holt tief Luft, läßt sich in seinen Sessel zurücksinken. Bedächtig sagt er: »Du hast recht; es ist wohl die Sprache. Unsere erste Berührung mit ihr, vor vielen Jahrtausenden, war sicher noch ohne Arg, bis uns der Ungeist gelehrt hat, sie zu mißbrauchen...«

Nach kurzer Pause fährt er fort: »Im Gymnasium hast du erstmals von den Rednerschulen der alten Griechen gehört, die ihre Jünger lehrten, durch geschickte Handhabung und listige Verdrehung der Worte alles zu beweisen oder zu widerlegen, wie es ihnen gerade in den Sinn kam, eine Kunst, die übrigens heute nicht weniger gepflegt wird als damals.

Eine Spielart des *Sprachmißbrauchs!* Eine andere, ganz typische fällt mir jedesmal ein, wenn ich an deinen Onkel Hans denke, der doch zwei Semester in Cambridge studiert hat. Da stehe, hat er mir einmal ironisch lächelnd erzählt, auf einer Marmortafel im unteren Wandelgang der Universität der famose Satz: ›Ein Intellektueller ist einer, der mehr Wörter benutzt, als er eigentlich braucht, um mehr zu sagen, als er weiß.‹ So ungefähr hat er den Spruch verdeutscht.

Ein solches Maß an witziger Selbstironie scheint für die Angelsachsen typisch zu sein. Du wirst es selbst erleben: Wenn hierzulande einem Universitätsprofessor Leichtverständlichkeit nachgesagt wird – solche Ausnahmen gibt es glücklicherweise–, wird er sich fragen, ob das nun ein Lob sein soll.

Welcher Student fühlte sich nicht zu diesen Lehrern hingezogen! Aber ... ich war damals sehr begeistert, als ich einen derartigen Lehrer entdeckt hatte. Vielleicht hätt' ich nicht darüber sprechen sollen, denn sofort warf da der Meier ein: ›Wie, der Jenewein? Dem fehlt doch jede Originalität; den kann ja jeder Schuster verstehen!‹ Hintenherum besorgte er sich allerdings die Mitschriften aus den Vorlesungen jenes Professors.

Man kennt den Typ des flotten jungen Mannes, dem man überall begegnet. In der Schule hat er wahrhaftig nicht geglänzt, aber später im Kreise seiner Bekannten findet er es doch recht wirkungsvoll, sich mit ›Bildungslametta‹ zu behängen. Bei passender oder unpassender Gelegenheit beeilt er sich, Zitate jeder Herkunft seinem Redeschwall beizumengen. Die ersten zehn Zeilen des *Bellum gallicum* schnurrt er dir glatt auswendig herunter. Er glaubt wohl, damit seine humanistische Bildung zu belegen, und wenn er jemals an der altgriechischen Literatur geleckt hat, wird er seine Zuhörer gewiß mit ein paar Versen aus der *Odyssee* beeindrucken wollen. Hat er Gelegenheit, eine Rede zu halten, stützt er sich auf die fragwürdige Regel: Wer nichts zu sagen hat, braucht deshalb nicht zu schweigen. Ein Mangel an Gedanken läßt sich durch Worte unschwer ersetzen, kann sich doch jede Banalität durch eigenwilligen Satzbau mit ungewöhnlichen Ausdrücken – ob sie passen oder nicht – zur hintergründigen Aussage verdichten, wenn sie nur anspruchsvoll vorgetragen wird.

Besonders Kühne reden oder schreiben so gestelzt, daß sie das, was sie vorbringen, selbst nicht verstehen, geschweige denn das Publikum, das natürlich nicht fragen mag. Wer hat schon angesichts solch erdrückender Gelehrsamkeit den Mut zuzugeben, daß er den geistigen Höhenflügen nicht ganz zu folgen vermag?«

Jetzt beugt sich der Großvater vor, sieht dem Jungen lächelnd in die Augen: »Also der Huber hat dir am meisten zugesetzt; was macht er denn heute eigentlich?«

»Genau hab' ich das nie erfahren. Es heißt, er habe eine Banklehre angefangen – nach seinem Abgang von der Schule.«

»Die muß er ja nun bald hinter sich haben.«

»Ja, das müßte er, wenn er durchgehalten hätte. Man sagt, seit Weihnachten arbeite er bei einer Werbeagentur.«

»Kein übler Beruf. Er hat viele Sparten. Aber man müßte es schon bis zum Texter bringen, wenn man erfahren will, was Sprache ist und was Sprache kann.«

»Willst du damit sagen, daß sie mehr sei als ein Mittel zur Verständigung?«

»Ja, sie ist wirklich mehr, Willi; sie kann es zumindest sein. Sie kann dich an ferne Orte tragen, an den Gedanken anderer, an jedem Geschehen teilnehmen lassen; sie kann Sinngehalte offenbaren oder verschleiern; sie kann deinen Verstand, deine Gefühle herausfordern, erheben oder niederdrücken, einsichtig machen oder verführen. Das alles und noch mehr liegt in ihrer Magie beschlossen.

Dir, mein Junge, geht es um etwas Grundsätzliches, um das *Sprachverstehen.* ›Informationsfluß‹ sagen manche, aber das scheint mir nicht allgemein genug.«

»Wie ist der Mensch überhaupt zur Sprache gekommen?«

»Wahrscheinlich hat es mit der Gebärdensprache angefangen. Der eine wollte dem andern oder mehreren etwas verständlich machen. Er hat es ›signalisiert‹. Vom Signal zum Symbol war es kein so großer Schritt, denn die ersten Lautsymbole dürften zunächst nicht über eine Art Lautmalerei hinausgegangen sein. Wir können annehmen, daß die frühen Lautkombinationen, die ersten Lautsymbole naturnachahmender Art waren. Aus dem ›Plätschern‹ des Baches, aus dem ›Murmeln‹ der Quelle – aus dem Wort ›Quelle‹ nicht minder – oder aus dem ›Knacken‹ der Zweige kann man noch die

Urlaute heraushören, und der Kuckuck hat seinen Namen auch nicht von ungefähr.

Lautsymbole waren es schon vor Jahrtausenden, mit deren Hilfe sich ›Sender‹ und ›Empfänger‹ im Austausch verständigten. Dank der sich entwickelnden Differenzierung in mehrere Wortarten und ihrem geregelten Zusammenspiel, das wir heute die *Lehre vom Satzbau* nennen, wurde die Sprache im Laufe der Zeit ein kunstvolles Instrument.«

»Lehre vom Satzbau – das klingt eigentlich ganz gut. Unser Deutschprofessor bevorzugte den griechischen Ausdruck. Auch von uns verlangte er, daß wir ihn anwenden. War das bei euch anders?«

»Wie war das bei uns? An manche Einzelheit, an manche Gewohnheit unseres Studienrats kann ich mich noch genau erinnern, an das Quietschen seiner stets blankgeputzten Schuhe, an seine hellrote Krawatte – er trug Tag für Tag dieselbe – an seinen betont aufrechten Gang, nur nicht, ob er... Ich nehme an, daß auch er immer von der ›Syntax‹ gesprochen hat.«

»Warum nimmst du das an?«

»Nicht schlecht gefragt, Willi! Ich folgere es aus der Tatsache, daß es früher etwas steifer, etwas klassenbetonter zuging. Das drückte sich auch in der Sprache aus. Laß uns zwei-, dreihundert Jahre zurückdenken. Was meinst du, wie da manche auf Stelzen gingen: Die Gelehrten sprachen Lateinisch, die Leute von Stand parlierten Französisch und das ›gemeine Volk‹ hielt sich an seine Mundart. Von Friedrich dem Großen weiß man, daß er besser Französisch sprach als Deutsch. Unterschiede dieser Art macht das zwanzigste Jahrhundert nicht mehr. Wer aber wollte leugnen, daß sich auch heute noch *Grenzen durch unsere Sprache* ziehen!«

»Bildungsgrenzen etwa?«

»Auf den ersten Blick mag es so scheinen. Bei näherem Hinsehen soll es so scheinen.«

»Was willst du damit sagen?«

»Der erste Irrtum liegt schon darin, sozialen Rang und sprachlichen Ausdruck auf einer Ebene zu vermuten. Es ist eher so, daß gerade Leute von hohem Verstand mit der Sprache schlecht zurechtkommen. Man denke an den Gelehrten, dem es nicht gelingen will, schwierige Gedankengänge in einleuchtende Formulierungen zu kleiden, oder an den Fachspezialisten, der sich dem Kollegen mitteilt. Da bleibt es nicht aus, daß sich die Sätze oft verschachteln wie die Gedanken ihrer Urheber und sich bisweilen Fremdwörter und Fachausdrücke geradezu jagen. Das ist weder schön noch sinnvoll. Dennoch wird schöpferischen Menschen ihre mangelhafte Ausdrucksweise nachgesehen. So wünschenswert es auch ist, wenn sich Geistesgröße mit vorbildlichem Stil vereint: *bedeutende Menschen verdienen es, mit anderen Maßstäben gemessen zu werden.*

Bedeutende Menschen . . . wer möchte nicht bedeutend oder wenigstens klug sein oder, wenn das auch noch zu hoch gegriffen ist, zumindest dafür gehalten werden! Das hat aber seinen Preis. Und da scheiden sich die Geister.

Einige wenige sind bereit, ihn zu zahlen. Aber alle übrigen, die den Preis der Arbeit an sich selbst, der Arbeit an den ihnen gegebenen Möglichkeiten nicht zahlen wollen, die aber Bewunderung und Anerkennung nicht entbehren möchten, versuchen es mit einem naiven Trick. Sie denken nicht etwa daran, einem Vorbild nachzueifern; sie glauben schon das Erforderliche getan zu haben, wenn sie ihr Vorbild kopieren, indem sie ein paar auffällige Einzelheiten nachahmen, die sie irrtümlicherweise für das Wesentliche halten.

Erinnerst du dich an den Jäger in *Wallensteins Lager,* der den aufgeblasenen Wachtmeister so herrlich kontert? Spöttisch hält er ihm entgegen: ›Wie er (sich) räuspert und wie er spuckt, das habt ihr ihm glücklich abgeguckt.‹

Das trifft den Sachverhalt genau: Wie da einige Soldaten aus

Wallensteins Feldlager sich dem Glauben hingeben, es genüge schon, ein paar Äußerlichkeiten des großen Feldherrn nachzuahmen, um sich ihm an die Seite stellen zu können, so haben die Nachahmer aller Zeiten gedacht, die sich selbst und ihrer Umwelt etwas vorzumachen versuchen.

Ihre Rezepte sind unglaublich simpel. Du brauchst dich nicht zu wundern, daß dich Schaumschläger dieser Art verwirrt haben.«

»Wie aber soll ich herausfinden, wen ich ernst zu nehmen habe und wen nicht?«

»Zunächst einmal vergewissere dich, an wen sich der Redner oder der Schreiber wendet, ob er ein Fachpublikum ansprechen will, den gebildeten Laien oder jedermann. Dementsprechend wird er viel, wenig oder fast gar nichts voraussetzen. Auf das Verständnis eines Fachvortrags wird sich mitunter selbst der Spezialist noch vorbereiten müssen.

Im allgemeinen bemühen sich seriöse Menschen, die sich an den gebildeten Laien wenden, auch verstanden zu werden. Selbst wenn sie einmal zuviel voraussetzen, werden sie auf das Wesentliche immer wieder zurückkommen. Natürlich kann es schon einmal vorkommen, daß dir ein ganz und gar unverständlicher Satz begegnet. LUDWIG REINERS zitiert in seiner großartigen *Stilfibel* einen neuzeitlichen Philosophen. Laß mich nachschlagen! Da steht: ›Alle Relationen, die das bewußte Denken sich diskursiv appliziert, sind nur Reproduktionen explizierter oder Explikationen implizierter oder explizierte Reproduktionen implizierter Bewegungen.‹ Reiners fragt, wer das verstehen könne, und antwortet gleich selbst: ›Trösten Sie sich, ich auch nicht!‹

Ernsthaften Wissenschaftlern kann ein derartiger Satz entschlüpfen. Stilgaukler indessen fischen grundsätzlich im trüben. Sie kopieren die Ausrutscher der Großen und glauben, auf diese Weise selbst für klug und bedeutend gehalten zu werden. Man erkennt sie daran, daß sie übertreiben.«

23. Vererbung oder Umwelt – was ist entscheidend?

In der Redaktion der *Harvard Educational Review* ist der Teufel los. Man schreibt das Jahr 1969. Was ist geschehen?

Zunächst – so scheint es – nichts Besonderes. Ein Beitrag des Psychologieprofessors ARTHUR R. JENSEN von der Berkeley-Universität ist in der letzten Ausgabe des Fachblatts erschienen. Die Überschrift des Artikels ist keineswegs aufregend: »In welchem Maße können wir Intelligenzquotient und Schulleistung erhöhen?«

Die Abhandlung stellt das Ergebnis von Untersuchungen dar, die das Problem allerdings nicht aus geisteswissenschaftlicher Sicht angehen, sondern unter den nüchternen Aspekten der Eugenik, der Erbbiologie. Auch dieser Umstand an sich hätte wohl kaum Aufsehen erregt. Der Artikel wäre in irgendein Archiv aufgenommen und gelegentlich von einem Fachmann zitiert worden. Weshalb dann die Bestürzung, weshalb der Aufruhr?

Es geht um die Schlüsse, die Jensen aus seinen Forschungsergebnissen gezogen hat, aus Resultaten, die teilweise nicht einmal neu sind – sie wurden im wesentlichen bereits im Jahre 1910 von dem Engländer SIR CYRIL BURT behauptet –, die aber in der Art, wie sie vorgebracht werden, etwas Herausforderndes haben.

A. R. JENSENS *Thesen* lauten:

1. Begabung und meßbare Intelligenz sind vorwiegend erbbedingt und nur zum geringsten Teil auf die soziale Umwelt, das Milieu zurückzuführen, und zwar im Verhältnis achtzig zu zwanzig zugunsten der Erblichkeit.

2. Nicht nur zwischen Individuen, sondern auch zwischen Völkern und Rassen sind Begabungsunterschiede zu registrieren, die erblich sind.
3. Die amerikanischen Neger schneiden in Intelligenztests durchschnittlich fünfzehn Punkte schlechter ab als die amerikanischen Weißen und schlechter als die Asiaten, und dies unabhängig von ihrer Zugehörigkeit zu einer sozialen Schicht.

Diese Veröffentlichung wird in weiten Kreisen als schockierend empfunden. Die Reaktionen sind zum Teil grotesk! Der Harvardpädagoge CHRISTOPHER JENCKS bezeichnet den umstrittenen Bericht zwar als »durchaus stichhaltig«, aber als einen »gravierenden politischen Mißgriff«, zumal neue Fakten darin nicht ausgebreitet werden.

Die *Harvard Educational Review* beeilt sich, ihre Leserschaft und vor allem die von dem Artikel Betroffenen zu besänftigen. Vergeblich! Im Nu bilden sich zwei Lager: auf der einen Seite die Jensenisten, auch »Nativisten«, extreme Vertreter des Vererbungsgedankens, genannt, auf der andern Seite die Anti-Jensenisten, die »Environmentalisten«.

Während die Jensenisten darauf schwören, daß alle körperlichen und geistigen Eigenschaften, so auch die Intelligenz, in erster Linie auf Vererbung zurückzuführen seien, vertreten die Anti-Jensenisten den Standpunkt, daß den Einflüssen der Umwelt die größere Wirksamkeit zukomme.

Die Jensenisten werden bald wüst angefeindet. Trotzdem bekennen sich zu ihnen von der ersten Stunde an namhafte Gelehrte, so der Physiker und Nobelpreisträger WILLIAM SHOCKLEY, der Londoner Psychologieprofessor HANS JÜRGEN EYSENCK und der Psychologe RICHARD B. HERRNSTEIN. Sie werden allesamt als »Rassisten«, ja »Faschisten« beschimpft, sogar verprügelt. Besondere Schärfe erhält die Konfrontation durch die statistisch unterbaute Feststellung, daß die Schwarzamerikaner mit durchschnittlich fünfzchn Punkten Intelligenzrückstand ausgewiesen seien. Nur zu verständlich ist die Entrüstung eines schwarzen Redners, der seine Zuhörer mit den Worten »Ausgerechnet weiße Liberale müssen darüber debattieren, wie schlau wir sind!« anheizt.

Die Welle der Empörung macht auch vor den Universitäten nicht halt: JENSEN, SHOCKLEY, HERRNSTEIN und EYSENCK müssen Polizeischutz anfordern, um überhaupt noch ihre Vorlesungen abhalten zu können. Vor der Öffentlichkeit gelten sie als Abtrünnige. ARTHUR R. JENSEN muß seine Thesen vor einer Art Ausschuß rechtfertigen, der an die Atmosphäre eines mittelalterlichen Ketzergerichts erinnert.

Das alles wegen der Kränkung einer Minderheit? Nein! Jensen und seine Mitstreiter haben das Dogma von der Gleichheit aller Menschen in Frage gestellt, ein Dogma, ein Politikum!

Die Gleichheit der Menschen war Grundlage der amerikanischen *Unabhängigkeitserklärung*; auf diese Gleichheit baute das *Kommunistische Manifest.* Beiden liegt das Menschenbild zugrunde, das aus der Aufklärung stammt. Doch die Vorstellung des englischen Philosophen JOHN LOCKE von der Tabula rasa, einer leeren Tafel, die durch die Erfahrung des Menschen nach und nach beschrieben wird, ist heute angesichts der neuen Forschungsergebnisse nicht aufrechtzuerhalten, auch nicht das Bild des französischen Philosophen JEAN-JACQUES ROUSSEAU, das ebenfalls auf die Gleichheit aller Menschen hinausläuft.

Jahrhunderte lang galt, die Erfahrung bilde den Menschen; da kommt die Wissenschaft von den Genen, von den Erbfaktoren, und wirft alles über den Haufen. Das Menschenbild der Aufklärung, das auch heute noch die herrschenden politischen Systeme bestimmt, soll nun nicht mehr gelten! Das ist von ungeheurer Wirkung auf Staat und Gesellschaft, nicht zuletzt auf die Bildungspolitik. Sozialer Auf- und Abstieg sollen nur noch eine Frage der Gene sein?

Erkenntnisse, die etwas Neues bringen oder Bisheriges in

Frage stellen, werden gerne zugespitzt. So erging es einst der *Milieutheorie*, die dem sozialen Umfeld nahezu unbegrenzte Möglichkeiten zuschrieb; so ähnlich ist es in unseren Tagen mit der Wissenschaft von den Genen.

Eine Polarisierung der Streitfrage, die an sich nicht neu ist, die durch ARTHUR R. JENSENS Thesen bloß neuen Auftrieb bekam, kann uns der Wahrheit nicht näher bringen. WOLFGANG WICKLER vom Max-Planck-Institut für Verhaltensphysiologie in Seewiesen hat den Unverstand einer solchen Polarisierung mit dem treffenden Vergleich abgetan: »Sie ist ebenso sinnvoll wie die Frage, ob denn der Flächeninhalt eines Rechtecks von der langen oder von der kurzen Seite bestimmt werde.«

Es kann nicht der mindeste Zweifel bestehen, daß beide Faktoren, also sowohl die Vererbung als auch die Umwelt, die Entwicklung des Menschen bestimmen. Die Frage, die hier zu stellen ist, lautet: Welche Bedeutung kommt den erbbiologischen Forschungsergebnissen im Hinblick auf die *Selbstverwirklichung des Menschen* zu?

Vier Fünftel Vererbung und nur ein Fünftel Chance, der »Fatalität« zu entrinnen? Wirklich keine ermutigende Aussicht, jedenfalls nicht für den, der in der Wahl seiner Eltern nicht vorsichtig genug war! Auch das ist ein »Dogma«, ein unbarmherziges Dogma! Ist es wirklich realistischer als das der Milieutheoretiker?

Man sollte dieses Richtmaß nicht unbedingt hinnehmen. Seit es bekannt ist, wurden mehrfach Zweifel in die Genauigkeit der statistischen Methoden, auf denen es beruht, angemeldet.

Der Fall gesetzt, daß derlei Einwände zu Recht bestehen, müßte nach HANS JÜRGEN EYSENCK immer noch ein Übergewicht des Vererbungsanteils bleiben; fünfundsechzig Prozent sei das wenigste. Der erwähnte Harvardpädagoge CHRISTOPHER JENCKS wiederum setzt in seiner Publikation *Chancen-*

gleichheit die Größe des Erbfaktors mit fünfundvierzig Prozent an, eine Zahl, die nicht weniger umstritten ist. Wie dem auch sei, es handelt sich um Durchschnittswerte, die der Einzelpersönlichkeit nie angepaßt sind.

Die Zwillingsforschung liefert viele Belege dafür, daß Kinder aus benachteiligenden Umweltverhältnissen, die später in ein förderndes Milieu hinüberwechseln, sich um zwanzig bis dreißig IQ-Punkte verbessern. Bei Kindern, die in extremer kultureller und sensorischer Absonderung aufwachsen, kann man bisweilen mit einer Anhebung ihres Intelligenzquotienten um sechzig bis siebzig Punkte rechnen!

Das sind statistisch untermauerte Argumente, Beweise, wie mächtig sich die Umwelt bemerkbar macht, und zwar nicht nur dann, wenn ohnehin optimale Voraussetzungen gegeben sind. In außergewöhnlichen Fällen kann die Umwelt einen Menschen bis zu vierzig Punkte vom ererbten IQ wegziehen, die Mehrzahl der untersuchten Menschen aber höchstens um dreizehn Punkte.

Hier wie dort ist es wichtig, Einzel- und Durchschnittswerte zu unterscheiden. Hier wie dort, in der Vererbungs- wie in der Milieustatistik, ergibt sich jeweils ein beachtlicher Spielraum zugunsten des Individuums.

Noch eine Tatsache gehört herausgestellt: Das Zusammentreffen der Erbfaktoren ist größtenteils vom Zufall abhängig. Wenn zwei besonders positive Gene des Vaters und der Mutter im Chromosom, dem fadenförmigen Erbgutträger, zusammenkommen, ist es eher selten als gewiß, daß sie sich in den Kindern ebenso positiv auswirken. In diesem Zusammenhang spricht man bei der Intelligenzerblichkeit von der *Regression zum Mittel*. Das ist so zu verstehen:

Wenn der Vater zum Beispiel den IQ 120 mitbringt und die Mutter den IQ 130, ist nicht damit zu rechnen, daß das Kind im Sinne des arithmethischen Mittels auf den Intelligenzquotienten 125 kommt. Viel eher ist zu erwarten, daß er sich dem

Durchschnitt (= 100) annähert, also etwa dem IQ 120 oder ein wenig darunter. Bei Intelligenzwerten unter 100 ist es umgekehrt; sie nähern sich von der anderen Seite dem Mittel. Sind die Intelligenzquotienten der Eltern zum Beispiel 92 und 94, ist die Wahrscheinlichkeit gegeben, daß der IQ des Kindes über 94 liegt.

Was die dritte Jensensche These betrifft, weist schon RICHARD B. HERRNSTEIN darauf hin, daß der niedrigere Intelligenzquotient bei Negern möglicherweise ein Nebenprodukt sozialer Kräfte ist und nicht genetisch bedingt. Intelligenztests sind schließlich nicht von der Natur vorgezeichnet, sondern eine von Zweckmäßigkeit bestimmte Konstruktion der Psychologen. Den ursprünglich völlig anderen Daseinsbedingungen Schwarzer ist gewiß nicht die gleiche Art von Intelligenz angemessen, wie sie der amerikanische Industriearbeiter, Gewerbetreibende oder Student benötigt, um in seiner Umgebung zurechtzukommen.

Wenn HANS JÜRGEN EYSENCK kurz und bündig erklärt, daß die Umwelt den Menschen nur wenig beeinflusse, so kann man immerhin auf Erscheinungen verweisen, die die Notwendigkeit einer Korrektur dieses Vorurteils nicht ganz ausgeschlossen erscheinen lassen.

Sicher ist, daß die erwähnten Untersuchungen der Intelligenz als isolierter Erscheinung galten, und eine solche Intelligenz, die sich im wesentlichen aus den im Test geforderten psychischen Funktionen errechnet, kann für die sogenannte *Mobilität* nie allein maßgebend sein, wenn auch die Regression zum Mittel innerhalb der westlichen Industriegesellschaft mitbeteiligt sein mag. (Unter Mobilität der sozialen Schichtung verstehen wir die Möglichkeit, aus sozial benachteiligten Schichten in höhere aufzusteigen.)

Statistisch gesehen beträgt die Mobilität in Amerika und Europa etwa dreißig Prozent. Mit anderen Worten: Aus den

Arbeiterschichten zeigt sich durchschnittlich einer von dreien für den sozialen Aufstieg mobil. Jeder dritte Junge erreicht ein Berufsniveau, das höher liegt als das seines Vaters. Aus der Mittelschicht ist einer von dreien zum sozialen Abstieg vorprogrammiert.

Daß hier Faktoren jenseits der Intelligenz mit im Spiel sind – ererbte und von der Umwelt beeinflußte –, liegt auf der Hand. Diese Vorgänge allein aus isolierten Intelligenztests zu erschließen, ist einseitig. Es dürfte feststehen, daß neben der Intelligenz auch noch andere ererbte und umweltbedingte Merkmale zu den Unterschieden zwischen den Menschen und ihrem Erfolg im Leben beitragen, etwa Temperament, äußere Erscheinung, Ehrgeiz, Leistungswille, Selbstdisziplin oder Ausdauer.

Diese Eigenschaften – von der äußeren Erscheinung abgesehen – nennt HUBERT ROHRACHER, wie schon aufgezeigt wurde, psychische Kräfte. Sie sind die Triebfedern; sie allein vermögen die Intelligenz zu aktivieren, und durch sie allein wird bestimmt, mit welcher Intensität das geschieht! RICHARD B. HERRNSTEINS Befürchtung, wir könnten einer erblichen »Meritokratie« zusteuern, in der allein die Tüchtigen die Oberschicht bilden, und zwar infolge ererbter Intelligenz, ist unbegründet, denn erst *das Zusammenwirken aller Kräfte bestimmt die Mobilität* nach oben oder nach unten.

24. Intelligenz kann man fördern

»Du, Papa, wie heeßt de Hauptstadt von Madajaskar?« möchte der elfjährige Klaus wissen.

»Keene Ahnung«, brummt der Vater, der sich gerade vor dem Wandspiegel rasiert.

»Du, Papa«, kommt es kurz danach, »wat is 'n Jenerator?«

»'n Jenerator, wie soll ik dir det erklern?« ist die Antwort. »Jeh' bei Onkel Justav! Der weeß et jenau.«

Und dann wieder: »Du, Papa, könn'n uff'n Neckar richtiche Dampfschiffe fahr'n?«

»Schon meechlich«, entringt es sich der väterlichen Brust.

So geht's noch eine Zeitlang weiter, ohne daß Klaus was Rechtes erfährt. Schließlich fragt er etwas zaghaft: »Du, Papa, macht's dir nich nerwees, wenn ik dir dauernd wat fraje?«

Und der Vater gutmütig: »Frag' nur, Junge! . . . lernste wat.«

Ja, es wird nun einmal »dumm« geboren, besser gesagt, hilfsbedürftig und unwissend. Kümmern sich die Erwachsenen nicht genügend um das Kind, wird es sich im Leben schwertun, auch wenn es kluge Eltern hat. Oder gibt es zweierlei Arten von Klugheit, die im Test meßbare und eine, die irgendwie darübersteht? Es scheint so; nein es *ist* so!

Die Förderung der Intelligenz sollte bereits im Kleinkindalter einsetzen. Gute Grundlagen sind ein inniger, vertrauensvoller Kontakt des Kindes zur Mutter und eine feste Ordnung des Tagesablaufs. Schon die bunten Kugeln über seinem Bettchen, die Rassel in seiner winzigen Faust, das erste Spielzeug, das anregende Bilderbuch, die märchenerzählende Oma, der gutgeführte Kindergarten, die häusliche Vorbereitung auf den

Zeitpunkt der Einschulung, all das sind Dinge, die dem kleinen Menschen helfen, ins Leben hineinzuwachsen und seine Intelligenz zu entfalten.

Bunte Kugeln, alle bunten Sachen führen das Kind dazu, Farben zu unterscheiden. Rassel, Bauklötze, Gummitiere, alles, was das Kind in die Hand nehmen kann, dient dem Unterscheiden von Formen, wird im engsten Sinne des Wortes »begriffen«. Und wenn es heranwächst, gibt es allerlei Material, alltägliches oder zum Spielen gefertigtes, das die Erfahrung des Kindes erweitert, das es zur lustbetonten Tätigkeit reizt.

Ein großes Spielwarenhaus im Zentrum Bochums wirbt seit Jahr und Tag mit dem ungewöhnlichen Slogan: »Sie können hier alles haben, was ein Kinderherz höherschlagen läßt. Nur eines können wir Ihnen nicht verkaufen: die Zeit, die Sie Ihrem Kinde widmen sollten.«

Das ist es. Mit dem Kinde sprechen, ihm Geschichten erzählen und ihm zuhören, wenn es erzählt, ihm Lieder vorsingen und sie nachsingen lassen, gemeinsam singen, gemeinsam spielen, gemeinsam fröhlich sein, das braucht ein Kind zur Entfaltung seiner kleinen Persönlichkeit, zur Entfaltung seiner Intelligenz. Nicht minder wichtig ist es, das *Kind als Gesprächspartner* ernst zu nehmen. Früher hieß es in mancher Familie: »Kinder haben bei Tisch den Mund zu halten!« Oder: »Kinder haben still zu sein, wenn Erwachsene sprechen!«

Natürlich geht es nicht, daß der kleine Peter dauernd dazwischenredet, wenn sich seine Eltern etwas zu sagen haben. Aber vielleicht müssen sie sich auch nicht gerade im Beisein Peterchens besprechen.

Es geht ums Grundsätzliche: Wie soll das Kind zum denkenden Gesprächspartner heranreifen, wenn es nicht öfters ins Gespräch einbezogen wird? Bitte nicht gönnerhaft: »Peterchen darf auch mal was sagen.« Er soll auch nicht nur deshalb reden, damit die Erwachsenen über eine drollige Äußerung des Kleinen lachen oder schmunzeln können.

Ein Psychotherapeut erzählt aus seiner Praxis den folgenden Fall:

»Vor etwa zwei Jahren hatte ich einen jungen Studenten vor mir sitzen, der über Auffassungsschwierigkeiten klagte. Sie machten ihm in Vorlesungen und noch mehr in Seminarübungen zu schaffen. Im Intelligenzstrukturtest (IST) nach RUDOLF AMTHAUER wie auch im Hamburg-Wechsler-Intelligenztest für Erwachsene (HAWIE)« – beide Verfahren sind am Anfang dieses Buches eingehend dargestellt – »kam er auf Intelligenzquotienten um 120. Die projektiven Tests zeigten kaum Auffälliges. Lediglich im Kochschen Baumtest deuteten einige Merkmale Insuffizienzgefühle an.

In der vierten Sitzung kam dann etwas zutage, dessen Bedeutung mir erst bei der Durcharbeitung der stenographischen Aufzeichnungen völlig klarzuwerden begann. Man spricht zwar von ›Sitzungen‹; aber in der Regel liegt der Klient auf einer bequemen Couch, entspannt, gelöst, durch nichts abgelenkt, ganz auf das freie Assoziieren, die spontane Äußerung auf Reizworte, gerichtet.

Im Zuge einer Schilderung seiner Kindheit kam er auf den Verlauf des Mittagsmahles im Hause seiner Eltern zu sprechen.«

So schilderte der Student dem Bericht des Psychotherapeuten zufolge das Familienessen:

»Wir aßen stets Punkt dreizehn Uhr. Meist stand mein Vater, seine Sprungdeckeluhr in der Hand, am Fenster. Das war das Signal, uns um den großen Eßtisch zu versammeln. Meine Mutter erhob immer als erste ihre Stimme, und dann sprachen wir im Stehen ein längeres Tischgebet. Mir zumindest kam es lang vor. Dann tönte mein Vater mit sonorer Stimme ›Gesegnete Mahlzeit‹! Wir faßten uns an den Händen und wiederholten im Chor ›Gesegnete Mahlzeit‹! Nachdem Vater und Mutter Platz genommen hatten, durften auch wir Kinder uns setzen.

Von da an war uns Schweigen geboten. Höchstens unsere ältere Schwester – sie hatte bereits einen Verlobten – durfte bisweilen mitreden, wenn sich unsere Eltern bei Tisch unterhielten. Wir drei jüngeren Geschwister – wir waren ›die Kleinen‹ – hatten den Mund zu halten. ›Bitte‹ und ›Danke‹ war so ziemlich alles, was uns zu sagen erlaubt war.

Zuweilen verständigten sich unsere Eltern in einer Art Geheimsprache. Es war ein sonderbares Gemisch von Silben, nach mir nie einsichtig gewordenen Regeln verdreht und vertauscht, so daß ich kein Wort verstand. Dieses ›Hilfsmittel‹ gebrauchten meine Eltern immer dann, wenn ihnen das Gesprächsthema für unsere Ohren untauglich erschien. Sie hätten sich diese Masche ersparen können, denn ich hörte längst nicht mehr hin, was sie auch zueinander sagten.

Nach und nach ging mir das bei allen Erwachsenen so. Wenn sie sich mir nicht unmittelbar zuwandten, war's mir, als redeten sie in der ihnen eigenen Sprache, aber nicht in meiner.«

Soweit die Darstellung des Psychotherapeuten. Auch wer sich in der Psychoanalyse nicht auskennt, sieht den Zusammenhang: Den elterlichen Leitsatz »Wenn Erwachsene sprechen, haben Kinder still zu sein« erweitert der Knabe unbewußt so: »Wenn Erwachsene sprechen, haben Kinder still zu sein . . . weder hinzuhören noch etwas zu verstehen.« Und der junge Mann, dem die Erwachsenen unerreichbar scheinen, wird zutiefst entmutigt. Seine Version des elterlichen Leitsatzes wird ihm zur Suggestion noch als Student.

Ist es dem Erwachsenen überhaupt möglich, etwas für seine Intelligenz zu tun? Oder muß er sich mit der Tatsache des besseren oder minderen Erbguts abfinden? Natürlich wäre es unrealistisch, die Grenzmarken, die die Vererbung steckt, völlig außer acht zu lassen. Der Sohn des schmächtigen Stadtschreibers mit der zierlichen, ein wenig blassen Mama wird sich kaum vornehmen, sein Brot später einmal als Möbelpacker zu verdienen oder als Gewichtheber Meisterehren zu erlangen. Aber was hindert ihn daran, seinen Körper zu trainieren, dessen Gewandtheit, Muskelkraft und Ausdauer zu erhöhen, so daß er schließlich manchem überlegen ist, der von seinen Eltern eine bessere Konstitution mitbekommen hat?

Was dem Körper möglich ist, die Übung seiner Funktionen, ist dem Denken nicht weniger möglich. Der ungestörte Ablauf der geistigen Funktionen ist außerdem nicht so sehr vom Alter abhängig wie der der körperlichen Funktionen. Und was die Intelligenz, die über den Funktionen steht, betrifft – eine Kombination aus Persönlichkeitswerten, Erfahrung und Lebensklugheit –, so findet sie ihren Höhepunkt nicht selten erst in den oberen Lebensjahrzehnten.

25. Was kann man konkret tun?

Zu Beginn des vorstehenden Kapitels fragt der elfjährige Klaus seinen Vater nach der Hauptstadt Madagaskars. Der Vater muß passen. Und als der Junge wissen möchte, was ein Generator ist, soll Onkel Gustav einspringen. In dieser Art geht es weiter, bis es Klaus peinlich wird. Die Komik des Dialogs ist nicht zu übersehen. Gewiß, durch Fragen lernt man, vorausgesetzt...

Das Kind ist weitgehend darauf angewiesen zu fragen. Jugendliche fragen auch noch, aber nicht mehr so gläubig, weil sie täglich sehen, wie von der »Allwissenheit« der Erwachsenen etliches abbröckelt. Erwachsene unter sich verbergen es meist schamhaft, etwas nicht zu wissen, was ihrer Meinung nach zur Allgemeinbildung gehört. Ihre Neugier kennt oft keine Grenzen. Aber zuzugeben, daß man etwas nicht weiß, was man eigentlich wissen »müßte« – wer möchte so dastehen?

Von Eugen Roth heißt es, er habe eines Tages einen Versuch gemacht. Als er mit einigen Herren im Ratskeller beim Heurigen saß, habe er nach dem dritten Schoppen an sein Glas geklopft: »Meine Herren, wie wär's, wenn wir uns ins Nebenzimmer setzten? Dort könnten wir ungestört reblodieren.« Keiner der Herren wußte, was »reblodieren« bedeutet. Eugen Roth wußte es auch nicht, er hatte das Wort frei erfunden. Dennoch: Keiner mochte fragen. Alle waren mit dem Vorschlag einverstanden.

Es wird viel geredet, meist viel zuviel. Gefragt wird hingegen wenig. *Fragen ist ein Merkmal der Intelligenz*. Gute Fragen stellen nicht den Frager bloß, manchmal aber den Befragten: wenn ihn die Frage zwingt, seine aufgebauschte oder verwaschene Rede zu erläutern, zu begründen, Farbe zu bekennen. Natürlich kann man es sich nicht immer leisten, im Gespräch ein Nichtwissen zuzugeben, zumal wenn man es mit Leuten zu tun hat, die gerade auf die Gelegenheit warten, Schwachstellen bei ihren Mitmenschen zu entdecken.

Es kann – sei es im Gespräch, sei es beim Lesen eines Buches, einer Zeitschrift oder einer Zeitung, eines Fachbeitrages – so gut wie jedem passieren, daß er hie und da auf ein Wort stößt, das er nicht kennt. Zunächst wird er versuchen, mit Hilfe des Kontextes, des Satzes oder der Sätze, in die das fragliche Wort eingebettet ist, seine Bedeutung zu erraten. Es ist eine Frage des persönlichen Anspruchs, aber auch der zur Verfügung stehenden Zeit, ob sich der Leser damit begnügt, das Gelesene ungefähr verstanden zu haben, oder ob er es genau wissen will. Alles genau wissen zu wollen birgt die Gefahr in sich, sich zu verzetteln. Im allgemeinen fährt man gut damit, sich »neue Wörter« nebst ihrer Bedeutung in ein eigens dafür angelegtes Heft zu schreiben, aber nur dann, wenn sie uns schon öfter begegnet sind oder wenn sie uns besonders wichtig erscheinen.

Daß man Unbekanntes in einem Lexikon oder in einem Wörterbuch nachschlagen kann, das weiß wohl jeder. Wie man aber mit solchen Handbüchern umgeht, um das Gesuchte rasch zu finden und auch das Letzte an Information herauszuholen, das weiß längst nicht jeder. Wenn man eine halbe Minute braucht oder gar noch länger, bis man das Wort gefunden hat, und wenn man dann auch noch auf Abkürzungen stößt, mit denen man nichts anzufangen weiß, wird einem die Sucherei bald leid; man läßt sie.

Alphabetische Nachschlagebücher sind meist Kunstwerke an Organisation. Ein großer Stab von Mitarbeitern hat sich bemüht, gründliches Wissen auf knappstem Raum allgemeinverständlich darzustellen und unter jedem Stichwort ein Maximum an Information zu bieten.

Man sollte es sich aber wirklich nicht verdrießen lassen, die ersten paar Seiten – sie bringen eine Anleitung, wie man aus dem Werk den meisten Nutzen zieht – sorgfältig zu lesen. Mehr noch: Man sollte diese Hinweise erproben und, soweit Suchbeispiele aufgeführt werden, sie ohne Hast durchexerzieren; das ist eine Investition an Zeit, die sich lohnt! Man muß schließlich wissen, ob man »Österreich« unter Os oder Oes oder Ös findet. Manche Lexika führen den Umlaut Ö gesondert, andere nicht. Man muß wissen, ob bei Wörtern, die Eigennamen sind, das gleiche Prinzip gilt oder nicht. Man muß wissen, ob man das »ß« als ein S oder als zwei S zählt, sonst vergeudet man viel Zeit. Hat man das Stichwort gefunden, sollte einem klar sein, was Punkte oder waagerechte Striche unter einem Selbstlaut oder senkrechte in einem Wort bedeuten. Im *Duden* zum Beispiel weisen solche Punkte auf die Betonung hin und senkrechte Striche auf die richtige Trennung.

Es hat mitunter verschiedene Bedeutung, ob eine Anmerkung in eckigen, runden oder Winkelklammern steht. Man sollte wissen, was die Angaben hinter einem Hauptwort (Substantiv) bedeuten. Meist nennen sie das Geschlechtswort (Artikel), den zweiten Fall (Genitiv) der Einzahl des Hauptwortes und den ersten Fall (Nominativ) der Mehrzahl.

Die Abkürzungen sollte man sich einprägen oder die weniger selbstverständlichen auf eine Art Lesezeichen notieren. Daß »allg.« allgemein bedeutet oder »ev.« evangelisch, das versteht sich von selbst; aber daß zum Beispiel »Ggs.« Gegensatz bedeutet, »ugs« umgangssprachlich oder »svw« soviel wie – an derlei raumsparende Vereinfachungen muß man sich erst gewöhnen, sonst werden die damit verbundenen Hinweise als unlesbar empfunden oder mit dem Gefühl übergangen, schlampig nachgeschlagen zu haben.

Warum soll man auf diese zusätzlichen, im Einzelfall oft wertvollen Angaben verzichten, wenn sie nichts kosten, bei etwas Übung nicht einmal Zeit?

Erste Denkhilfe: Sinnvoll fragen lernen

Daß die von den Eltern ererbte Intelligenz keine unveränderliche Größe ist, darf als entschieden gelten, denn geistige Funktionen sind ebenso verbesserungsfähig wie körperliche.

Dem Fragen kommt eine hervorragende Bedeutung zu, weil dieser mit dem Denken eng verbundene Akt nicht nur den Intellekt fordert, sondern den ganzen Menschen. Es ist uns möglich, ohne jedes seelische Engagement eine beliebige Zahl zu quadrieren oder einen in der Gegenwart gehaltenen Satz in die Vergangenheit zu setzen. Wenn wir Fragen stellen, müssen wir jedoch eine Hemmschwelle überwinden. Sie kann darin liegen, daß, wer fragt, ein mangelhaftes oder ein Nichtwissen zugeben muß, daß er sich einem anderen Menschen zuwenden oder sich die Mühe nehmen muß, bei unbefriedigender Auskunft weiterfragen zu müssen.

Wer Fragen stellt, bemüht natürlich seinen Intellekt; aber er wird auch von einem nichtintellektuellen Faktor, von seiner *geistig-seelischen Organisation*, gesteuert. Wo wir auch hinsehen, überall werden wir mit der Nase darauf gestoßen, daß der isolierte Intellekt bestenfalls ein mehr oder weniger brauchbares Werkzeug darstellt, daß es im wesentlichen aber auf die Regie ankommt.

Die Frage ist dynamisch. Während sie entsteht, schafft sie eine Leere im Fragenden, die die erwartete Information geradezu aufsaugt.

Aber nicht nur der Information von außen bereitet sie ein entgegenkommendes Verständnis. Wer Fragen an sich selbst stellt, macht die überwältigende Entdeckung, daß er in sich über einen Schatz an innerer Kraft und Klugheit verfügt, der nur darauf wartet, gehoben zu werden.

Es ist mehr als eine etwa nur vage Behauptung, der Mensch nutze seine geistigen und seelischen Fähigkeiten nur zu einem geringen Teil; denn bereits vor fast zweieinhalb Jahrtausenden machte sich der altgriechische Philosoph SOKRATES diese Wirklichkeit dienstbar. *Mäeutik*, die »Hebammenkunst«, nannte er seine Methode, durch geschicktes Fragen die im Gesprächspartner schlummernden Erkenntnisse aus den Tiefen des Unbewußten heraufzuholen.

In unseren Tagen ist es die *Gesprächspsychotherapie* – eine Richtung innerhalb der psychotherapeutischen Systeme –, die sich vergleichbarer Methoden bedient: Durch Denkanstöße wird der Klient in die Lage versetzt, nach und nach aus eigener Kraft seiner Schwierigkeiten Herr zu werden. Sicher vermag jedermann unschwer einzusehen, wie sehr gezieltes Fragen helfen kann, Problemsituationen und Konflikte zu klären und so die Voraussetzungen zu schaffen, sie auch zu bewältigen.

ZWEITE DENKHILFE: MIT OFFENEN AUGEN DURCHS LEBEN GEHEN

Im Volksmund heißt es: »Von nichts kommt nichts.« JOHN LOCKE, der englische Philosoph des siebzehnten Jahrhunderts gibt in seinem *Versuch über den menschlichen Verstand* das gleiche zu bedenken: »Nihil est in intellectu«, schreibt er, »quod non ante fuerit in sensibus.« Nichts im Verstand kann sein, was nicht vorher in den Sinnen war. Das Denken bedarf des Gegenstandes, um überhaupt möglich zu sein, und den Gegenstand wiederum nimmt der Mensch durch seine Sinne in sich hinein.

Wir könnten uns zum Beispiel keine Gedanken um die Sonne machen, hätten wir sie nie gesehen oder ihre wärmenden Strahlen auf unserer Haut verspürt; zumindest aber müssen wir mittelbar von ihrer Existenz und Beschaffenheit erfahren haben. John Locke weist darauf hin, daß dem Denken irgendeine Erfahrung vorausgehen muß, *daß sich Intelligenz nur dank Erfahrungen betätigen und bewähren kann.*

Anleitungen zur Schulung der Intelligenz bringen nicht selten, neben einer Anzahl mehr oder weniger lebensnaher Übungen, photographisches oder zeichnerisches Bildmaterial, anhand dessen der Leser seine Beobachtungsgabe schärfen soll. Ist jemand beharrlich genug, bis zur letzten Übung durchzuhalten, so mag er einigen Gewinn davon haben; doch können solche Aufgaben – meist einseitig und im Schwierigkeitsgrad nicht genug abgestuft – die praktische Situation nur unzureichend ersetzen. Sie wirken abstrakt und ermüden.

Als Klassiker auf dem Gebiet des Denktrainings darf allenfalls EDWARD DE BONOS Buch *In fünfzehn Tagen Denken lernen* genannt werden. Es fordert zwar nicht wenig vom Schüler, aber es tut es auf vergnügliche Art, indem es zunächst an dessen Spieltrieb appelliert.

Worauf es in der Tat ankommt: Mit offenen Augen durchs Leben gehen, Eindrücke in sich aufnehmen, Eindrücke sinnvoll verarbeiten!

Wenn jemand schon acht Jahre in der Limitenstraße wohnt und sich noch niemals Gedanken über die Herkunft des Wortes (es ist von *limes*, lateinisch Grenze abgeleitet) gemacht hat, wenn jemand seine Taschenuhr aufzieht und nachher nicht sagen kann, ob sie römische oder arabische Ziffern hat, wenn jemand auf dem Weg zur Arbeit täglich an einem Wäldchen vorbeikommt, ohne am Abend sagen zu können, ob da nun Tannen, Buchen oder Kastanien stehen, wenn jemand sein Gold verkauft, obwohl schon die ganze Stadt Lebensmittel und dergleichen hortet, dann kann man von ihm nicht sagen, er gehe mit offenen Augen durchs Leben.

Mit offenen Augen denkend durchs Leben gehen erhöht ganz allgemein die Bereitschaft, intelligent zu denken und zu handeln.

Dritte Denkhilfe: In Worte kleiden

Wenn das Kind seine Muttersprache zu lernen beginnt, wird es bald alle Dinge, die es greifen und sehen kann, beim Namen nennen. Gleich, ob es den gemalten Kreis noch »Balli-Balli« nennt, den Hund »Wauwau« oder die Eisenbahn »Puff-puff«, es sind die ersten Versuche, die *Dinge beim Namen zu nennen, zu verbalisieren.* Nach und nach lernt es, auch Eigenschaften, Tätigkeiten, Umstände, Gefühle zu benennen – lieb, essen, bald, Hunger usw. Längst bevor das Kind die Sprache im Griff hat, wird es je nach Temperament und sonstiger Anlage verbalisieren; es wird von seinen kleinen Erlebnissen erzählen, und einsichtige Eltern werden sein Bedürfnis, dies zu tun, durch unaufdringliche Teilnahme und Ermunterung fördern.

Ob beim Kind, ob beim Erwachsenen, es ist die Sprache, die eine höchst bedeutsame Rolle übernimmt. Der Gegenstand ist Voraussetzung des Denkens, das steht fest. Dennoch käme das Denken nicht sehr weit ohne die Namen und Begriffe, die ihm die Sprache bietet. Worte ermöglichen es erst, über ein ungegliedertes, verschwommenes Denken hinauszugelangen.

Worte geben dem Denken den nötigen Halt. Je treffender, je sorgsamer sie ausgewählt werden, je klarer kann sich ein Gedanke als Ergebnis des Denkens herausschälen. Es ist nicht dasselbe, ob Bruno seiner Freundin »ein paar Blumen« gegeben oder ob er ihr »acht taufrische Nelken« geschenkt hat. Es mag das gleiche sein; dasselbe ist es nicht. Nur der genaue Ausdruck ist imstande, eine genaue Vorstellung zu bewirken; die genaue Vorstellung wiederum führt dazu, klare Gedanken zu zeugen, denn menschliches Denken ist ein *Denken in sprachlichen Kategorien.*

Kurt hat ein Problem. Er bittet seinen Onkel brieflich um Rat. Während er sich bemüht, den Sachverhalt im einzelnen darzustellen, zu formulieren, beginnt sich dieser bereits zu ordnen und zu klären.

Warum werden Tagebücher geführt? Gewiß, hin und wieder auch aus Ehrgeiz: Da möchte einer der Nachwelt Spuren seiner Persönlichkeit hinterlassen. Meist aber geschieht es aus dem Bedürfnis, sich mit sich selber auszusprechen und im Niederschreiben Eindrücke oder Gefühle zu klären, frühere Erfahrungen zu überprüfen oder mit neugesammelten zu vergleichen, um im ganzen sein eigenes Wesen besser kennenzulernen.

Eine Variante des Verbalisierens ist *das »sprechende Denken«*. Bevor sie den Wohnungsschlüssel im Schloß umdreht, sagt Frau Wagner: »Jetzt geh' ich als erstes zum Supermarkt. Mal sehen, was die an Aufschnitt dahaben. Dann am Gemüsestand den Kopfsalat, den such' ich mir aber selber aus. Ein Bauernbrot und zwei Tüten Frischmilch, das wär's. Das Fleisch vom Sonntag müßte eigentlich noch reichen.« Sie sagt das halblaut vor sich hin und gibt damit ihrem Denken eine Stütze, ihrem Gedächtnis übrigens auch.

Als sie wieder zu Hause ist, kommt ihr kleiner Fritz von der Schule. »Mutti«, ruft er freudestrahlend, »ich bin heute im Rechnen gelobt worden. Wir haben Beträge im Kopf zusammenzählen müssen: eine Mark neunundneunzig, vier Mark achtundneunzig und eine Mark dreiundfünfzig. Ich war der erste, der's rausgekriegt hat.«

»Fein, wie hast du das gemacht?« will die Mutter wissen.

»Ich hab' es mir selber erklärt.«

»Dann erklär' es mir auch!«

»Ich hab' zu mir gesagt: ›Eine Mark neunundneunzig sind doch fast zwei Mark.‹ Stimmt doch, Mutti? Und dann hab' ich mir gesagt: ›Vier Mark achtundneunzig . . . da fehlen doch nur zwei Pfennig bis zu fünf Mark.‹ Dann hab' ich mir gesagt: ›Fast zwei Mark und fast fünf Mark sind fast sieben Mark. Es fehlen nur drei Pfennig.‹ Aber da war ja noch die eine Mark dreiundfünfzig. ›Fritz‹, habe ich mir gesagt, ›das ist ganz einfach. Zähl' sie dazu und zieh' am Schluß die fehlenden drei Pfennig wieder ab.‹ Und so sind dann am Ende acht Mark und fünfzig herausgekommen.«

Ob Fritz ein guter Rechner ist, das tut hier nichts zur Sache. Jedenfalls hat er einen brauchbaren Weg gefunden, die vom Lehrer gestellte Aufgabe zu lösen. Er hat sprechend gedacht – ob dies nun flüsternd geschehen ist oder ohne Bewegung der Lippen. Es ist jedenfalls eine Art des Verbalisierens. *Verbalisieren ist ein verdeutlichendes Denken,* Grund genug, so oft wie möglich davon Gebrauch zu machen.

Vierte Denkhilfe: Veranschaulichen und vereinfachen

Fritz hatte in der Rechenstunde drei mehrstellige Beträge zusammenzuzählen, und zwar nicht auf dem Papier, sondern im Kopf. Schriftlich wäre ihm das natürlich leichtergefallen, wenn auch die Zahlen auf dem Rechenblock kaum anschaulich sind. Sieht man von »eingekleideten« Aufgaben – von rechnerischen Fragestellungen, die sich aus einer praktischen Situation ergeben – ab, gehört die Mathematik zu den abstrakten Gebieten des Denkens, zu den unanschaulichen.

Das schriftliche Rechnen hat gegenüber dem mündlichen einen wesentlichen Vorteil: Man hat die Symbole (Zahlen und Zeichen) ständig vor Augen. Man braucht sich die Teil- oder Zwischenergebnisse nicht zu merken. Von einem Praktiker stammt der Satz: »Nimm Bleistift und Papier zur Hand. Damit wirst du deine Denkkraft vervielfachen!«

Schon einfache Proben im Bereich der Grundrechenarten können die Wahrheit dieser Behauptung leicht beweisen. Sie läßt sich auf alle Gebiete, in denen das Merkvermögen beansprucht wird, übertragen, und wenn noch graphische Elemente hinzutreten, etwa die technische Skizze, ist die Verwendung der genannten Hilfsmittel ohnehin gegeben.

Drei mehrstellige Zahlen zu addieren ist eine trockene Sache. Die Angabe des Lehrers, daß es sich um Mark und Pfennig handelt, hat wenigstens ein bißchen Anschauung in die Sache gebracht. Fritz ist mit Überlegung an seine Aufgabe herangegangen. Vielleicht hat er sich die glatten Beträge als Zweimarkstück und Fünfmarkstück vorgestellt, also noch Anschauung hinzugewonnen. Was seine Lösung aber im besondern auszeichnet: er hat vereinfacht.

Veranschaulichen und Vereinfachen sind zwei verschiedene Dinge, treten aber nicht selten gemeinsam auf, denn sie dienen in der Regel demselben Zweck. Gleichgültig, ob wir andern etwas beibringen oder auf eigenes Verstehen angewiesen sind, wir sollten grundsätzlich, wo immer es geht, versuchen, zu vereinfachen – zumindest fürs erste –, außerdem zu veranschaulichen, praktisch zu denken.

Franz bittet Helmut, ihm schnell 823 mit 987 zu multiplizieren. »Das haben wir gleich«, sagt Helmut und greift zum Taschenrechner. »Da, genau: 826301.«

»Kann nicht stimmen«, wendet Franz ein.

»Wieso nicht?«

Franz hat den Multiplikator auf 1000 aufgerundet und sofort gesehen, daß sich Helmut vertippt haben muß. Eine simple Rechnung, sicher; sie soll auch nur als Beispiel für das Vereinfachen stehen.

Wenn in der Biologiestunde das Herz mit einer »Pumpe« verglichen wird oder die Leber mit einer »chemischen Fabrik«, dann sind das Vergleiche, die wegen ihrer Anschaulichkeit immer wieder herangezogen werden. Von THOMAS ALVA EDISON, dem nordamerikanischen Erfinder, wird erzählt, er habe einst den Leiter seines Versuchslabors – einen Mann mit Hochschulbildung – beauftragt, den Kubikinhalt einer Glühlampe auszurechnen. Glühlampen hatten damals noch die Form einer Birne, aber mit einer Spitze am unteren Ende. Der Akademiker rang stundenlang mit seinem Problem, bis er

Edison schließlich stolz das Ergebnis vorlegte. Der aber warf nur einen flüchtigen Blick auf das Blatt und knurrte: »Falsch!« Dann nahm er eine Zange, kniff die Spitze der Glühbirne ab, ließ Wasser hineinlaufen, das er gleich darauf in einen Meßbecher goß. Nach etwa zwanzig Sekunden hatte er das exakte Ergebnis.

Dieses Beispiel zeigt, *wie das Bemühen um Anschaulichkeit und Vereinfachung fast spielend zum Erfolg führt.*

Karl findet in der Rätselecke seines Sonntagsblattes das untenstehende Quadrat vor. »Verteilen Sie«, so lautet die Anweisung, »die Zahlen in den neun kleinen Quadraten so, daß die waagrechten, senkrechten und diagonalen Summen genau übereinstimmen!«

5	8	4
2	7	3
9	6	1

Es soll also ein *magisches Quadrat* gebildet werden.

Karl versucht dies und das, streicht durch, kritzelt daneben, radiert, verrennt sich immer mehr in die Aufgabe und beginnt schon an ihrer Lösbarkeit zu zweifeln. Anne, seine Frau, legt schließlich ihre Häkelarbeit beiseite. »Was machst du denn da?« erkundigt sie sich, und Karl erklärt es ihr.

Nun sitzen sie zu zweit vor dem Problem. Es wird immer

unübersichtlicher, denn durch die vielen Änderungen wird die Vorlage nahezu unlesbar. Da hat Anne eine Idee: »Weißt du was«, sagt sie zu Karl, »wir machen uns selber Zahlen und schneiden sie aus! Dann können wir sie bequem so lange auf dem Tisch herumschieben, bis es stimmt.«

Karl schreibt die Zahlen auf einen alten Briefbogen, greift zur Schere, und schon liegen sie einzeln vor ihnen. Nun können die beiden jede Kombination im Handumdrehen herstellen und haben das Ganze schön vor Augen. Trotzdem, bis zur endgültigen Lösung vergeht noch etwas Zeit. Schließlich steht das Ergebnis. Es hält jeder Probe stand. Und der Leser? Er kann es im Anhang nachschlagen.

26. Unterscheiden, prüfen, vergleichen

»Die Suppe ist ja kalt, außerdem versalzen!« nörgelt Herbert während des Mittagessens. »Wir haben heute Betriebsratssitzung. Ist wenigstens ein frisches Hemd im Schrank, ein gebügeltes? Wie? Alle in der Wäsche? Das ist ja . . .« Und so geht das weiter.

Wer kennt sie nicht, die Quengler und Krittler, die von Natur aus nie Zufriedenen! Sie beschränken sich nicht auf das männliche Geschlecht. Man geht ihnen am liebsten aus dem Weg. Immer diese Kritisiererei!

Kritisieren sie wirklich oder geht es ihnen nur darum, Tadelnswertes aufzuspießen?

So wie das Wort heute verwendet und meist auch verstanden wird, entfernt es sich von seiner ursprünglichen Bedeutung. Von Haus aus – es kommt aus dem Griechischen – meint »Kritisieren« nichts anderes als unterscheiden, auch prüfen, vergleichen, beurteilen. Seine negativen Akzente hat es wohl nur bekommen, weil Menschen und Dinge dabei oft schlecht abschneiden, ob zu Recht oder zu Unrecht.

Die Aufgabe des beruflich tätigen Kritikers, zum Beispiel in Kunst und Literatur, ist sicher nicht der »Verriß«. So nennt man eine Kritik, die nichts Gutes an einer Leistung läßt. Sie besteht vielmehr darin, zu Bejahendes und zu Verneinendes vom Standpunkt des Kenners aus eindeutig klarzulegen. Die Aufgabe bürdet dem Kritiker ein hohes Maß an Verantwortung auf. Beim zünftigen Kritiker darf man das Gefühl dafür voraussetzen.

»Kriterien« sind *Unterscheidungsmerkmale.* So ist zum Beispiel die Beschaffenheit des Gebisses bei Pferden ein Kriterium für ihr Alter.

Wenn jemand feststellt: »Das ist nicht Weizen, sondern Roggen«, »Diese Unterschrift ist gefälscht«, »Klara hat eine gute Figur«, so muß man alle drei Aussagen als kritische Feststellungen ansehen. Kritischer Geist muß, wie man sieht, nicht negativ sein. Kritisieren in seiner ursprünglichen Bedeutung ist weder ein kleinliches Bemängeln noch ein engherziges Bemäkeln, sondern eine *unverzichtbare Funktion des Denkens.*

Kritik in diesem Sinne zu üben, fleißig zu üben, heißt den Verstand schulen. Und dazu gibt es allenthalben Gelegenheit.

Familie Mendler schickt sich an, einen Stadtbummel zu machen. »Zieht euch warm an«, mahnt die Mutter, »es geht auf Weihnachten zu!«

Auf dem Weg zur Straßenbahnhaltestelle meint die vierzehnjährige Ingrid: »Warm anziehen … so kalt ist es doch gar nicht!«

Und Jürgen, ihr Bruder: »Wozu trägst du dann Handschuhe?«

Da greift der Vater ein: »Laßt uns doch einmal raten, wieviel das Thermometer anzeigt! Wer der gemessenen Temperatur am nächsten kommt, darf heute abend das Fernsehprogramm bestimmen. Wir fahren jetzt nur drei Teilstrecken bis zur Rosenapotheke. Unter der Normaluhr, da ist doch so ein riesiges Thermometer.«

Dort angekommen freut sich Jürgen, denn es ist genau ein Grad unter Null, wie er angenommen hatte. Ingrid hatte zwei Grad Celsius geschätzt, der Vater etwas weniger, und die Mutter hatte geglaubt, vier Grad minus sei das wenigste, was die Quecksilbersäule anzeigen müsse.

Jürgen, der »Sieger im Quiz«, findet Gefallen an diesem Ratespiel, und so hat er auch schon eine neue Aufgabe bereit: »Was meint ihr, wieviel Minuten es von hier bis zum Zentralkaufhaus zu gehen sind? Ich mache in der Minute fünfzig Doppelschritte; das sind ungefähr sechzig Meter, falls euch das weiterhilft.«

»Zufällig weiß ich es«, wirft Frau Mendler ein, »denn vorigen Mittwoch hast du's ja jedem erzählt, ob er es hören wollte oder nicht, daß es rund zweihundert für dich seien.«

»Na ja«, meinte Jürgen, »dann eben etwas anderes! Die Straßenbahn, die uns hierher gebracht hat, soll in der Stunde achtzehn Kilometer fahren. Nun ratet mal, um wieviel sie schneller ist als ich!«

Mittlerweile können sie das Zentralkaufhaus schon sehen, ein imponierendes Gebäude! Wie hoch mag es wohl sein?

»Ich sage zwanzig Meter«, läßt sich Ingrid augenblicklich vernehmen.

»Wie kommst du auf zwanzig Meter?« fragt Herr Mendler etwas überrascht.

»Ganz einfach«, entgegnet Ingrid. »Sieben Etagen mal ungefähr drei Meter, das dürfte hinkommen.«

»Nicht schlecht«, meint der Vater, »aber bei Kaufhäusern kannst du die Stockwerke etwas höher veranschlagen.«

Sind das nicht die Töne einer Drehorgel, die der Abendwind sachte an ihr Ohr trägt? Richtig, von einem Leierkastenmann! Ingrid hat sie als erste vernommen. Ein paar Straßen weiter, auf dem großen Platz vor dem Rathaus ist Christkindlmarkt. Familie Mendler läßt sich von dem Gedudel anlocken, und jetzt stehen die vier im Lichtermeer der engen Gäßchen zwischen den Verkaufsständen. Was wird da nicht alles angeboten: Krippenfiguren, Puppen, Teddys, Kerzen, Krimskrams, Marzipan, Lebkuchen, heiße Würstchen und . . . Kokosnüsse. Ingrid, Jürgen, Mutter, Vater, alle verspüren plötzlich große Lust auf den Inhalt der süßlich-kernigen Palmfrucht mit der haarigen Schale. Diesmal sollen es aber nicht nur ein paar schmale Schnitten sein; diesmal soll es eine ganze runde Sache sein.

Man darf sich die Dinger aussuchen; Stück für Stück derselbe Preis. Abwägend hält Jürgen mal die eine, mal die andere Kokosnuß in der Hand. Da, eine besonders große! Wie ist die in den Haufen gekommen? Das scheint sich auch der Händler zu denken, denn er runzelt die Stirne, nimmt aber dann gelassen das schon abgezählte Geld entgegen.

Auf dem Heimweg wird Jürgen gelobt für den guten Griff, den er da getan hat. »Ja, Glück muß man haben«, murmelt Herr Mendler, »und rasch zugreifen. Mal sehen, was diese Kinderkopfgröße wiegt. Und jetzt dürft ihr wieder mal raten«, bestimmt er in seiner patriarchalischen Art. »Wer dem Gesamtgewicht am nächsten kommt, kriegt die Kokosmilch als Dreingabe zu seinem Viertel.«

So naiv diese Beispiele auch anmuten mögen: das Fragen, das Verbalisieren, das Vereinfachen, das Unterscheiden, Prüfen, Vergleichen, es kommt alles zusammen. Sich geistig bewegen, mit dem Verstand operieren, Möglichkeiten erproben, sich etwas ausdenken, das ist das Wesentliche, darauf kommt es an! Daß man Entfernungen durch Schrittezählen erstaunlich exakt messen kann, das ist gewiß keine umwerfende Entdekkung! Aber unpraktisch ist das nicht: Jürgen weiß genau, wie viele Schritte es bis zum Bahnhof sind, zum nächsten Briefkasten, zur Sparkasse, zum Zigarettenautomaten. Es hat ihm einfach Spaß gemacht, sich so etwas auszudenken, und *Denken soll doch Spaß machen!*

Jürgen spielt gern Schach. Andreas, sein Freund, dem er schon manche einfallsreiche Partie geliefert hat, trainiert jeden Sonntagvormittag in einem Schachverein. Er opfert diesem Hobby einen großen Teil seiner Freizeit. Leitfäden, wie man das Spiel raffiniert eröffnet, Bücher über ausgeklügelte Strategien und ein kleiner versilberter Pokal schmücken das Bord über seinem Schrankbett. Andreas spielt verbissen und ehrgeizig, man könnte fast sagen, mit tierischem Ernst. Ob ihm das »königliche Spiel« Freude und Entspannung bedeutet? Die Antwort mag er sich selbst geben. Bei Jürgen kann man es jedenfalls bejahen. Er rennt zwar zu keinem Verein, läuft auch keinem Pokal nach. Perfektion bedeutet ihm schon etwas, aber nicht alles. Wenn es ihm gelingt, sich selber bisweilen einen guten Zug auszudenken, so befriedigt ihn das mehr, als zwei andere, die er einem Lehrbuch entnommen hat.

Man muß also kein Meister im Schachspiel sein, man kann auch als Amateur großen Gewinn daraus ziehen. Es schult die Logik und regt zu umsichtigem Denken an. Gerade ein *locker betriebener, abwechslungsreicher Denksport* kommt der Intelligenz zugute. Unsere Anstrengungen sollen nicht in Arbeit ausarten; sie sollen – und das muß immer wieder gesagt werden – Spaß machen.

Merkwürdig: Der Buchhalter Tettenbach hat den ganzen Tag über seinen Zahlen gesessen, geschrieben, gerechnet, bilanziert. Er hat »die Nase voll« für heute. Müden Schrittes kommt er zu Hause an. Lustlos verzehrt er sein Abendessen. Was sieht er da! *Meine Welt,* die farbige Illustrierte, liegt auf der Dielenablage.

»Ein Zeitungswerber hat sie hier gelassen«, bemerkt Frau Tettenbach nebenbei. »Ich hab' schon ein bißchen drin geblättert. Mit dieser Ausgabe beginnt ein neuer Roman.«

»Schön, und was bringt sie für mich?« will August Tettenbach wissen.

»Für dich? Jede Woche ein großes *Kreuzworträtsel.* Man kann sogar Preise gewinnen!«

Um die geht es ihm aber gar nicht. Er schlägt die Illustrierte auf, und schon ist er dabei, Kästchen um Kästchen auszufüllen. Müdigkeit und Streß des Tages sind von ihm abgefallen, abgefallen wie durch einen Zauber, und als sich die letzte Senkrechte in die Waagerechte gefügt hat, fühlt er sich wie ein Feldherr, der wieder einmal eine Schlacht siegreich für sich entschieden hat, selbstbewußt und voller Tatendrang.

Ich meine, es war ein Engländer; nennen wir ihn Mister X. Der gute Mann findet sich eines Tages in einen Unfall verwickelt. Ganz schuldlos scheint er nicht zu sein, denn der Richter verdonnert ihn zu eineinhalb Jahren Freiheitsentzug. Wohl oder übel muß er diese Zeit absitzen. Nicht, daß sie sehr hart für ihn wäre. Er darf sogar Schreibzeug in die Zelle mitnehmen, und mancher Brief an seine Frau fällt länger aus als in den Tagen der Freiheit, wenn er auf Geschäftsreisen war. Aber den ganzen Tag schreiben? So kritzelt er manchmal gelangweilt Männchen und geometrische Figuren aufs Papier, zuweilen auch Buchstaben in Blockschrift – mal nebeneinander, mal übereinander – mal so, daß die im Schnittpunkt liegenden Buchstaben zu Bestandteilen zweier verschiedener Wörter werden. Zunächst ist es eine Spielerei, nichts anderes, aber Mister X – und das ist bemerkenswert – ahnt recht bald, was er da erfunden hat.

Dank dem Verständnis des Direktors ist es ihm möglich, bereits vom Gefängnis aus eine Art Gebrauchsmusterschutz anzumelden, und die Verwertung läßt nicht lange auf sich warten. Mister X beauftragt einen Anwalt mit der Wahrnehmung der ihm erwachsenen Rechte. Als er nach achtzehn Monaten die Anstalt verläßt, darf sich der Erfinder des Kreuzworträtsels als wohlhabender Mann fühlen.

Es ist nicht nur das Moment des aktiven Tuns, das dem Kreuzworträtsel zum Siegeszug um den ganzen Erdball verholfen hat. Mehr oder weniger steckt es in jeder Denkaufgabe. Das Kreuzworträtsel stellt in der Regel mehrere Dutzend Einzelfragen, von denen einige meist auf Anhieb zu lösen sind. Damit verbindet sich schon ein erstes bescheidenes Erfolgserlebnis, während die Bewältigung herkömmlicher Rätsel in der Regel einem Spiel um alles oder nichts gleicht.

Aufgrund des Ineinandergreifens waagrechter und senkrechter Buchstabenfolgen entsteht ein *assoziativer Effekt* von nicht zu unterschätzender Bedeutung. Anders ausgedrückt: Jedes gefundene Wort hilft in der Folge, weitere gefragte Wörter zu finden. Das muß den Rätselfreund ermutigen, wenn er sieht, welche Menge an versunkenem Wissen in ihm ist.

Durch das Spiel mit einem oder mehreren Buchstaben und durch die vorgegebene Begrenzung des Wortfeldes wird sein Wissen fast mühelos, geradezu spielerisch gehoben.

Dieses Prinzip, mit Hilfe der Assoziation zu ergänzen, spielt in der Lehre des wirksamen Unterrichtens, der sogenannten Didaktik, seit jeher eine große Rolle. Ein Fremdsprachenverlag gab unter der Kennzeichnung als »Naturmethode« schon vor Jahren ein Englisch-Selbstunterrichtswerk heraus, das die Vorteile des assoziativen Lernens recht geschickt nutzt. Die Frage, ob das Lösen von Kreuzworträtseln dem Denken und dem Gedächtnis im besondern zugute komme, ist zu bejahen. Man könnte es als eine Art geistiger Leichtathletik bezeichnen. Wenn die Rater auch nicht alle gleich sind, so tut es doch dem, der durch die Einseitigkeit seines Berufs oder seines Fachwissens zu verhungern oder zu ersticken droht, gut, auf diese Weise Abwechslung zu finden, sich zu freuen, daß er etwas gewußt hat, sich außerdem anregen zu lassen, Wissen zu ergänzen oder aufzufrischen.

Das Kreuzworträtsel ist in hervorragender Weise geeignet, die *Funktionslust des Denkens* zu beleben, denn nichts macht den Menschen so bereit, sich anzustrengen, wie der Erfolg, der natürlich je nach der Höhe des Anspruchs als bedeutend oder gering empfunden wird. Ist er zu hoch, erwartet man zuviel von der eigenen Leistung, wird mitunter auch ein wirklicher Erfolg als Schlappe erlebt.

27. Faulheit wird »erlernt«

Den faulen Menschen gibt es selten, den Menschen, der von vornherein zu nichts Lust hat, der nichts tun möchte. Der Faulheit liegt in der Regel eine tiefere Ursache zugrunde, sei es eine körperliche, zum Beispiel ein gestörter Stoffwechsel, sei es eine seelische, etwa eine Depression. In allen übrigen Fällen – es sind die alltäglichen – wird Faulheit »erlernt«.

Wenn die natürliche Wißbegier des Kindes durch ein Zuviel an Lernstoff oder durch geistlosen Drill erstickt wird, wehrt es sich. Es flüchtet in die Faulheit. Ähnlich ergeht es später dem Studenten, dem Erwachsenen. Er braucht sich nur an ein paar trockenen Büchern die Zähne fast ausgebissen zu haben, und schon lernt er, solchen Büchern auszuweichen, und wenn er keine findet, die ihm weniger trocken erscheinen, baut sich die autosuggestive Barriere in ihm auf: »Das verstehe ich einfach nicht!« Erlebnisse der Überforderung sind in hohem Maße unlustbetont. Sie erschüttern das Selbstwertgefühl und das Selbstvertrauen des Menschen. Sie »dürfen« sich nicht wiederholen, und deshalb geht der Faule – meist bewußt, manchmal unbewußt – jeder Gefahr einer Wiederholung aus dem Weg.

Das unbewußte *Ausweichen vor befürchteten Mißerfolgserlebnissen* zeigt sich nicht selten in einer nahezu bleiernen Müdigkeit, die den Menschen befällt, sobald er sich zur ungeliebten, zur gefürchteten Tätigkeit zwingen möchte. Ähnlich ergeht es einem an sich arbeitsfreudigen Menschen, der sich vor einer Aufgabe scheut, sie nicht in Angriff nimmt oder nicht weiterführt, sie vor sich herschiebt – nicht aus Faulheit, sondern in Sorge vor der Möglichkeit eines Mißerfolgs. Nicht jeder Prüfungsscheue, ist ein verbummelter Student.

Von dem ehemaligen deutschen Reichskanzler HEINRICH BRÜNING weiß man, daß er zwanzig Semester Volkswirtschaft studierte, bis er sich endlich getraute, zu den entscheidenden Prüfungen anzutreten. Er bestand sie übrigens mit Glanz. CHARLES ROBERT DARWIN, dem englischen Biologen und Vater der Abstammungslehre, wird nachgesagt, er habe an seinem Hauptwerk *Die Entstehung der Arten* mitunter wochenlang keine Zeile geschrieben, weil er zeitweise befürchtete, es könne fachlicher Kritik nicht standhalten.

Der Schulpsychologe erlebt immer wieder, daß Eltern ihre Kinder erst dann in seine Praxis bringen, wenn die Schule Alarm schlägt. Bis dahin hat sich die *autosuggestiv geprägte Haltung* des Schülers oft schon so verfestigt, daß therapeutische Gespräche und die Bemühungen erfahrener Nachhilfelehrer nicht mehr imstande sind, die Barriere niederzureißen. Hätte man schon angesichts der ersten zutage tretenden Verständnislücken versucht, diese zu schließen, wäre es nie zu großen Schwierigkeiten gekommen.

Der junge Mensch sieht, daß er neuen Lehrstoff aufnehmen soll, ohne den alten verarbeitet zu haben. Diese Erkenntnis und das deshalb empfundene Unbehagen verdichten sich zur Tatsache der Kapitulation in einem Vorgang, der fast unkorrigierbar ist. Nicht die Lücke ist es, die dem Psychologen Sorge macht, sondern die erlernte »Gefühlsmelodie«: »Das kapiere ich nie und nimmer!«

Noch größer wird die Tragik, wenn man bedenkt, daß sich die Auswirkungen eines Mißerfolgserlebnisses nicht auf den Bereich seiner Entstehung beschränken. Im Jahre 1959 am Psychologischen Institut der Universität Bonn durchgeführte Versuche haben in aller Deutlichkeit gezeigt, daß Mißerfolgserlebnisse, die jemand im Rahmen eines Sachgebietes erlitten hat, das Leistungsniveau auch auf anderen Sachgebieten beeinflussen. Der Fachausdruck dafür ist *negativer Transfer*.

In einem »altersspezifisch geeichten Lückentest« wurden zwei leistungsgleiche Gruppen aus den achten Jahrgängen einer Volksschule zusammengestellt. Während die Schüler der Kontrollgruppe Rechenaufgaben leichten bis mittleren Schwierigkeitsgrades zu lösen hatten, wurden der Versuchsgruppe im Aufbau ganz ähnliche Rechenaufgaben vorgesetzt, von denen aber die meisten – was den Schülern verschwiegen wurde – unlösbar waren. Etwa eine Stunde später hatten sich beide Gruppen einem in gleicher Weise geeichten weiteren Lückentest zu unterziehen.

Die statistische Erfassung und Auswertung der Ergebnisse wies auf einen signifikanten, das heißt einen eindeutigen Abfall der Versuchsgruppe im Vergleich ihrer früheren zu deren späteren Leistungen hin. Mißerfolgserlebnisse beim Rechnen hatten sich bei diesem Versuch auf das Fach Deutsch ausgewirkt. Mit einer solchen Ausweitung des Versagens ist grundsätzlich zu rechnen.

Eine andere Ursache der sogenannten Faulheit: *Der Mensch kommt nicht vom Lustprinzip los.* Beim Kleinkind gilt das noch als normal. Es ist ganz und gar dem Lustprinzip verhaftet. Aber schon das Schulkind sollte sich weitgehend davon gelöst haben. Vom Schulkind kann man erwarten, daß er, der Junge, die Eisenbahn und das Mädchen die Puppe in der Spielzeugtruhe läßt und statt dessen die Hausaufgaben macht.

Die Haltung, möglichst viel Lust zu gewinnen, auf möglichst wenig Angenehmes zu verzichten, sich möglichst wenig anzustrengen, geht in erster Linie auf Verwöhnung im Vorschulalter zurück. »In erster Linie« deshalb, weil das Kind – ALFRED ADLER, dem Begründer der Individualpsychologie, zufolge – in den ersten fünf Lebensjahren grundlegende Verhaltensweisen erlernt, weil es in dieser Zeit die nachhaltigsten Eindrücke empfängt. Die Bereitschaft zu Verzicht und Anstrengungen, so folgert der Schweizer Pädagoge und Psychologe HANS ZULLIGER in seiner Schrift *Umgang mit dem kindlichen Gewissen,* ergebe sich aus der Liebesbeziehung zwischen Eltern und Kind. Normalerweise will das Kind für die empfangenen Liebesbeweise etwas leisten; es will sich die Liebe seiner Eltern verdienen. Zulliger weist nachdrücklich darauf hin, daß diese Erziehung zum Triebverzicht bereits beim Säugling beginnen muß; denn nichts ist so sehr dazu angetan, ein gesundes Selbstwertgefühl aufzubauen, wie die so zustande gekommene und anerkannte Leistung.

Das Lustprinzip kontrollieren zu können, ist für den Lebensweg des jungen Menschen von entscheidender Bedeutung. Doch auch der Erwachsene muß mit dem Lustprinzip rechnen, es sei denn, er gehörte zu den Menschen, die sich von ihren täglichen Aufgaben nicht lösen, die überhaupt nicht abschalten können. Sie sind zu bedauern.

Der Friseurgehilfe Severin Roth hat eine Erbschaft gemacht. Neben etwas Bargeld in Form eines Sparbuches hat ihm sein Onkel einen gutgehenden Herrensalon in einer oberrheinischen Kleinstadt hinterlassen. Einzige Bedingung: Er muß in den nächsten zwei Jahren die Meisterprüfung ablegen. Severin will jeden Montag, an dem er freihat, studieren.

Gewöhnlich schläft er sich an seinem freien Tag aus. Er steht nicht vor neun Uhr auf, um sich dann ein ausgedehntes Frühstück zu gönnen: weiches Ei, knusprige Brötchen mit Butter und Honig, Bohnenkaffee. Warum auch nicht! So auch heute.

Die Uhr zeigt mittlerweile halb elf. Jetzt sollte er aber seine Hefte hervorkramen, endlich anfangen! Da fällt ihm ein, daß sein Fiat, den er kürzlich aus zweiter Hand erwarb, eine Wäsche vertragen könnte. Er muß übrigens noch in die Stadt, ein Geschenk aussuchen: Ulrike hat morgen Geburtstag! So wäscht er also hingebungsvoll seinen Kleinwagen, sucht in der Stadt etwas Passendes für seine Freundin, vergißt nicht, zwischendurch gut zu speisen; und eh er sich's versieht, ist es später Nachmittag. Nun aber rasch nach Hause; da warten ja die Vorbereitungshefte!

Aber kaum ist er in seinem Vorstadtappartement angekommen, noch bevor er Hut und Mantel abgelegt hat, dreht er gewohnheitsmäßig am Knopf des Fernsehers. Da hat er ja gerade noch den Anfang erwischt: FC Kaiserslautern gegen Bochum, eine Begegnung, auf die er schon lange gespannt war! Severin läßt sich, wie er ist, in einen Sessel fallen und stiert bis zum Schlußpfiff gebannt auf die Scheibe. Heute wird nicht mehr viel aus dem Lernen, gesteht er sich gähnend ein, aber es nagt doch an seiner Selbstachtung.

Faulheit? Das kann man nicht sagen. Severin ist dem Lustprinzip unterlegen. Wie hat das geschehen können? Severin hat rationalisiert.

»Rationalisieren« im psychologischen Sprachgebrauch heißt, jedwedem Tun einen Sinn zu unterschieben, der dieses Tun rechtfertigt: Der Vielfraß tröstet sich, daß Essen doch eigentlich Leib und Seele zusammenhalte; der Langschläfer beruft sich darauf, daß er seinem Körper nur die so dringend benötigten Kräfte zuführe; der Zornige entschuldigt seine Haltung nachträglich, es sei ein »heiliger Zorn« gewesen; und die Hausfrau, der das Staubwischen zuviel ist, philosophiert, daß ohnehin täglich neuer hinzukomme.

Es soll gar nicht geleugnet werden: Das Rationalisieren – *die Flucht in rechtfertigende Erklärungen* – ist eine wichtige seelisch-geistige Funktion. Sie dient der Aufrechterhaltung des inneren Gleichgewichts, namentlich da, wo es dem Menschen um eine nachträgliche Rechtfertigung seines von ihm selbst nicht ganz akzeptierten Tuns und Lassens geht. Aber Vorsicht, wenn es sich mit dem Lustprinzip verbindet! Gerade da, wo das Lustprinzip rational überwunden ist, kehrt es durch die Hintertür des Rationalisierens nicht ungern zurück! Über das Maß des Alltags hinaus etwas zu leisten verlangt, daß man sich zeitweise auf eine Insel der Besinnung zurückzieht, um, aufs Festland zurückgekehrt, die gefaßten Entschlüsse im Sinne eines sich selbst erteilten Auftrags durchzuführen.

28. Eine große Erfindung und ihre Folgen

Wer wollte behaupten, er habe noch nie von GUTENBERG gehört? Er war ein Sohn des Mainzer Patriziers FRIELE GENSFLEISCH ZUR LADEN, nach seiner Wohnstätte auch »Gensfleisch zum Gut(t)enberg« genannt. Später hat sich dieser Adelszusatz verselbständigt.

Bis zur Mitte des fünfzehnten Jahrhunderts wurden die Geisteserzeugnisse noch durch Abschreiben vervielfältigt, vor allem in den Klöstern durch fleißige Mönche, aus deren Hand bisweilen wahre Kunstwerke des Schönschreibens hervorgingen. Besonders die Anfangsbuchstaben eines Kapitels, die sogenannten »Initialen«, versahen sie gerne mit geschmackvollen Blatt- und Rankenornamenten, oft sogar in mehreren Farben oder auf Goldgrund.

Holzschnitt und Radierung hatten bereits Eingang in das bürgerliche Gewerbe gefunden. Soweit Schriften mechanisch herzustellen waren, mußte eine Druckplatte gefertigt werden, die den Satzspiegel in unveränderlicher Form wiedergab. Das war recht unwirtschaftlich. Deshalb wurde mit Texten gespart.

Da kam JOHANNES GUTENBERG auf den Gedanken, einen Vorrat an Einzelbuchstaben – Lettern – zu gießen, der dann, zu Wörtern zusammengefügt, erstmals einen halbwegs rationellen Buchdruck erlaubte, denn die nach dem Gebrauch sortierten Lettern konnten immer wieder von neuem verwendet werden. JOHANNES FUST, gleichfalls ein Buchdrucker, lieh GUTENBERG, der zeitlebens von Geldnot und Gläubigern bedrängt war, 1550 Gulden für den Druck der *Gutenbergbibel*. Die zweispaltige 1282 Folioseiten umfassende Heilige Schrift wurde vielleicht in einer Auflage von einhundertfünfzig, höchstens aber zweihundertfünfzig Stück gedruckt. Davon sind heute noch vierzig erhalten. Als bibliophile Kostbarkeiten, als Liebhaberexemplare, besitzen sie hohen Sammlerwert.

Den außergewöhnlichen Güteanspruch, den der Mainzer Meister an dieses Druckwerk stellte, kann man daraus ersehen, daß er für seine Bibel zweihundertneunzig verschiedene Zeichen verwandte, um alle in der Handschrift üblichen Besonderheiten der Schrift wiedergeben zu können. Während bei der Herstellung kleinerer Drucksachen (Akzidenzen) auch heute noch so ähnlich wie damals gearbeitet wird, jedenfalls im Prinzip, sind heutzutage – nachdem Gutenbergs Erfindung (um etwa 1445) gut ein halbes Jahrtausend vorhielt – Verfahren entwickelt worden, die im Hinblick auf ihre hohe Leistungsfähigkeit mit den bescheidenen Ansätzen des ausgehenden Mittelalters kaum mehr zu vergleichen sind.

Eins aber steht fest: Mit Gutenbergs beweglichen Lettern ist das Lesen in Mode gekommen. Vordem galt einer, wenn er lesen konnte, schon als gelehrt. Heute vermag jeder zu lesen. Vermag's wirklich jeder? Damit beginnt das Problem. Große Geister haben mit ihrer Meinung nicht zurückgehalten.

LUTHER rät bereits damals: »Nicht viel lesen, sondern gut Ding viel und oft lesen, macht fromm und klug dazu.« JOHANN WOLFGANG VON GOETHE weist auf das Lesen als auf eine Kunst hin, die viel Übung verlange. Er habe Zeit seines Lebens, so gestand er seinem Sekretär JOHANN PETER ECKERMANN im vertrauten Gespräch, diese hohe Kunst zu meistern versucht, müsse aber als Greis erkennen, noch ganz am Anfang zu stehen. ARTHUR SCHOPENHAUER wendet sich gegen die Vielleser: »Lesen heißt, mit einem fremden Kopf statt dem eigenen denken. Nun ist aber dem eigenen Denken, aus welchem allemal ein zusammenhängendes Ganzes, ein wenn auch nicht streng abgeschlossenes System sich zu entwickeln trachtet, nichts nachteiliger als ein vermöge beständigen Lesens zu starker Zustrom von Gedanken.«

Schon der zweite hier zitierte Satz dieses gewiß klar denkenden Philosophen erfordert einen geübten Leser, und selbst der wird ihn zweimal lesen, wenn er sich nicht mit dem Verstehen der Hauptaussage begnügt und kein oberflächlicher Leser ist.

Gerade deshalb, weil lesen zu können, eine Selbstverständlichkeit geworden ist, weil die Aufforderung und der Anreiz zu lesen einen Teil des Alltäglichen ausmachen, gerade deshalb scheinen wir wenig Zeit zu finden, über das Lesen nachzudenken. Angefangen vom Merkblatt, von der Gebrauchsanweisung, der Tageszeitung, dem Fachartikel bis zur täglichen Korrespondenz, den Rundschreiben und, nicht zuletzt, den Steuer- und anderen Formularen nebst der Anleitung, sie auszufüllen – schon von dieser Mußlektüre sehen wir uns oft so beansprucht, bedrängt, getrieben, daß uns das Lesen keinen Spaß mehr macht, daß es für uns ein Problem der vorhandenen Zeit wird.

Um diese Marktlücke zu schließen, oder, soll man besser sagen, um sie zu nutzen, haben sich namentlich seit dem Ende des letzten Weltkriegs sogenannte Leseschulen aufgetan. Grundsätzlich ist darin ein Fortschritt zu sehen, soweit sie sich mit der *Psychologie des Lesens* ernsthaft befassen, hinderliche Lesegewohnheiten abzubauen bemüht sind und gegebenenfalls bessere an ihre Stelle setzen.

Skepsis ist gegenüber solchen Instituten jedoch am Platze, die ihr Ziel in einer Steigerung der Lesegeschwindigkeit sehen. Amerikanische Forscher haben herausgefunden, so wird argumentiert, daß das Auge zum Erfassen des einzelnen Lautsymbols ungefähr die gleiche Zeit benötigt wie zum Erfassen einer Silbe, eines Wortes, sogar eines kurzen Satzes. Da muß der mit sich nicht ganz zufriedene Leser ja aufatmen, beeindruckt sein – hört sich das ja ganz gut an, beinahe wissenschaftlich! Daß aber ein rasches visuelles Erfassen des Satzinhalts zu raschem Denken führe, dies zu beweisen sind die Erfinder der Schnell-Lesemethoden bis heute nicht imstande.

Übungen, die auf ein schnelles Lesen abzielen, haben bestenfalls dann einen Wert, wenn sie zwischendurch zur Steigerung der Konzentration eingesetzt werden, aber auch nur dann, wenn die verwendeten Texte in ihrem Schwierigkeitsgrad sorgsam abgestuft sind. Andernfalls bewirken sie das Gegenteil: Sie verunsichern und machen nervös, anstatt zu diszipliniertem Lesen hinzuführen.

Lesen ist ein »Auflesen« von Gedanken, die der Verfasser in *seiner* Art zu denken vor dem Leser ausbreitet. Mitunter sind sie zwischen den Zeilen zu finden. Es geht also nicht darum, Buchstaben als Lautsymbole sehend zu erkennen und zu Wörtern zusammenzuziehen – diese Fertigkeit ist vorauszusetzen –; es geht darum, aus den Wörtern in ihrer satzbaugerechten Folge den jeweiligen Gedanken des Autors herauszulesen. Das erfordert oft ein beträchtliches Maß an Einfühlung, denn es gibt eine strenge Norm weder des Denkens noch des sprachlichen Ausdrucks.

Von geübten Lesern hört man nicht selten die Bemerkung, daß man sich in diesen oder jenen Schriftsteller erst »einlesen« müsse, um ihn recht zu verstehen. Mit anderen Worten: Man muß erst Erfahrungen mit ihm sammeln. Das kann sich auf Ausdrücke beziehen, die er vorzugsweise gebraucht, auch auf solche, die er in einer besonderen Bedeutung verwendet. Andere Schreiber zeigen ihre Eigenart in der Syntax, drängen wesentliche Aussagen in Nebensätze oder reihen Hauptsatz an Hauptsatz, wobei sie es dem Leser überlassen, die gedanklichen Übergänge selbst zu vollziehen. Einige haben die unglückselige Neigung, dem Leser äußerst verwickelte Satzperioden, die sie außerdem mit zuviel Stoff befrachten, zuzumuten. Diesem wohl am meisten verbreiteten Stilübel kann man nur dadurch begegnen, daß man zunächst einmal tief durchatmet und dann den tragenden Hauptsatz herauszuschälen versucht, wenn nötig durch geduldiges Abrufen seiner Bestandteile, wie dies zum Beispiel dem angehenden Lateiner immer wieder empfohlen wird, weil es der einzig sichere Weg ist, einen schwierigen Satz aufzuschlüsseln. Professionelle Lektoren bedienen sich zur Kontrolle des Satzabstrichs.

Wer die Ergiebigkeit seines Lesens steigern will, mit der Zeit vielleicht auch, in vernünftigen Grenzen die Geschwindigkeit, tut gut daran, diesen komplizierten Vorgang fürs erste soweit zu verlangsamen, daß er ihn in aller Ruhe beobachten und zergliedern kann, um die womöglich zu verbessernden Abläufe fortan bedachtsam zu üben. Jeder Zeitdruck ist zu vermeiden. Das Hauptaugenmerk hat dem disziplinierten Vorgehen zu gelten, wobei die denkerische Auseinandersetzung mit dem Inhalt der Lektüre nicht zu kurz kommen darf.

Die Ursachen verminderter Lesequalität und, damit meist verbunden, verminderter Lesequantität können sehr verschieden sein. Deshalb seien nachstehend einige wenige Kriterien herausgestellt. Merkmale, die fast jeden mit seiner Leseleistung Unzufriedenen kennzeichnen. Ob sie beim einzelnen zutreffen oder nur zum Teil, wird jedermann selbst entscheiden können. Er wird auch entscheiden müssen, ob er sich damit abfinden will oder nicht.

Wer sich mit der anspruchslosen Kost der Regenbogenpresse, der Illustrierten und der Bücher, die ihm kaum etwas abverlangen, begnügt, kann sehr leicht ein schlechter Leser werden, ohne daß er es merkt. Das soll kein Werturteil über diese Gattung Literatur sein; wenn jemand aber seinen Verstand schulen, fit halten, wenn jemand überhaupt vorwärts kommen möchte, wird er schon hin und wieder zu einem Buch greifen müssen, das wirklich gelesen sein will.

Erste Lesehilfe: Zeit lassen!

Nicht selten hat man Gedrucktes vor Augen, das kaum des Lesens wert erscheint. Andererseits kann man sich nicht entschließen, auf die Informationen, die es vielleicht doch enthält, zu verzichten. Man überfliegt den Text, läßt den Blick hastig über die Zeilen hinweggleiten, gibt sich keine Rechenschaft, wenn ein Satz keinen Sinn zu ergeben scheint, weil man in der Eile ein Wort ausgelassen oder sich sonstwie verlesen hat. Nur keine Zeit verlieren! heißt die Devise, und schließlich ist es oft nicht einmal schade, daß man dem aufdringlichen Werbeprospekt, dem Handzettel, dem Blickfang im Anzeigenteil des Wochenblattes nicht mehr Zeit zugebilligt hat.

Schade ist nur, daß sich diese Art zu lesen im Unbewußten mit teuflischer Zähigkeit verfestigt. Hat man nämlich bei anderer Gelegenheit einen Text vor sich liegen, der nur aktiv denkend zu bewältigen ist, wird man sich darauf einzustellen versuchen. Aber die Macht der Gewohnheit, über die Regeln eines geordneten Wahrnehmens und Erfassens hinwegzuhasten, ist so stark, daß sie allen guten Vorsätzen entgegen wirksam bleibt.

Zweite Lesehilfe: Satzzeichen beachten!

Diese Mahnung scheint wirklich überflüssig zu sein. So etwas hat man doch schon in der Schule gelernt. Sie ist es aber nicht, wie man von erfahrenen Lesetrainern hören kann.

Gerade Erwachsene, die dem Geschwindigkeitsdrill ausgesetzt sind, überfahren das Haltesignal Punkt recht häufig. Sie stutzen, tasten sich zu diesem Halt zurück und wiederholen mit abfallender Stimme den Ausklang des vorhergehenden Satzes, oder aber das Versäumnis wird ihnen erst klar, wenn sich beim Weiterlesen kein rechter Sinn mehr ergeben will. Ähnlich ist es mit den anderen Satzzeichen. Sie dienen der Gliederung gedanklichen Ausdrucks. Allesamt gestatten sie dem Leser, sich für Bruchteile von Sekunden »auszuruhen« und sich auf das Kommende vorzubereiten.

So übertrieben das klingen mag: Ein genaues Beachten der Satzzeichen trägt entscheidend zum Verstehen eines Textes bei.

Dritte Lesehilfe: Bewegungsaufwand sparen!

Dem Abc-Schützen bringt man nach einiger Zeit bei, auch ohne Mithilfe des Zeigefingers zu lesen. Sehr ungeübte Erwachsene werden zuweilen rückfällig, manche sogar aus gutem Grund.

Wenn die Drucktypen sehr klein sind und die Zeilenabstände – in der Druckersprache »Durchschuß« genannt – sehr eng, dann behelfen Sie sich besser mit einem Leselineal! Am besten Sie benutzen eines, das die Schrift vergrößert. Der Kopf soll sich beim Verfolgen der Zeilen nicht bewegen, nur die Augen, und da Lesen weder ein Aufsagen, noch ein Auswendiglernen ist, haben sich auch die Lippen völlig passiv zu verhalten.

Vierte Lesehilfe: Keine störenden Unterbrechungen!

So zweckmäßig Pausen sind – etwa von Abschnitt zu Abschnitt –, Nachdenkpausen, in denen man sich über das Gelesene Rechenschaft gibt, so muß andererseits klar sein: Im Zuge des Lesens sollte man ablenkende Unterbrechungen möglichst vermeiden. Das beginnt schon beim Raum, in den man sich mit seinem Buch zurückzieht, so man die Wahl hat.

Bei Druckfehlern, stilistischen Mängeln oder einem grammatischen Ausrutscher sollte man sich nicht aufhalten; sie sollen ja den Vorgang mehr oder weniger zügigen Auffassens nicht behindern. Das gilt natürlich nicht für den Begutachter einer Arbeit und schon gar nicht, wenn die Aufgabe darin besteht, diese Mängel zu finden. Auch unbekannte Wörter sollten so wenig wie möglich aufhalten. Man versuche zunächst, sie aus dem Zusammenhang zu erraten; nötigenfalls schlage man sie nach.

Diese wenigen, belanglos erscheinenden Anregungen sind imstande, aus fahrigen, unsicheren, leicht ermüdbaren Lesern gute Leser zu machen. Wer den Empfehlungen konsequent nachkommt, wird bald mit mehr Gewinn lesen, und das nach und nach auch noch mit geringerem Zeitaufwand.

Lesetrainer weisen darauf hin, daß nach dem zu bewältigenden Text *die passende Lesetechnik* anzusetzen sei. Eigentlich ist das selbstverständlich: Für die elegante und nicht einfache Prosa eines THOMAS MANN wird man sich schon aus ästhetischen Gründen reichlich Zeit nehmen und manchen Absatz mehrmals nacheinander lesen, um die virtuose Diktion dieses Schriftstellers genießend auszukosten. RAINER MARIA RILKES feinsinnige Lyrik wird man hören wollen, sich die Verse leise vorsprechen, um sich unmittelbar von ihnen anrühren zu lassen, um nur zwei Beispiele anzuführen.

Aber wer wollte etwa eine Tageszeitung von der ersten bis zur letzten Zeile lesen? Hier hilft nur ein *selektives Vorgehen.* Mit anderen Worten: Man muß auswählen, man muß sich entscheiden, was man lesen will. Das übrige läßt man unbeachtet. Hilfsdienste leisten die durch auffällig große Schriftgrade hervorgehobenen Schlagzeilen und die verschiedenen Artikeln im Fettdruck vorangestellten Leitabschnitte. Sie sind gedrängten Zusammenfassungen vergleichbar. Manche Zeitungen – Zeitschriften fast immer – bringen auf der ersten oder zweiten Seite eine Art Inhaltsangabe. Leute, die viel Zeitung lesen, haben oft einen Rotstift neben sich liegen.

Und wie liest man ein *Sachbuch?* Diese Art von Büchern sind für den, der sich bilden will, wohl am wichtigsten. Der Begriff »Sachbuch« sei hier im weitesten Sinne gebraucht. Das Sachbuch gehört nicht zur schöngeistigen Literatur wie etwa

Erzählungen, Romane, Novellen. Es hat wissenschaftlichen Einschlag, wendet sich aber weniger an den Fachmann als an den gebildeten Laien. Solche Bücher »diagonal« zu lesen, also seitenüberspringend, hie und da ein Kostpröbchen nehmend, bringt nicht viel. Ein Sachbuch zu lesen erfordert Zeit!

Zunächst stellt man – vielleicht sogar schriftlich – fest, was man über den behandelten Stoff schon weiß. Daraus ergeben sich Fragen, die die Durcharbeitung der Schrift vorbereiten. Als nächstes informiert man sich anhand des Inhaltsverzeichnisses über den Aufbau und die Gliederung des Buches.

Bücher, die uns wichtig erscheinen, sollten wir grundsätzlich zweimal lesen. Man liest im ersten Durchgang so zügig, wie es ein ungefähres Verständnis des Inhalts erlaubt. Nebenher kann man sich kurze Notizen oder Anmerkungen im Buch selbst machen. (Übrigens: Ein Buch ist für uns da, nicht umgekehrt. Anmerkungen oder Unterstreichungen schaden ihm nicht, uns aber können sie viel helfen. Diesbezügliche Hemmungen wären fehl am Platz.) Wenn man dann die Lektüre nach einer nicht zu langen Pause von vorne beginnt, wird man erstaunt sein, wieviel mehr man versteht. Man weiß, auch schon am Anfang des Buches, mehr über die Absichten des Verfassers. Manches, was beim Lesen der ersten Kapitel nicht einleuchtete oder wegen seiner scheinbaren Beziehungslosigkeit langweilte, fügt sich nach Kenntnis des ganzen Buches in ein übergreifendes Ganzes.

Bücher so zu lesen ist keine verlorene Zeit. Aufgrund der Vorarbeit eines ersten Lesens kann man sich nach dem zweiten Durchgang mit relativ geringer Mühe einen Auszug anfertigen. Erfahrungsgemäß sollte man damit aber nicht lange warten.

29. Wie ist das mit dem Gedächtnis?

»Ich kann mir überhaupt nichts mehr merken«, klagt Frau Müller. »Das wird von Jahr zu Jahr schlimmer! Kürzlich ging ich in den Keller, und als ich unten war, wußte ich doch tatsächlich nicht mehr, wozu ich die sechs Treppen herabgestiegen war.«

So ähnlich geht es vielen, nicht nur Frau Müller. Sie ist zweiundsiebzig Jahre alt. Schon jenseits der Fünfzig, ja jenseits der Vierzig und noch früher glauben so manche, ihre Vergeßlichkeit bedauern zu müssen, und beginnen, sich alt zu fühlen. Es geht um die Merkfähigkeit, um das *Kurzzeitgedächtnis,* um die Fähigkeit, Denkinhalte für kurze Zeit zu speichern.

Frau Müller nähme solche Vorkommnisse gelassen hin, wenn ihr klar wäre, daß sie natürlich sind. Während das Kind noch in der Lage ist, Gedächtniseindrücke mechanisch festzuhalten und zu reproduzieren, nimmt dieses Vermögen schon am Ende der Pubertät ab, also etwa ab Fünfzehn. Um diese Funktion mechanischen Behaltens zu untersuchen, wurde in einem Test elf Siebenjährigen und drei Achtjährigen der Auftrag erteilt, ein paar Verse auswendig zu lernen. Ohne besonderen Hinweis hatte man etliche Vokale vertauscht. Die Kinder lernten die leicht entstellten Wörter brav mit, als wäre alles in Ordnung.

Noch anschaulicher demonstriert dieses mechanische Aufnehmen die Nacherzählung eines Drittkläßlers im Bibelunterricht. Sie soll an einer Grundschule in der Nähe Aachens einige Heiterkeit ausgelöst haben.

Der Lehrer erklärt seinen Kindern die Geschichte aus dem

Alten Testament, in der Abraham seinen Sohn aus Gehorsam gegen Gott hinzugeben bereit ist. Schon liegt Isaak gefesselt auf den zum Altar geschichteten Scheiten, schon erhebt der Stammvater das Messer zum Todesstoß, da erscheint der Engel, um Einhalt zu gebieten. Dankbar und froh, daß Gott dieses schreckliche Opfer nun doch nicht von ihm verlangt, läßt Abraham den Arm sinken. Aber sollte er nicht Ersatz leisten? Da entdeckt er einen Widder, der sich im nahegelegenen Gestrüpp verheddert hat. Er befreit ihn, um ihn nun an Stelle seines Sohnes zu opfern.

»Wer möchte die Geschichte nacherzählen?« wendet sich der Lehrer schließlich an seine Kinder. Max, der aufgeweckte Knirps aus der ersten Bank, meldet sich, und – das ist bezeichnend – fast wortgetreu weiß er die Schilderung des biblischen Dramas zu wiederholen, bis auf den Schluß. Da wird nämlich eine Witwe aus dem Widder, der sich im Gestrüpp verfangen hat und als Schlachtopfer herhalten muß. Hätte Mäxchen gewußt, was ein Widder ist, hätte wohl keine Witwe sterben müssen! Das mechanische Merkvermögen geht über so feine Unterschiede hinweg.

Die Begabung, Gedächtniseindrücke mechanisch zu speichern, tritt um die Mitte des zweiten Lebensjahrzehnts zurück. Sie wird durch das *Sinngedächtnis* ersetzt: Vorstellungs- und Lerninhalte werden nun in ihrem Sinngefüge und ihren logischen Zusammenhängen im Gedächtnis behalten, eine Fähigkeit, die zweifellos eingeübt und gesteigert werden kann. Sie vermag den Verlust des mechanischen Behaltens in späteren Jahren mehr als auszugleichen. Was tut es schon, daß das menschliche Gehirn, das mit den Jahren einen Prozeß natürlicher Veränderung durchmacht, auf neuhinzugekommene Eindrücke anders reagiert? Was das *Langzeitgedächtnis* einmal festgehalten hat, ist nicht sehr gefährdet, besonders wenn es nicht ganz ungenutzt bleibt. Neue Eindrücke hingegen bedürfen gewöhnlich der Verstärkung, wenn sie mehr als nur flüchtige Engramme hinterlassen sollen. Engramme sind physiologische Gedächtnisspuren, man kann auch sagen, Informationsträger in den Nervenzellen des Großhirns.

Der Aufnahmefähigkeit des Langzeitgedächtnisses und des Merkvermögens kann man durch systematische Beanspruchung wirksam nachhelfen.

Die Anwendung sogenannter *mnemotechnischer Hilfen* kann von Fall zu Fall die Merkfunktion stützen. Man muß aber wissen: Sie entlasten das Gedächtnis in keiner Weise, im Gegenteil, sie bürden ihm ein Mehr an Arbeit auf. Dies wiederum ist kein unbedingter Nachteil, denn die intensive Anstrengung des Gedächtnisses hat Trainingswert.

So gesehen ist gegen die Mnemotechnik – abgeleitet vom altgriechischen Wort »mneme«, das soviel wie Gedächtnis bedeutet – nichts einzuwenden. Sie macht sich die Gesetze der Assoziation in vielfältiger Weise zunutze. Allzuweit hergeholte Merkverbindungen (»Notverbindungen«) sollte der Mnemopraktiker aber nicht verwenden, wenn ihm auch nur halbwegs logische Ableitungen zur Verfügung stehen.

Trotz bestechender Inserate, die hin und wieder in Zeitungen und Zeitschriften auftauchen: Eine wunderwirkende Gedächtnismethode gibt es nicht! Man kann auch so ganz gut zurechtkommen.

Und was den Tribut angeht, den das Alter nun einmal fordert, wenn sich Gefäße und Zellen verändern und mit ihnen die Intensität und Effizienz körperlicher und geistiger Funktionen – warum nicht das Positive sehen? Gewiß, es findet eine Umstrukturierung statt. Flüchtiges Tagesgeschehen wird eher vergessen als gewichtige Ereignisse der Vergangenheit. Man kann sagen: Der ältere Mensch sieht verstärkt das Wesentliche. Es wird vereinfacht; Nebensächliches tritt zurück.

Diese *Tendenz zur Verwesentlichung* ist nicht zuletzt die Ursache für das Entstehen bedeutender Alterswerke in Kunst und Literatur, die wir so manchen kreativen Menschen verdanken.

30. Sinnvolles Lernen

Kaum sind die letzten heiseren Sirenentöne abgestorben, stehen die großen Torflügel des Spritzenhauses der Gemeinde Buttweiler weit offen. Außen vernimmt man das Anlassen von Motoren. Behelmte Männer hantieren an Geräten und Schläuchen. Sie rufen einander wechselseitig kurze Worte zu, Befehle. Noch keine Minute ist vergangen, da rollt der erste Wagen des Löschzugs auf die Straße, Richtung Ortsausgang.

»Aus dem Dachgeschoß der früheren Genossenschaftsbank an der Alten Siedlung kommt Rauch, schlagen Flammen!« Mit diesen Worten hat irgend jemand per Telefon die Feuerwehr alarmiert. Sie kann den Brand rasch unter Kontrolle bringen. Der Sachschaden hält sich in Grenzen. Es ist »noch einmal gutgegangen«, kann man am nächsten Morgen in der Regionalzeitung lesen. Und warum ist es noch einmal gutgegangen? Weil eben die Männer mit den Tanklöschfahrzeugen so rasch zur Stelle waren, weil sie das Notwendige so gekonnt, so ruhig taten, ohne Hast, aber mit sicherem Griff, als wären auf einer Nationalstraße die Reifen zu wechseln gewesen.

Während der Ausbildung hatte mancher von ihnen geflucht, wenn ein und dieselbe Handlungsabfolge in allen Phasen immer und immer wieder geübt, wenn der Ernstfall immer wieder geprobt wurde. Was dabei mitunter nach geistlosem Drill aussehen mag, ist nichts anderes als die Konsequenz wissenschaftlicher Erkenntnis: Ob einer seine Jacke zuknöpft, einen Bagger bedient oder ein Kurzschriftdiktat aufnimmt, die entscheidenden Vorgänge spielen sich unsichtbar in den grauen Gehirnzellen ab. Erfahrungen werden dort zu Assoziationen verkettet. Bildlich gesprochen wird eine Bahn eingeschliffen, die einen *weitgehend selbsttätigen Vorstellungs- und Bewegungsablauf* ermöglicht.

Jeder, der Stenographie erlernt hat, ist hernach erstaunt, daß er trotz gesteigerter Silbenzahl die quantitative Bewegungsleistung in der gewohnten Kurrentschrift so leicht nicht erreicht. Versucht er, sich gewaltsam zu höherer Geschwindigkeit anzutreiben, merkt er, daß weder seine Hand noch sein Wille das Tempo letztlich bestimmt. Die Formen wollen nicht geraten, die Schrift entgleist. Es ist »da oben« auch nicht alles so eingefahren, wie es sollte, wenn's pressiert!

»Wie kommt man dann«, fragte kürzlich ein junger Kurzschriftschüler den Lehrgangsleiter, »auf hundertfünfzig, zweihundertfünfzig und mehr Silben in der Minute?« »Indem man sich im Schönschreiben übt«, war dessen lakonische Antwort.

Die schwäbische Redensart »Langsam, langsam, weil's pressiert!« warnt davor, hastig und überstürzt zu handeln, wenn etwas rasch getan werden soll, weil die Kopflosigkeit zu Fehlern führt, die am Ende wertvolle Zeit kosten.

Für unser Thema muß es heißen: Langsam einprägen, weil's später oft pressiert!

Man sollte *den Vorgang des Einprägens lustvoll gestalten,* indem man, von jedem Zeitdruck unbelastet, mit Wißbegierde und Forschergeist das zu Lernende aufnimmt. Wichtig ist, daß die Lerneinheiten nicht zu umfänglich werden und das Gelernte bei jeder Gelegenheit, notfalls in Form einer Übung, angewendet wird.

Mit der Zeit wird die aufzuwendende Mühe immer geringer werden, und zwar je mehr sich die Assoziationsleistungen vervollkommnen. Das damit verbundene Erfolgserlebnis, das darf man, ja das sollte man wirklich genießen!

Keiner, der von Natur etwas langsam ist, braucht sich grundsätzlich benachteiligt zu fühlen. Im Gegenteil, er wird dieser Lerngesetzlichkeit mit mehr Einfühlung zu folgen vermögen als der »Überflieger«, der den Erfolg wie im Vorbeigehen pflückt und schon auf dem Nachhauseweg verdorren läßt.

An dieser Stelle drängt sich mir noch ein Wort über den »Makel des Unentgeltlichen« auf. So heißt es ja: Was nichts kostet, ist nichts wert! Das ist jedoch nur *eine halbe Wahrheit, also zur Hälfte unwahr.* Um so hartnäckiger beherrscht sie das menschliche Denken. Schon der große SIGMUND FREUD, der Begründer der Psychoanalyse, vertrat den Standpunkt, daß das vom Patienten zu erbringende finanzielle Opfer einen wichtigen Teil der Behandlung ausmache. Ob er es ironisch gemeint hat? Gewiß nicht – Freud wußte schon, was er sagte.

Wie dieses Bild, daß Gutes nicht umsonst sein könne, in der menschlichen Seele entstanden ist, darüber gibt es Vermutungen, die der Wirklichkeit ziemlich nahekommen dürften. *Das Gute kommt oft in unscheinbarem Gewand daher.* Deshalb wird es nicht beachtet. Über den Arzt, der heute noch mit dem Fahrrad Klientenbesuche machen würde, der anstatt ein Laxativ für die Verdauung zu verschreiben, ein schlichtes Hausmittel empföhle, würde man bald lächeln und ebenso über seine Hausmittel, die man vielleicht noch einfacher von der Gemüsefrau an der Ecke haben kann.

Bewährte Erfolgsmethoden, die zu Dutzenden angeboten werden und die man geschenkt nutzen kann, die, vielen bekannt, nie in die Tat umgesetzt wurden, weil man sie nicht ernsthaft des Ausprobierens für wert hielt – ihnen fehlt der Glanz des stolzen Preises, der sie anziehend und begehrenswert macht.

Mag sich da jemand auf die Straße begeben und den Vorübergehenden sagen: »Seid genügsam in allem, seid fleißig und gebt keine Mark aus, ohne sie vorher zweimal umgedreht zu haben! Dann habt ihr Aussicht auf ein langes Leben in Gesundheit; außerdem werdet ihr zu bescheidenem Wohlstand gelangen.« Ein paar Schaulustige werden stehenbleiben und murmeln: »Als ob wir das nicht selber wüßten«, dann aber kopfschüttelnd weitergehen.

Wieviel besser kannte der die Menschen, der in der englischen Tageszeitung *The Times* inserierte: *»Der sichere Weg, reich zu werden!* Genaue Anweisung erhalten Sie gegen Einsendung einer Pfundnote.« Tausende Leser schickten ihm das Geld. Sie erhielten nicht mehr als den schriftlichen Rat: »Machen Sie es einfach wie ich!«

Hand aufs Herz: Sollten wir einen echt guten Ratschlag, eine Möglichkeit zu lernen geringschätzen, wenn sie uns unentgeltlich angeboten werden? Sollten wir auf öffentliche Schulen herabsehen, nur weil an ihnen unentgeltlich gelehrt wird? (Vergessen wir in diesem Zusammenhang, daß diese Schulen aus Steuergeldern finanziert werden.) Das wäre bestimmt falsch. Sinnvolles Lernen schließt auch rationelles, kostensparendes Vorgehen ein.

31. Wir lernen am meisten, indem wir lehren

Einer jener schlichten und unentgeltlichen Ratschläge, deren sich jeder bedienen kann, der will, und die gerade deshalb geringgeschätzt werden, stammt vom jüngeren SENECA. Auf der Stelle seines siebten Briefes »Homines, dum docent, discunt« beruht das spruchgerechter formulierte: »Docendo discimus«: Durch Lehren lernen wir.

Wer das hört und wer das liest, wird natürlich mit wissender Miene zustimmen; aber nur wenige, die es angeht, machen sich den klugen Gedanken zielstrebig zunutze. Erfahrungsgemäß begnügen sich einige mit einem halbherzigen Versuch und erlahmen, bevor sie recht begonnen haben. Dabei bleibt es fast immer.

»Allerweltsweisheiten«, raunt es in einer tieferen Schicht des Bewußtseins. »Sie gedeihen so üppig wie der Löwenzahn am Wiesenrain. Lohnt es denn überhaupt, die Hand nach ihnen auszustrecken?«

In Senecas Feststellung steckt jedoch mehr als ein nur beiläufiger Rat. *Er bietet den Kern didaktischer Erfahrung in der Form eines konkreten Handlungsvorschlags.*

Anderen etwas klarmachen zu wollen setzt seitens des Lehrers voraus, daß er den Stoff klar gliedert, daß er sich gründlich mit ihm beschäftigt hat. Durch gelegentliche Fragen des Schülers wird er gezwungen, die Einzelheiten aus verschiedenen Blickwinkeln neu zu überdenken. Er wird sich die Materie, das Thema einerseits durch seinen Vortrag, andererseits durch das Wechselgespräch mit seinen Schülern im wahrsten Sinne des Wortes erarbeiten.

Nicht zu unterschätzen ist die Wirkung, die vom Rollenspiel selbst ausgeht: Die übernommene Verantwortung des Lehrenden und der Erklärtrieb, der in jedem Menschen schlummert, setzen so etwas wie einen umfassenden Intelligenzfaktor frei oder verstärken ihn wesentlich. Das zeigt sich in einer gesteigerten Aufmerksamkeit und in einem flüssigeren Kombinieren. Die Assoziationen verlaufen genauer und rascher.

Dem genialen, damals bedürftigen HEINRICH SCHLIEMANN – der Leser wird sich erinnern – war das Opfer von vier Frank nicht zu groß, die er einem arbeitslosen Juden wöchentlich zahlte, nur daß dieser ihm beim Memorieren fremdsprachiger Texte zuhöre. Vier Frank in der Woche für das halbe Rollenspiel! Die Bereitschaft des Mannes zu lernen, mußte er sich nämlich hinzudenken.

Und trotzdem war das Geld sinnvoll angelegt. Schliemann, sein Ziel klar vor Augen, zweifelte keinen Augenblick an seinem Erfolg, und nichts hätte so eindrucksvoll die Wirksamkeit seiner Arbeitsweise bestätigen können wie das Ergebnis seiner Mühen.

32. Aneignen heißt verarbeiten

Horst Nagel ist kein Intellektueller im Sinne des einseitigen Verstandesmenschen. Er ist auch nicht außerordentlich begabt. Er ist ein Student, dem das Leben schon einiges abverlangt hat, einer, der das Studium ernst nimmt, der weiß, daß es akademische Prüfungen zu bestehen gilt und daß gediegene Anstrengung nicht durch forsches Auftreten, Trinkfestigkeit oder durch die Teilnahme an allen möglichen Demonstrationen zu ersetzen ist.

Nichts gegen das eine oder das andere. Aber alles mit Maß und Ziel!

Nagel nun hat ein persönliches Ziel vor Augen, und das von Anfang an: einen ordentlichen Studienabschluß, der nun einmal von Nachweisen erfolgreicher Teilnahme am Universitätsbetrieb abhängig ist. Noch vor dem Beginn des ersten Semesters läßt er sich von älteren Studenten seiner Fachrichtung beraten, welche Vorlesungen und Übungen zum Einstieg am besten belegt werden sollten. Selbstverständlich nutzt er auch die Sprechstunde seines Ordinarius, um sich ihm vorzustellen.

Zu den Vorlesungen besorgt er sich einige von den Dozenten als »begleitende Lektüre« empfohlene Bücher, zumindest die Werke, die sich als wichtig herumgesprochen haben. Er liest sie kursorisch, das heißt, er liest sie zunächst zügig, soweit ihm das möglich ist, hält sich im wesentlichen aber mehr an die Vorträge der Professoren, die sogenannten Vorlesungen. Er ist sehr darauf bedacht, möglichst wenige zu versäumen, um den Anschluß nicht zu verlieren, denn er macht schon bald die Erfahrung, wie schwer es ist, eine brauchbare Mitschrift von anderen Hörern geliehen zu bekommen.

Mitschriften – jeder Student weiß das – sind Protokolle der auf das Halbjahr verteilten Vorlesungen. Eine Vorlesung dauert in der Regel eine Dreiviertelstunde. Nagel beherrscht die Kunst des Protokollierens. Sie erfordert ein hohes Maß an geistiger Sammlung. Er hat sich systematisch darin geübt. Die »fleißige Biene«, die neben ihm sitzt, stenographiert fast jeden Satz mit. Unmöglich! Da hat doch der Professor mitten in seinen Ausführungen bemerkt, daß es im Hörsaal ziehe, und den jungen Studiosus in der Nähe des vorderen Fensters gebeten, es zu schließen. »Hier zieht es; schließen Sie doch bitte das Fenster!« stand nachher wörtlich im Stenogramm der emsigen Schreiberin!

Nagel hingegen weiß, worauf es ankommt. Konzentriert, mit fast unbeweglicher Miene gibt er sich dem Vortrag hin, vollzieht er die Gedanken des Redners nach, und sein in Bereitschaft gezückter Kugelschreiber setzt nur von Zeit zu Zeit auf dem großformatigen Block an, etwa wenn es gilt, Teile der Gliederung stichwortartig zu erfassen oder eine Definition wörtlich mitzuschreiben. Für den Rest vertraut er seinem Gedächtnis. Deshalb ist er darauf aus, die Notizen jeweils so rasch wie möglich zu ordnen, zu ergänzen, zu überarbeiten, einmal aus der frischen Erinnerung, zum andern anhand gerade erreichbarer Literatur und Fachlexika.

Es sind keine umfangreichen Niederschriften, die auf diese Weise entstehen, aber zusammenhängende Aufzeichnungen in einigermaßen verständlichen Sätzen, die den wesentlichen Inhalt der jeweiligen Vorlesung wiedergeben. Zur besseren Lesbarkeit sind die Manuskripte sauber in Maschinenschrift übertragen, haben Absätze und links einen breiten Rand für eventuell noch hinzukommende Anmerkungen.

»Meine Mitschriften und meine Buchauszüge«, sagt sich Nagel, »sind eigentlich alles, worauf ich mich stützen kann, wenn's in die Prüfungen geht. Werde ich mich an die vielen Einzelheiten und die feinen Zusammenhänge erinnern, wenn die Fragen der Prüfer auf mich zukommen? Genügt es, alle bis dahin gefertigten Protokolle vorher noch einmal durchzulesen, oder vielleicht zwei- oder dreimal, um alles aus ihnen herauszuholen?«

Horst Nagel macht sich über all das viele Gedanken. Und immer wenn das Hauptwort »Frage« oder das Tätigkeitswort »fragen« vor ihm auftaucht, glaubt er sich der Lösung ein Stück näher. Das ist das Schlüsselwort, dämmert es ihm plötzlich in naiver, aber logischer Zweckgerichtetheit: Wie sollen die Prüfer feststellen, ob und wie gut ich gelernt habe? Sie müssen Fragen stellen, gezielte Fragen. Eine tauglichere Methode scheint es bis heute nicht zu geben. Und wenn ich selbst Bescheid wissen will, muß ich ebenso verfahren. Ich muß mir zweierlei ausdenken: *eine gute Frage und eine gute Antwort.*

Daß dies einer gewissen Aufbereitung des Textes bedarf, ist dem Studenten klar. Das hat in einer Stoffanalyse zu geschehen, denn die in den Mitschriften und Buchauszügen vorkommenden Texte müssen erst in übersichtliche Informationseinheiten zerlegt werden. Das geschieht in nüchterner Nebenordnung, in kurzen Sätzchen, ohne jeden stilistischen Ehrgeiz. Schon in diesem Verfahrensschritt wird erreicht, daß kein Faktum übersehen wird und sich durch das Überdenken eine erste Einprägung anbahnt. Im zweiten, der die Umarbeitung in Frage und Antwort zur Aufgabe hat, wird der Stoff zwangsläufig betastet, gedreht und gewendet, mit einem Wort *begriffen.* Aufgrund der Antworten bilden sich außerdem zahlreiche Assoziationen zum Ersttext, so daß der, der die Mühe nicht scheut, am Ende eine Repetitorium in der Hand hat, das es ihm ermöglicht, versunkenen Stoff in erstaunlich kurzer Zeit zu heben.

Man kann einen Text wiederholt gelesen, sogar aufmerksam gelesen haben, trotzdem ist man leicht über mehr oder weniger wichtige Einzelheiten hinweggegangen und kann manchen Gedanken nur unvollkommen wiedergeben. Es geht uns wie dem Schüler, der die Hausaufgabe des Lehrers für überflüssig hält und erst daheim, wenn er an ihr arbeitet, merkt, daß sie ihm mehr Schwierigkeiten bereitet, als er angenommen hat.

Schüler, Studenten, Prüflinge ganz allgemein sind immer im Vorteil, wenn sie sich Fragen, die ihnen möglicherweise gestellt werden, vorher selbst stellen, denn die Frage hat meist etwas Zielendes. Sie zwingt zum Nachdenken und erlaubt, richtig gestellt, kein bequemes Ausweichen.

Im Anhang wird dieses Verfahren an einem konkreten Beispiel dargestellt.

Horst Nagel, der hier zur Erläuterung herhalten mußte, ist Student. In gewissem Sinne aber ist jeder von uns ein Lernender. Jeder, der nach *Selbstverwirklichung und Entfaltung seiner Persönlichkeit* strebt, sieht sich in ähnlicher Weise gefordert wie dieser Student. Warum sollte uns Horst Nagel nicht als Vorbild dienen?

33. Prüfungsangst und wie man sie überwindet

Wien 1831. Es ist ein diesiger Oktobermorgen. Dunkelgekleidete Herren der juridischen Fakultät sitzen hinter einem der langen Tische des Universitätsdekanats. Sie warten. Sie warten schon über eine Viertelstunde. Einer zieht mit erhobenen Augenbrauen seine Taschenuhr. Man schickt nach dem Pedell, und dieser wiederum entsendet einen Boten. Nach geraumer Zeit meldet er: »Der Herr Kandidat ist nirgends aufzufinden. Er hat sich weder hier gemeldet noch an anderer Stelle; auch in seiner Wohnung hat man keine Ahnung, wo er sich aufhält.«

Der vermißte Examenskandidat war ADALBERT STIFTER!

Doch was soll's? Im praktischen Leben bleibt es kaum jemandem erspart, sich gelegentlich einer Prüfung zu stellen. Manchem kommt seine Unbekümmertheit zugute, die ihn gleich einem Schwindelfreien die schmalsten Grate überschreiten läßt, ohne auch nur im mindesten aus dem Gleichgewicht zu geraten. Es soll ausgesprochene »Prüfungsmenschen« geben, die in den entscheidenden Augenblicken genau das Richtige tun und antworten. Der weitaus überwiegende Teil aller Menschen aber hat einfach Angst vor Prüfungen, und das ist normal.

In der Praxis des Schulpsychologen ist es etwas Alltägliches, wenn zum Beispiel die Mutter des achtjährigen Patrik berichtet, daß er »zu Hause alles gekonnt« und am nächsten Vormittag in der Schularbeit versagt hat. Und so ergeht es nicht nur dem kleinen Patrik. Ähnlich ergeht es dereinst auch dem großen Patrik, ähnlich vielen Hunderten und Tausenden von Erwachsenen, nur mit dem einen Unterschied, daß sie – in der

Sprache des Soziologen Kurt Lewin – eher »aus dem Felde gehen«, das heißt eher kneifen können – ein zweifelhafter Vorteil!

Gerade Erwachsene, die wegen ihres Fleißes Grund hätten, mit Selbstvertrauen zur Prüfung anzutreten, drehen leicht durch, sehen wegen ihrer gestiegenen Ansprüche nur noch die *Lücken ihres Wissens* und ziehen angesichts des »Ungeheuren«, das auf sie zuzukommen scheint, ihre Anmeldung im letzten Augenblick zurück.

Eines ist gewiß: Wer für eine Prüfung, die ihm bevorsteht, nichts tut, hat kaum eine Chance durchzukommen. Alle andern, die sich nicht auf das bloße Glück verlassen möchten, sind eingeladen, sich die folgenden Erfahrungen zunutze zu machen.

Grundsätzlich darf man davon ausgehen, daß der Prüfer nicht daran denkt, den Kandidaten hereinzulegen oder schlecht abschneiden zu lassen. Im Gegenteil: Er freut sich, wenn ihm Gelegenheit gegeben wird, eine besonders gute Leistung gebührend anzuerkennen. Gute Noten sprechen schließlich für Wohlwollen und unbestechliche Gerechtigkeit.

Der Prüfling tut gut daran, möglichst genau in Erfahrung zu bringen, in welchem Rahmen sich die zu erwartenden Fragen bewegen. Ein vereinfachendes Beispiel: Der angehende Mediziner wird gut daran tun, sich mit eben Geprüften zu unterhalten, nicht etwa, um sich Antworten auf die gestellten Fragen einzuprägen. Das wird hin und wieder versucht, ist aber zu naiv. Vielmehr soll er herausbekommen, was der Prüfer erwartet, ob er auf wortwörtlichen Definitionen herumreitet, auf Bezeichnungen, die er mit Vorliebe gebraucht, ob er auf Zahlen und Statistiken schwört oder ob ihn die Erfassung der Zusammenhänge mehr überzeugen kann.

Mancher Prüfer hat seine eigenen Marotten, die nicht geringgeachtet sein wollen. Und wenn sich der Gestrenge schmeichelt, selbst zu den Schöpferischen seiner Fachrichtung zu gehören, kommt es einer Todsünde gleich, dies nicht zu wissen. Es kann ihn, den Prüfling, dann das Pech jenes Studenten treffen, der die Vorlesungen eines Professors aus zeitlichen Gründen (weil sie mit anderen Vorlesungen kollidierten) nicht hören konnte, der aber erfuhr, gerade vor ihm zur Prüfung antreten zu müssen. Zum Glück gibt es Lehrbücher, dachte sich der Studiosus; und er machte sich's wirklich nicht leicht, arbeitete den vom Dozenten selbst angegebenen umfangreichen Leitfaden gründlich durch – so gründlich, daß er in der Prüfung glänzte. Er brauchte dem Professor keine einzige Antwort schuldig zu bleiben.

Um so überraschter war der junge Mann, als er wenige Tage später das Zeugnis der Diplomvorprüfung erhielt. Was mußte er sehen? In diesem Fach hatte er nur ein Ausreichend bekommen. Warum wohl?

Der Professor hatte vor Jahren für ein bestimmtes Ferment im menschlichen Körper einen eigenen Ausdruck geprägt. Diese Neuerung fand keinen Eingang in die Lehrbücher und stand auch nicht in dem empfohlenen Leitfaden. Wer aber den Vorlesungen gefolgt war, mußte mit der Neuschöpfung zwangsläufig Bekanntschaft gemacht haben. So wurde es denn auf diese Weise offenbar, daß der Prüfling ein Außenseiter sein mußte, der nicht alle Vorlesungen besucht hatte.

Ein bißchen Einfühlung in die Person des Prüfenden hilft, Spannungen abzubauen. Das ist wichtig, denn das allzu Menschliche macht vor keiner Prüfung halt!

Warum versagen Prüflinge, die sich sachlich gewissenhaft vorbereitet haben, dennoch nicht selten im *Ernstfall?*

Das letzte Wort dieser Frage gibt auch die Antwort. Ernstfall – was ist das? Das ist die Situation – meist eine sehr veränderte –, in der eine erbrachte Leistung wiederholt werden soll. Daß sie der Prüfling zu Hause in irgendeiner Form erbracht, daß er also gelernt hat, wird vorausgesetzt. Aber war das der Ernstfall? Nein!

Daheim im wohltemperierten Zimmer, bequeme Hausschuhe an den Füßen, die Zigarettenpackung in Reichweite, ein Täßchen Kaffee auf dem Schreibtisch, freundliche Atmosphäre, freundliche, aufmunternde Gesichter ringsum – und Zeit darf man sich lassen, soviel man braucht, und die Handbücherei, die man sich zugelegt hat, lädt zum Nachschlagen ein.

Wie anders der Ernstfall! Ein kahler Raum mit hohen Fenstern, eine harte Bank. An einer der Wände hängt die vergilbte Landkarte von Europa. Das hohe Blumenpodest in der Ecke neben dem Pult ziert ein ausgestopfter Mäusebussard. Nun, auf eine schöne und geschmackvolle Umgebung ließe sich zur Not noch verzichten, aber daß alles so anders ist als in den eigenen vier Wänden, so ungewohnt, so humorlos, das legt sich aufs Gemüt; man fühlt sich verlassen.

Und wenn die Arbeitsbogen dann verteilt werden, wenn das Zeichen gegeben wird anzufangen, wenn der Aufsichthabende wie ein Gespenst durch die Reihen der Kandidaten schleicht, ab und zu jemandem über die Schulter sieht, aber nichts sagt, sich höchstens räuspert, dann fühlt man sich noch mehr verlassen – mancher sogar von allen guten Geistern.

Nicht jeder Prüfling empfindet es so eindringlich, dieses Gefühl des völligen Ausgeliefertseins, aber für die meisten bedeutet es Unlust. Daß die Prüfung mitunter noch für zusätzliche Überraschungen sorgt, weiß jeder, der schon einige Male in solcher Situation gestanden hat. Daher für jeden Prüfungskandidaten der Rat: *Ergründen Sie sämtliche Umstände des Ernstfalles so gut wie möglich; diese müssen bei der Vorbereitung so vollkommen wie möglich simuliert werden!*

Wie das gemeint ist? Ein Nachhilfelehrer erzählt:

Frau E. hatte sich entschlossen, ihren dreizehnjährigen Sohn in meine Obhut zu geben. Er solle in Deutsch gefördert werden; er habe es nötig. Und wie er es nötig hatte! Das begann schon bei der Rechtschreibung. Mit seinen Kenntnissen in der Grammatik war es auch nicht weit her. Fast ein Wunder, daß er ins Gymnasium aufgenommen worden war.

Eins ist allerdings zu erwähnen: Rolf war begabt und durchaus lernwillig. Nach weniger als einem halben Jahr hatte ich ihn soweit, daß der Aufsatz in den Mittelpunkt unseres gemeinsamen Bemühens rücken konnte. Rolfs Arbeiten waren lebendig und zeugten von Phantasie, bisweilen – so schien es – im Übermaß, denn er vermochte seine Gedanken nicht zu ordnen. Da war keine Planung. Bei seinen Erlebnisschilderungen fiel das noch nicht auf; wenn aber eine Sache oder ein Problem zu erörtern war, gingen die Arbeiten daneben. Manchen Aufsatz, den er von der Schule mitbrachte, fand ich herabzensiert, weil er Gliederung und Proportion vermissen ließ, noch mehr aber, weil der Junge mit der Zeiteinteilung nicht zurechtkam und infolgedessen meist nicht ganz fertig wurde.

Was tun? Am ersten Freitag nach den Ferien – eine gründliche theoretische Auseinandersetzung war vorausgegangen – kündigte ich Rolf an, daß er an den nächsten Wochenenden in meiner Wohnung Proben unter schulähnlichen Bedingungen schreiben solle.

Der Junge erschien zur vereinbarten Zeit, nämlich um halb vier. Zu seiner Verwunderung führte ich ihn diesmal in einen anderen Raum, in das seinerzeit nicht benutzte Zimmerchen meines Sohnes, der damals in Frankfurt studierte. Auf dem Tisch stand ein Wecker. Daneben lag ein Zettel mit drei Themenvorschlägen. »Um halb sechs komme ich wieder«, sagte ich zu Rolf. »Dann hole ich mir die fertige Arbeit ab. Und vergiß nicht: erst eine Gliederung, dann einen Entwurf und zuletzt die Reinschrift. Sieh zu, daß du fertig wirst!«

Mit diesen Worten zog ich mich zurück. Es muß gesagt werden: Die erste Probe war ein glatter Fehlschlag! Rolf versuchte daraufhin, seine Mutter gegen mich einzunehmen, um sie zu veranlassen, »diesen Unsinn« zu stoppen, wie er sich wörtlich geäußert haben soll. Aber Frau E. ließ sich vom

Protest ihres Sohnes nicht beeindrucken. An den folgenden Wochenenden wurden weitere Proben geschrieben. Schließlich versöhnten wir uns, und bei der vierten simulierten Klassenarbeit in Deutsch hatte ich Anlaß, dem jungen Mann bereits ein ehrliches Lob zu spenden.

Nach Jahren, als Rolf längst keine Nachhilfe mehr benötigte, nannte er mein damaliges Vorgehen eine Roßkur, die ihm aber »nicht geschadet« habe, so räumte er großmütig ein. Seine Deutschnote in der Schule war der Beweis dafür.

Die Einteilung der im Ernstfall zur Verfügung stehenden Zeit will ebenfalls geübt sein. Sich einfach nach der Anleitung richten, das ist leichter gesagt als getan. Nur wer es mehrmals ausprobiert hat, gewinnt die nötige Sicherheit und – das ist ein Vorteil – wird die gewährte Frist sinnvoll ausschöpfen.

In manchen Prüfungen ist die Benutzung von Nachschlagewerken erlaubt, etwa eines Wörterbuches bei Übersetzungen aus einer Fremdsprache. Solche Bedingungen sind ohne weiteres vorher zu erfahren.

Ist ein Wörterbuch erlaubt, dann vergeude man nicht viel Zeit mit dem Nachschlagen von Vokabeln, die mehrere Bedeutungen haben. Wenn das gewählte Wort einigermaßen zu passen scheint, setzt man es ein und achtet lieber darauf, daß man die Konstruktion nicht verfehlt. Man sollte sich bei jedem Satz fragen, welche grammatische Einzelheit durch ihn geprüft wird. Man soll sich jeweils fragen: Wo ist hier der Haken?

Hat man Zweifel an der Rechtschreibung, so stellt man abweichende Wortbilder einander gegenüber, zum Beispiel »ziehmlich« und »ziemlich«. Das schafft meist Klarheit, wenn nicht schon verwandte Wörter auf die richtige Schreibung hinweisen. Bei der Interpunktion ist es nicht selten der Beistrich, der Ungewißheit aufkommen läßt. Am besten setzt man Beistriche zunächst nur da, wo man ganz sicher ist. Die etwa noch nachzuholenden ergeben sich, wenn man das Ganze in einem Zuge durchliest. Man hat dann nämlich die bessere Übersicht. Für den Privatgebrauch kann man sich merken: Ein fehlendes Komma ist besser als eines zuviel. Man könnte es ja vergessen haben, aber was nun einmal dasteht... Ob aber ein Prüfer so nachsichtig urteilt? Damit kann man nicht rechnen!

Eine Arbeit vor Ablauf der festgesetzten Frist abzugeben, ist dumm, denn das Fertigwerden vor der Zeit wird in keiner Weise gewertet. Die verbleibenden Minuten – man sollte sie kalkulieren – können sich lohnen. Man benutzt sie, alles noch einmal aufmerksam durchzulesen und wenn möglich Fehler auszumerzen. Wenn es sich um eine Übersetzung aus einer Fremdsprache handelt, dann ist der Augenblick gekommen nachzuschlagen, ob sich nicht hier und da ein passenderes Wort anbietet. Ähnlich ist es bei schriftlichen Rechenproben. Ein zeitraubendes Wiederholen vollzogener Rechenoperationen verschiebt man bis zum Schluß, falls dann noch Zeit hierfür bleibt. Hauptsache, der Ansatz stimmt, und das kann den beizugebenden Einzelausrechnungen entnommen werden.

Schulen und Prüfungsausschüsse legen ihre Fragen und ihre Aufgaben bisweilen in der Art eines Ausfüllblattes vor. Manche Schulen arbeiten das ganze Jahr mit solchen. Wo immer möglich, sollte man sich von derartigen Arbeitsbögen ein Muster fertigen, um sich an das Schema zu gewöhnen. Das betrifft auch den oft sparsam bemessenen Platz für Notizen oder Zwischenrechnungen.

Soviel zum Ernstfall in der schriftlichen Prüfung. In der mündlichen ist er durch die Aufbereitung der Protokolle und Buchauszüge in einen *Frage-Antwort-Dialog* weitgehend simuliert. Die damit zwangsläufig verbundene gründliche Durchforstung des Lernstoffs versetzt den Prüfling in die Lage, souverän Stellung zu nehmen. Er ist in keiner Weise an die entworfene Formulierung gebunden, wird aber vorteilhaft von ihr Gebrauch machen, wenn sie sich gut anhört und eine treffende Antwort darstellt.

Noch eins: Er wird sich Zeit lassen. Er wird nicht schneller sprechen als einer, der über die gestellte Frage zunächst einmal nachdenken muß. Das wird ihm nicht nur zugestanden, das wird von ihm erwartet.

Denken, Üben, Planen helfen uns lernen und Prüfungen bestehen.

Bietet unsere hochmoderne Zeit, die doch tausend Mittel für uns bereithält, das Leben leichter, besser, bequemer zu meistern, nicht auch auf diesem Gebiet einiges an?

Und ob! Die Werbung war schon immer auf dem Posten. In den späten achtziger Jahren des vergangenen Jahrhunderts wurde Maggis Suppennahrung als »höchst wirksam gegen die Schulspannung und gegen den Druck der immer schwieriger werdenden Examina« in Zeitungsinseraten angepriesen. Der Texter war kein Geringerer als der damals zweiundzwanzigjährige FRANK WEDEKIND, der wenig später mit seinem Drama *Frühlings Erwachen* eine bürgerliche Welt vor den Kopf stieß.

Zahlreiche pharmazeutische Firmen sind bis heute dem Einfall eines Klugen »Der Mensch ist, was er ißt« gefolgt. Die heutigen »Wunderwaffen« bestehen aus Pillen und Tabletten. Man muß sie nur noch schlucken. Und der Geistesarbeiter hat die Auswahl: die biologische Hirn- und Nervennahrung gegen Konzentrationsmangel und rasche Ermüdbarkeit, Hormone, die den zerebralen Stoffwechsel anregen, Tonika, die kortikale und subkortikale Hirnregionen aktiv werden lassen, Extrakte zur Überwindung neurovegetativer Spannungszustände, Vitamine, die der Merkfähigkeit neuen Auftrieb geben, kurzum, für alles und jedermann etwas!

In manchen dieser Pillen und Säfte steckt einiges, das dem Körper gut tut. Aber bitte: Keine Wunder erwarten! Bedenklich sind besonders Stimulanzien, das heißt anregende Mittel. Das Täßchen Kaffee mag ja noch hingehen, aber harte Sachen: Hände weg!

Die Intelligenz aus der Pillendose, die gibt es nicht!

Auflösungen der Testfragen

Die Fragen und Aufgaben entsprechen lediglich in ihrer Art und in ihrem Schwierigkeitsgrad den Anforderungen des Originaltests. Mit ihrer Hilfe sollen Sie sich aber ein Bild davon machen können, was einem Testanden im Ernstfall zugemutet wird.

Die nachstehend aufgeführten Antworten und Lösungen ermöglichen Ihnen einen *Vergleich*. Wenn Sie zum Beispiel von den nachfolgenden fünfundzwanzig Fragen drei Viertel dem Sinne nach richtig beantworten, können Sie damit rechnen, daß Sie im Originaltest ungefähr gleich gut abschneiden werden.

Die Anforderungen eines Tests – hier wie im Ernstfall – reichen grundsätzlich vom Leichten bis zum extrem Schwierigen, deshalb ist es völlig normal, wenn ein Prüfling zwischendurch und besonders am Ende einer Serie passen muß, bei Zeitbegrenzungen nicht ganz fertig wird oder in einem Speedtest, der die Schnelligkeit mitwertet, weniger gute Leistungen erbringt.

Wissensfragen

1. Konrad Adenauer
2. Vorrichtung zum Senden oder Empfangen elektromagnetischer Wellen; Fühler der Gliedertiere
3. Milchfett; Pflanzenfett
4. Frankreich
5. Fünfzig Kilogramm

6. 366 Tage
7. Bonn am Rhein
8. Peking
9. Dreihundert Meter
10. Insel im Mittelmeer
11. Das Atmen
12. Afrika
13. Friedrich von Schiller
14. Ungefähr sieben Millionen
15. Ungefähr sechshundert Kilometer
16. Alfred Nobel
17. Wolfgang Amadeus Mozart
18. Washington, USA
19. Philipp Reis – oder Graham Bell
20. Russischer Mönch, angeblich wundertätig, übte unheilvollen Einfluß am Hof des Zaren Nikolaus II. aus
21. Veränderung
22. Juristischer Begriff im Grundbuchrecht
23. Überschwengliche Lobrede
24. Arzneimittel gegen Muskelkrämpfe
25. Glaube an tausendjähriges, paradiesisches Reich auf Erden nach der Wiederkunft des Herrn (im Urchristentum und Mittelalter)

Fragen des praktischen und des sozialen Denkens

1. Als erstes lasse ich mein Sparkonto beim betreffenden Geldinstitut sperren.
2. Reine Baumwolle ist atmungsaktiv, absorbiert Feuchtigkeit und ist kochfest.
3. Durch eine solche Planung überblickt man seine finanziellen Möglichkeiten besser und vermeidet unüberlegte Ausgaben.

4. Meist handelt es sich um einen Arm, eine Hand oder um ein Bein. Ich werde also das gefährdete Körperglied abbinden.
5. a) Wirtschaftliche Unabhängigkeit im Alter, b) Vorbeugung gegen Notlage im Krankheitsfall.
6. a) Gewähr für Bausicherheit, b) Einordnung in Stadt- oder Landschaftsbild, c) baurechtliche Vorschriften.
7. Sie ermöglicht es, neue Fakten vorzubringen. In ihr können Verfahrensfehler geltend gemacht werden.
8. Es dient vor allem dem Schutz der Privatsphäre.

Die Fragen 9 und 10 sind Gerd entfallen. Sie haben etwa den gleichen Schwierigkeitsgrad wie die obigen.

Rechnerisches Denken

Bei diesem als rechnerisches Denken bezeichneten Subtest (Untertest) scheint es in erster Linie auf die Reaktionszeit anzukommen, denn rechnerisch wird nur wenig verlangt. Dementsprechend arbeitet die Wertung mit Zeitlimit und Zusatzpunkten.

Trotzdem seien die Lösungen genannt:

1. Insgesamt sieben Stunden.
2. Natürlich drei Mark.
3. Diese sieben Eier kosten insgesamt DM 1,89. Liesel hat also 39 Pfennig zuwenig in ihrem Portemonnaie.
4. Demnach haben zwei Brötchen fünf Pfennig gekostet. Für achtzehn Brötchen hat man also neun mal fünf Pfennig ausgeben müssen, das heißt fünfundvierzig Pfennig.
5. Wenn er in einer Stunde zwölf Kilometer schafft, so ist er in fünf Stunden am Ziel.
6. Wenn vier Zigaretten fünfzig Pfennig kosten, dann kosten zwanzig Zigaretten DM 2,50.
7. Eine Mark ist das Fünffache von zwanzig Pfennig. Also

bekommt man fünf mal fünfzehn Gramm, das heißt fünfundsiebzig Gramm.

8. Ein Viertel von zweiunddreißig ist acht, also bekommen dreiviertel – nämlich vierundzwanzig Kinder – von ihren Eltern regelmäßig Taschengeld.
9. Wenn der Bagger in acht Stunden einhundertzwanzig Kubikmeter Erdreich aushebt, dann sind das in der Stunde fünfzehn Kubikmeter. Zwanzig Minuten entsprechen einer drittel Stunde. Der Bagger hebt in zwanzig Minuten somit fünf Kubikmeter Erdreich aus.

Die zehnte Aufgabe ist Gerd entfallen.

Oberbegriffe finden

Die Obergriffe zu den aufgeführten Wortpaaren könnten wie folgt lauten:

1. Bäume
2. Blumen
3. Sitzmöbel
4. Nachschlagewerke
5. Handwerksberufe
6. Büromöbel
7. Raumbegriffe
8. Dienen der Zeitorientierung
9. Quadratzahlen
10. Ethische Begriffe

Der Prüfling kann unter Umständen auch andere Oberbegriffe finden. Wichtig ist, daß sie möglichst genau zutreffen. Wenn er zum Beispiel zu Frage 3 nur »Möbel« antwortet oder zu Frage 9 nur »Zahlen«, so gilt die Antwort zwar als richtig, wird aber geringer gewertet, weil die obenvorgeschlagene Bezeichnung genauer ist, weil sie exakter eingrenzt. Die Antwort »ungerade Zahlen« zu Frage 9 wäre auch schon besser als »Zahlen«.

Was bedeuten folgende Wörter?

1. Säuerliche Frucht
2. Hasenart
3. Laubbaum
4. Undeutlich sprechen
5. Edelmetall
6. Binde, Vereinigung
7. Eisenbahn, Zugluft
8. Türgriff, Handgriff
9. Metallbolzen
10. Sturz, Beispiel, Kasus
11. Papier-, Sprechrolle u. a.
12. Gutes Benehmen, auch Begriff der Jägersprache
13. Eßgerät, Hasenohren
14. Zaumzeug, Pistolentasche
15. Frühling
16. Neuzeitlich, faulen
17. Behörde, Gottesdienst
18. Klosterschwester, Schmetterlingsart
19. Abtrünniger
20. Kopfhaut mit Schopf
21. See-, Lufträuber
22. Ansiedlung, Ausländergruppe
23. Schaukämpfer, Schwertkämpfer
24. Handelsvollmacht
25. Zeughaus, Waffenlager
26. Rückgriff, Ersatzanspruch
27. Selbstlaut
28. Unterstellung, Lüge
29. Aufrichtung des Pferdes auf der Hinterhand
30. Entscheidung zwischen zwei Möglichkeiten
31. Absonderung
32. Aufbewahrungsort, Lager
33. Bündnis, Staatenbund, auch: nicht straff organisierter Bund
34. Für ungültig erklären
35. Muster, Beispiel
36. Überempfindlichkeit
37. farbiges Band infolge Lichtzerlegung
38. Spalte, (Knochen-)Riß
39. Verhaltensforschung bei Menschen und Tieren
40. Gotteslästerung u. ä.
41. Deckname, Künstlername
42. Kunsterzeugnis

Nur selten kennt ein Testand alle oder fast alle Bedeutungen. Die Begriffe dürfen auch umschrieben werden. Es kommt nur auf die Richtigkeit an, nicht auf den Wortlaut.

Sätze ergänzen

1. b) unansehnlich
2. b) ein Telefon
3. d) alt
4. b) Wände
5. d) Belohnung
6. d) ihrem Begehrtsein
7. d) ein Problem
8. e) rigoros
9. b) einen Schwanz
10. e) gewöhnlich
11. d) Halsbinde
12. d) Schildkröte
13. d) meist
14. b) der Tonhöhe
15. e) Hund
16. d) 570 Kilometer
17. c) 170 Zentimeter
18. e) manchmal
19. e) vier Milliarden
20. d) Dortmund

Wortauswahl

21. d) schlafen
22. a) Walfisch
23. b) lügen
24. d) Konfitüre
25. b) Blüte
26. c) trinken
27. b) Flöte
28. c) grau
29. c) muskulös
30. d) Kutsche
31. b) Aktie
32. d) Mazurka
33. b) musisch
34. b) Liter
35. a) Tonne
36. c) widmen
37. c) Postbote
38. d) Atmung
39. c) Planet
40. d) Erfolg

Analogien

41. d) Vorstand
42. c) Herzrhythmus
43. e) beweisen
44. d) Kugel
45. c) Sättigung
46. d) Elster
47. c) Bewunderung
48. d) Großmutter
49. d) Musikbox
50. d) Schwingen
51. c) Entgiftungsstation
52. c) Brosche
53. d) riechen
54. c) Faltenrock
55. e) kriechen
56. d) Ende
57. d) Wechsel
58. b) Siedlung
59. b) Lindau
60. d) Nacht

Gemeinsamkeiten

61. Handwerkszeug
62. Sinnesqualitäten
63. Nachschlagewerke
64. Windstärken
65. Nachrichtenträger, Medien
66. Säugetiere
67. militärische Dienstgrade
68. kleinste Wassertröpfchen
69. Verhältniswörter
70. alkoholische Getränke
71. Münzgeld
72. leidenschaftliche Gefühle
73. Entgelt für eine Arbeitsleistung
74. geometrische Figuren
75. Früchte
76. Edelsteine

Praktisches Rechnen

In den nachfolgenden Positionen sind nicht nur die Lösungen zu den zwanzig eingekleideten Rechenaufgaben enthalten, sondern zum besseren Verständnis je ein möglicher Weg, der beschritten werden kann.

77. Bis zum Treppenabsatz sind es 11 Stufen und danach weitere 12, also im ganzen 23 Stufen. Ich teile somit die Gesamthöhe von 3,68 Metern durch 23.
Jede einzelne Stufe ist 16 Zentimeter hoch.
78. Zwei Wochen sind 14 mal 2,5 Minuten.
Die Taschenuhr geht in zwei Wochen 35 Minuten nach.
79. Die Abteilung marschiert in 150 Minuten 15 Kilometer. Daraus folgt:
Die Abteilung marschiert in 20 Minuten 2 Kilometer.
80. Wenn zwei Kühe verkauft werden, verringert sich der Milchertrag um ein Drittel.
Die restlichen vier Kühe geben dann wöchentlich 420 Liter Milch.
81. 2,5, 3,25, 4,5, 1,75 und 5,5 Stunden, das macht 17,5 Stunden in der Woche. Also: 17,5 mal DM 5,80
Die Putzfrau verdient in der Woche DM 101,50.
82. 11 Meter und 8 Meter – die beiden Arbeitsgruppen kommen insgesamt 19 Meter am Tage voran: 494 durch 19:
Nach 26 Tagen treffen die beiden Gruppen zusammen.
83. Die eine gibt 12 mal 27 Pfennig für Eier aus = DM 3,24. Es bleibt also ein Rest von DM 1,44 zum Ausgeben. Nachdem die andere Hausfrau ein Neuntel weniger je Ei bezahlt, bekommt sie das Stück für 24 Pfennig: DM 1,44 durch 24:
Die andere Hausfrau kauft sechs Eier.
84. Am ersten Tag: drei weniger ein Meter: zwei Meter
Am zweiten Tag: fünf weniger ein Meter: vier Meter
Am dritten Tag: sieben Meter
Am Abend des dritten Tages ist die Schnecke oben.

85. Leute, die zu einem anderen Betrieb wechseln 42
Bis zum 1. Oktober entlassene Betriebsangehörige 5
Krankmeldungen am 1. Oktober 8 = minus 55
Neueinstellungen bis 1. Oktober plus 61 (+6)
Am 1. Oktober treten 978 Betriebsangehörige die Arbeit an.

86. Vor dem Einsatz sind zwei Drittel, also 16 Hektoliter im Sprengwagen. Dazu kommen 11 mal 24 Hektoliter Nachfüllung (264). 16 und 264:
Im Einsatz werden 280 Hektoliter verspritzt.

87. Der Bote hat nach einer Stunde 5,5 Kilometer zurückgelegt = 8.30 Uhr
Der Radler braucht nur eine Viertelstunde dazu = 8.30 Uhr
Um 8.30 Uhr hat der Radfahrer den Boten eingeholt.

88. Willi hat DM 30 für den Kauf angespart.
Felix hat DM 120 für den Kauf angespart.
Norbert hat DM 75 für den Kauf angespart.
Klaus hat DM 60 für den Kauf angespart.
Insgesamt DM 285,–
Es fehlen ihnen somit noch DM 65,– zum Kauf.

89. Drei Gesellen brauchen für die Arbeit 15 Tage
Ein Geselle braucht dann theoretisch 45 Tage
Fünf Gesellen brauchen dann theoretisch 9 Tage

90. 1. Zahl: 352964 Es bleiben 400000 3. Zahl: 300000
2. Zahl: 176482 für die dritte und 4. Zahl: 100000
529446 vierte Zahl
352964 – 176482 – 300000 – 100000 zusammen: 929446

91. Man geht nun den umgekehrten Weg:
1000 – 307 = 693 und teilt durch 99
Er ist von der gedachten Zahl 7 ausgegangen.

92. Ein Drittel der Ausflügler sind Kinder, von denen ein

jedes DM 3,– an Fahrtkosten aufbringt. Das ergibt ein Verhältnis 1 + 6. DM 231,– : 7 = DM 33,– (Anteil der Kinder).
Somit nehmen 11 Kinder und 33 Erwachsene am Ausflug teil.

93. Müller hat DM 19500. Ein Fünftel davon ist 3900. Dieses Fünftel multipliziert man nun mit 8, um auf das Vermögen Meiers zu kommen.
Meier hat DM 31200 an Kapital.

94. Der von Stuttgart nach München fahrende PKW hat 50 Minuten Zeit, bis die Uhr 14.10 zeigt. Bei seinem Tempo bewältigt er in diesen 50 Minuten 105 Kilometer.
Der später abfahrende LKW hat nur 20 Minuten Zeit. Er schafft bis 14.10 Uhr nur 20 Kilometer: 222 Kilometer minus 125 Kilometer:
Die beiden Fahrzeuge sind um 14.10 Uhr noch 97 Kilometer voneinander entfernt.

95. 60mal DM 27,50 Einkauf DM 1650,00
erzielter Gewinn DM 251,50
DM 1901,50

Viereinhalb Meter hat er selbst verbraucht	= kein Gewinn
16 Meter hat er für je DM 27,50 abgegeben	= DM 440,00
Für die restlichen 39,5 Meter bleibt somit ein Erlös DM 1901,50 minus 440,–	= DM 1461,50

Die Teilung ergibt:
Für den Meter Stoff hat er regulär DM 37,– genommen.

96. An Miete bezahlt er von seinem Gehalt 3/10
An Essen und Kleidung etc. zahlt er 6/10
Somit bringt er 1/10 seines Monatsgehalts auf die Bank. Dieses Zehntel ergibt jährlich den Betrag von DM 1440,– (ohne Zinsen)

Im Monat sind das ($\frac{1}{12}$) DM 120,– (nämlich $\frac{1}{10}$ seines Gehalts).
Demnach zahlt er monatlich DM 360,– an Miete, nämlich $\frac{3}{10}$.

Zahlenreihen

97.	5	*+5*	10	*+5*	15	*+5*	20	*+5*	25	*+ 5*	30	*+ 5*	35	(40)
98.	6	*−1*	5	*+4*	9	*−1*	8	*+4*	12	*− 1*	11	*+ 4*	15	(14)
99.	12	*+1*	13	*−2*	11	*+3*	14	*−4*	10	*+ 5*	15	*− 6*	9	(16)
100	8	*−3*	5	*+6*	11	*−4*	7	*+7*	14	*− 5*	9	*+ 8*	17	(11)
101.	10	*+2*	12	*·2*	24	*:2*	12	*−2*	10	*+ 2*	12	*· 2*	24	(12)
102.	7	*−1*	6	*+3*	9	*−2*	7	*+5*	12	*− 3*	9	*+ 7*	16	(12)
103.	3	*+3*	6	*+5*	11	*+7*	18	*+9*	27	*+11*	38	*+13*	51	(66)
104.	12	*−4*	8	*+5*	13	*−4*	9	*+5*	14	*− 4*	10	*+ 5*	15	(11)
105.	2	*+3*	5	*·3*	15	*+4*	19	*·4*	76	*+ 5*	81	*· 5*	405	(411)
106.	13	*−3*	10	*+4*	14	*−5*	9	*+6*	15	*− 7*	8	*+ 8*	16	(7)
107.	2	*·2*	4	*·3*	12	*·4*	48	*·5*	240	*: 2*	120	*: 3*	40	(10)
108	9	*+1*	10	*·2*	20	*+2*	22	*·3*	66	*+ 3*	69	*· 4*	276	(280)
109.	4	*:2*	2	*·4*	8	*:2*	4	*·8*	32	*: 2*	16	*·16*	256	(128)
110.	8	*+5*	13	*+6*	19	*−7*	12	*+5*	17	*+ 6*	23	*− 7*	16	(21)
111.	11	*+3*	14	*+2*	16	*+5*	21	*+4*	25	*+ 7*	32	*+ 6*	38	(47)
112.	2	*·2*	4	*·3*	12	*·4*	48	*+2*	50	*+ 3*	53	*+ 4*	57	(114)
113.	16	*−3*	13	*·3*	39	*+3*	42	*:3*	14	*− 3*	11	*· 3*	33	(36)
114.	8	*−1*	7	*·2*	14	*−3*	11	*·4*	44	*− 5*	39	*· 6*	234	(227)
115.	4	*·2*	8	*+2*	10	*:2*	5	*−2*	3	*· 2*	6	*+ 2*	8	(4)
116.	6	*·3*	18	*:2*	9	*·4*	36	*:3*	12	*· 5*	60	*: 4*	15	(90)

Magisches Quadrat

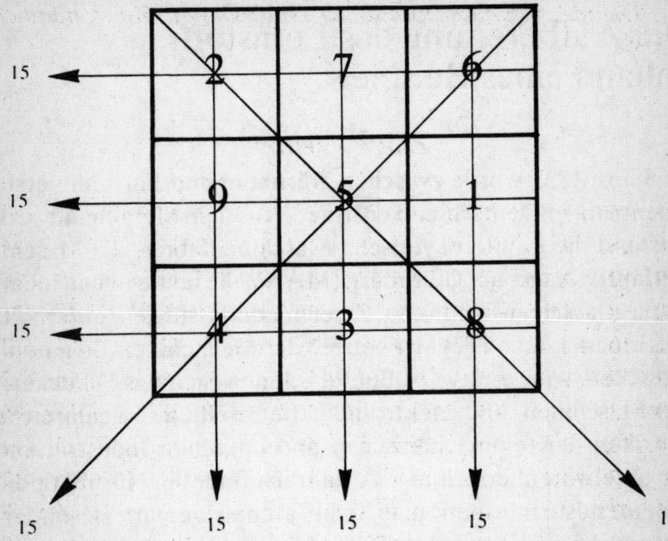

Die Zahlen 1 bis 9 sind nunmehr so ausgetauscht, daß die waagrechten, senkrechten und diagonalen Summen genau übereinstimmen.

Die Aufbereitung des Lernstoffs anhand eines Beispiels*

Im Jahre 1835 wurde zwischen Nürnberg und Fürth die erste Eisenbahn in Deutschland eröffnet. Aus dem Metallhandwerk entstand die größte bayerische Maschinenfabrik, die Maschinenfabrik Augsburg-Nürnberg (MAN), die heute neben inländischen auch ausländische Zweigniederlassungen unterhält. Aus einem kleinen Elektrobetrieb des Mechanikers Siegmund Schuckert wurde das Großunternehmen Siemens-Schuckert. Zur Maschinen- und Elektroindustrie gesellten sich zahlreiche Fabriken der feinmechanischen und optischen Industrie und der Spielwarenherstellung. Alljährlich findet in Nürnberg die bedeutendste internationale Spielwarenmesse statt. Besonderheiten sind die Nürnberger Bleistifte (»Faber«, »Schwan«) und die Lebkuchen; diese gehen auf die Bienenzucht in den Heidekrautwäldern der Umgebung zurück. Alle diese Produkte benötigen keine großen Mengen an Rohstoffen; ihre Fabrikation erfordert aber geschulte Fachkräfte. Dank der hohen Spezialisierung und der guten Verkehrsverbindungen wird mehr als ein Viertel der in Nürnberg hergestellten Industriewaren in fremde Staaten ausgeführt. Noch heute gilt das alte Nürnberger Sprichwort: »Nürnberger Tand geht durch alle Land.«

* Aus: Seydlitz-Bauer, *Erdkunde, 5. Schuljahr,* CVK und Schroedel, Berlin, mit freundlicher Genehmigung des Verlages.

Stoffanalyse

1835 wurde die erste deutsche Eisenbahnlinie eröffnet
Strecke: Nürnberg–Fürth
größte bayerische Maschinenfabrik entstand aus dem Metallhandwerk
die Maschinenfabrik Augsburg-Nürnberg (MAN)
Sie unterhält Zweigniederlassungen
im Inland und im Ausland
Das Großunternehmen Siemens-Schuckert
geht auf den kleinen Elektrobetrieb des Mechanikers Siegmund Schuckert zurück
Zur Maschinen- und Elektroindustrie gesellten sich:
a) feinmechanische Industrie
b) optische Industrie
c) Spielwarenindustrie
Nürnberg, die Stadt der Internationalen Spielwarenmesse
bedeutendste Ausstellung dieser Art
findet jedes Jahr statt
Besonderheiten Nürnbergs sind
a) Bleistifte – »Faber« – »Schwan«
b) Lebkuchen
Die Lebkuchenherstellung geht zurück auf
Bienenzucht in den Heidekrautwäldern der Umgebung Nürnbergs
Alle diese Produkte sind nicht von großen Rohstoffmengen unabhängig
ihre Fabrikation erfordert aber geschulte Fachkräfte
Mehr als ein Viertel der Nürnberger Industrieprodukte wird exportiert
a) dank der hohen Spezialisierung
b) dank der guten Verkehrsverbindungen
Altes Sprichwort:
»Nürnberger Tand geht durch alle Land.«

Umwandlung in Frage und Antwort

Wann wurde die erste deutsche Eisenbahnlinie eröffnet?
Im Jahre 1835.
Auf welcher Strecke?
Zwischen Nürnberg und Fürth.
Was wurde im Zeitalter der Industrialisierung aus dem Metallhandwerk Nürnbergs?
Die größte bayerische Maschinenfabrik.
Wie nennt sie sich?
Maschinenfabrik Augsburg-Nürnberg (MAN).
Wo hat sie ihre Niederlassungen?
Nicht nur in Deutschland. Sie unterhält auch im Ausland Zweigniederlassungen.
Aus welchem Kleinbetrieb entstand die elektrotechnische Fabrik der Siemens-Schuckert-Werke?
Aus dem kleinen Elektrobetrieb des Mechanikers Siegmund Schuckert.
Welche weiteren Industriezweige gesellten sich zu den bisherigen?
a) Feinmechanische Industrie,
b) optische Industrie,
c) Spielwarenindustrie.
Welche Ausstellung findet alljährlich in Nürnberg statt?
Die Spielwarenmesse.
Welcher Rang kommt ihr zu?
Sie ist die bedeutendste internationale Ausstellung dieser Art.
Durch welch andere Erzeugnisse hat sich Nürnberg einen Namen gemacht?
a) Durch die Fabrikation von Bleistiften – »Faber« – »Schwan«,
b) durch die Herstellung von Lebkuchen.
Wie kam Nürnberg dazu, gerade Lebkuchen herzustellen?
Seine Bienenzucht in den umliegenden Heidekrautwäldern – als Lieferantin eines wichtigen Bestandteils – regte dazu an.

Was ist diesen Nürnbergern Erzeugnissen gemeinsam?
Sie sind nicht von großen Rohstoffmengen abhängig.
Was aber ist zu ihrer Herstellung nötig?
Ständiger Nachwuchs an geschulten Fachkräften.
Hat Nürnberg Anteil am deutschen Export?
Ja. Mehr als ein Viertel seiner Industrieprodukte geht ins Ausland.
Welchem Umstand ist das zuzuschreiben?
a) Der hohen Spezialisierung,
b) den guten Verkehrsverbindungen.
Welches Sprichwort kennzeichnet den Nürnberger Handel?
»Nürnberger Tand geht durch alle Land.«

Literaturhinweise

BONO, Edward de: In 15 Tagen Denken lernen. Rowohlt, Reinbek 1970.

BRACHFELD, Oliver: Minderwertigkeitsgefühle. Klett, Stuttgart 1953.

CORRELL, Werner: Lernstörungen beim Schulkind. Auer, Donauwörth o. J.

DESCHNER, Günther: Vererbung oder Umwelt. WELT vom 24. 9. 1977.

DITFURTH, Hoimar von: Der Geist fiel nicht vom Himmel. Hoffmann und Campe, Hamburg 1981.

EYSENCK, Hans Jürgen: Die Ungleichheit der Menschen. List, München 1975.

–: Vererbung, Intelligenz, Erziehung. Seewald, Stuttgart 1975.

FRANKL, Viktor E.: Psychotherapie für jedermann. Herder, Freiburg i. Br. o. J.

FRENZEN, Erich: Testpsychologie. Ullstein, Berlin 1958.

FÜRST, Hans: Unser Kind und die Schule. Hans Huber, Bern o. J.

HÄGI, H. u. a.: Legasthenie. Beltz, Weinheim o. J.

HERRNSTEIN, Richard: Chancengleichheit – eine Utopie? Deutsche Verlagsanstalt, Stuttgart 1974.

HETZER, Hildegard: Erziehungsfehler. Don Bosco, München 1967.

KRETSCHMER, Ernst: Geniale Menschen. Springer, Berlin 1958.

–: Körperbau und Charakter. Springer, Berlin 1951.

PIAGET, Jean: Psychologie der Intelligenz. Klett, Stuttgart 1966.

Prause, Gerhard: Genies in der Schule. Econ, Düsseldorf 1974.
Révész, Géza: Talent und Genie. Lehnen, München 1952.
Schenk-Danzinger: Entwicklungspsychologie. Österreichischer Bundesverlag, Wien o. J.
Spranger, Eduard: Lebensformen. Leipzig 1930.
Stern, Erich: Die Tests in der klinischen Psychologie I/II. Zürich 1955.
Tausch, Reinhard: Gesprächspsychotherapie. Hogrefe, Göttingen 1970.
Venzmer, Gerhard: Genius und Wahn. Franckh, Stuttgart 1964.
Wechsler, David: Die Messung der Intelligenz Erwachsener. Hans Huber, Bern 1964.
Winkler, Monica: Unser Kind braucht Hilfe. Hans Huber, Bern 1975.
Zimmer, Dieter: Der Streit um die Intelligenz. Hanser, München 1975.
Zulliger, Hans: Umgang mit dem kindlichen Gewissen. Klett, Stuttgart 1968.

Namen- und Sachregister